Hajo G. Meyer   Tragisches Schicksal

Hajo G. Meyer

Tragisches Schicksal

Das deutsche Judentum und die Wirkung
historischer Kräfte. Eine Übung in angewandter
Geschichtsphilosophie

Verlag für wissenschaftliche Literatur

Umschlagabbildung: Kuppel der Neuen Synagoge in Berlin,
© visitBerlin.de

ISBN 978-3-86596-174-7

© Frank & Timme GmbH Verlag für wissenschaftliche Literatur
Berlin 2008. Alle Rechte vorbehalten.

Das Werk einschließlich aller Teile ist urheberrechtlich geschützt.
Jede Verwertung außerhalb der engen Grenzen des Urheberrechtsgesetzes ist ohne Zustimmung des Verlags unzulässig und strafbar.
Das gilt insbesondere für Vervielfältigungen, Übersetzungen,
Mikroverfilmungen und die Einspeicherung und Verarbeitung in
elektronischen Systemen.

Herstellung durch das atelier eilenberger, Leipzig.
Printed in Germany.
Gedruckt auf säurefreiem, alterungsbeständigem Papier.

www.frank-timme.de

Inhaltsverzeichnis

Vorwort 9

1 Einführung 12
   Das heutige Bild vom Juden in der Welt 12

2 Eine kleine Geschichtsphilosophie 14
   Die Bedeutung historischer Kräfte 15
   Kraftwirkung und Ursache 15
   Synergie von Kräften 16
   Die Geschichte und das Wetter – zwei große Systeme 18

3 Die wichtigsten historischen Kräfte 20
   Psychologische Kräfte 20
   Materielle Kräfte 25

4 Die Juden als Schulbeispiel historischer Kräftewirkung 27
   Spezifische Kräfte von innen her: soziokulturelles Erbe 27
   Allgemeine Kräfte in der Geschichte der Juden 37

5 Eine wichtige Zäsur von außen: die Aufklärung 47
   Die Wissenschaftsrevolution 47
   Folgen der neuen Naturwissenschaft für das allgemeine Denken 49
   Glaubensskepsis und Toleranz 50
   Soziale Folgen für die Juden 52
   Keime der Irrationalität 55

6   Die große Zäsur von innen 63
    Moses Mendelssohn 63

7   Die folgende große Zäsur von außen 73
    Die Französische Revolution 73
    Eine Schockwelle in der Geschichte – ein Überblick 73

8   Herausforderungen der Emanzipation und neuer Antijudaismus ... 76
    Die erste Emanzipation, Frankreich 77
    Französischer Einfluss in Deutschland 86
    Die erste Reaktion 90
    Nationalismus als neue Rechtfertigung für Antijudaismus 95
    Wirtschaftliche Motive für den Antijudaismus 97
    Neue Angriffe auf das Judentum von intellektueller Seite 102
    Reaktionen von jüdischer Seite auf Angriffe der Antisemiten 104
    Die zweite Emanzipation 122
    Die zweite Reaktion 129

9   Beschränkungen und letztlich Sieg der Gleichberechtigung 144
    Industrielle Revolution und Reichsgründung 146
    Börsenkrach und neuer, virulenter Antijudaismus 150
    Populäre Judenhetzer aus dem Journalismus 150
    Judenhetzer aus der intellektuellen Oberschicht 156
    Wieder Beunruhigung der Juden durch neue Wissenschaft 161
    Jüdische Reaktionen auf diese Angriffe 163
    Theodor Herzls Zionismus 167
    Der Antisemitismus wird eine politisch-historische Kraft 168

10 Der Erste Weltkrieg 171

    Die geschichtsphilosophische Bedeutung dieses Krieges 171
    Die deutschen Juden im Allgemeinen 173
    Die Rolle herausragender und einflussreicher Juden 174
    Und wieder eine neue Welle von Antisemitismus 180
    Ein kleines philosophisches Intermezzo 182

11 Das schmachvolle Ende des Krieges 184

    Die Radikalisierung der Gesellschaft in Deutschland 185

12 Die wichtigsten Kräfte für Hitlers Aufstieg 189

    Inflation 189
    Besetzung des Ruhrgebiets 190
    Akute Konstellation zum erfolgreichen Aufstieg 192
    Währungsreform, Arbeitslosigkeit und Wirtschaftskrise 193
    Konsolidierung von Hitlers Macht 198
    Hitler, die Juden und die moderne Physik 201

13 Eine plausible, nicht verwirklichte Horrorphantasie 209

14 Die Endlösung 215

    Wendepunkte der Geschichte 219

Epilog 226

Zitierte Werke 230

Verzeichnis der Kräfteschemata

Kräfteschema 1: Das soziokulturelle Erbe der Juden 44
Kräfteschema 2: Juden und Fürsten nach dem Dreißigjährigen Krieg 45
Kräfteschema 3: Aufkeimen der Wissenschaftsrevolution 60
Kräfteschema 4: Der Weg zur Aufklärung 61
Kräfteschema 5: Die Juden nach der Emanzipation 140
Kräfteschema 6: Vom Antijudaismus zum Antisemitismus 142
Kräfteschema 7: Die Machtergreifung Hitlers 207
Kräfteschema 8: Der Weg zum Massenmord 224

Erläuterungen zu den Kräfteschemata

Allgemeines

Jeder einzelne Block in diesen Schemata stellt eine historische Tatsache, einen historischen Zustand oder ein historisches Ereignis dar. Die von den Blöcken ausgehenden Pfeile symbolisieren die Kräfte, die von diesen Tatsachen, Zuständen oder Ereignissen ausgehen. Sowohl die Blöcke wie auch die Pfeile sind in verschiedenen Farben gehalten. Dabei gilt die folgende Systematik.

Die Farben

Begriffe auf weißem Hintergrund sind allgemeine, beschreibende Bezeichnungen des Problemkreises, den jeder größere Block behandelt. Im ersten Schema mit dem Titel *Das soziokulturelle Erbe der Juden* lesen wir beispielsweise im zweiten größeren Block von oben auf **weißem** Hintergrund *Erbe aus der christlichen Welt*. Dieser zweite größere Block behandelt also die Situation im späten Mittelalter. Für nicht-materielle, also geistige Kräfte, wie z. B. für den kirchlichen Antijudaismus steht die Farbe **Blau**. Wenn eine geistige Kraft, wie z. B. das Verbot, bestimmte Berufe auszuüben, dazu führt, dass den Juden wenig mehr übrig bleibt, als sich mit dem Geldhandel zu beschäftigen, dann hat diese geistige Kraft durchaus materielle Folgen. Der Pfeil, der von den Berufsverboten ausgeht, wechselt deshalb von Blau zu **Braun**, der Farbe für alles Materielle. Schließlich sehen wir im oberen großen Block die Farbe **Rot**, die für plötzlich eintretende dramatische Ereignisse der Geschichte reserviert ist. Im Beispiel steht sie für die Zerstörung Jerusalems durch die Römer im Jahre 70 n.C.

Vorwort

Dies ist nun ein zweites Buch von meiner Hand, das sich mit dem Judentum befasst. Auch hier liegt ein wichtiger Schwerpunkt auf dem Judentum in Deutschland. Noch stärker als in meinem ersten Buch *Das Ende des Judentums*[1] konzentriere ich mich hier auf die bewegte deutsch-jüdische Geschichte. Im *Ende des Judentums* habe ich das verlorengegangene, humanitäre, moderne, aufgeklärte deutsche Judentum dem heutigen, vom Holocaust und einem engen, nationalistischen Zionismus durchaus ungünstig beeinflussten, Judentum gegenübergestellt – einem neuen Judentum, mit vom Holocaust geprägten, stark paranoiden Zügen, das sich gleichzeitig seiner durch den Staat Israel erstmals entstandenen politischen Macht bewusst ist.

Der Hauptakzent des vorliegenden Buches ist aber ein völlig anderer: Ich versuche ausführlicher und weitaus detaillierter die Frage zu beantworten, wie es geschehen konnte, dass ein Land, das 1933 zu den kultiviertesten und fortschrittlichsten Nationen der Welt gehörte, in so kurzer Zeit so tief sinken konnte – auf einen Tiefpunkt, der zu einem der schrecklichsten Massenmorde der Weltgeschichte geführt hat, der an einer Gruppe von Menschen verübt wurde, die sich durch die Jahrhunderte, während derer sie in deutschen Landen gelebt hatten, immer wie loyale „Gäste" und seit der Mitte des 19. Jahrhunderts wie Staatsbürger verhalten hatten. Die Antwort auf diese Frage ist keineswegs eindeutig. Selbstverständlich bin ich auch nicht der Erste, der sie stellt.

Je nach Hintergrund und ideologischer Ausrichtung können die Antworten so unterschiedlich ausfallen wie jede der folgenden drei, die wohl zu den am meisten gehörten zählen. Von streng orthodox-gläubigen Juden wird die Antwort vielfach lauten, dass der Holocaust die Strafe Gottes dafür sei, dass sich viele Juden nicht länger an die sogenannten „halachischen" Vorschriften gehalten haben. Gemeint sind damit die Gebote, Gebete und Vorschriften, die ein orthodoxer Jude täglich befolgen muss, und jene, die für bestimmte Feiertage im Jahr gelten. Strafe also dafür, dass sie Gottes Wort, so wie es durch Thora und Talmud überliefert ist, nicht mehr erfüllt haben. Überzeugte Zionisten, insofern sie nicht streng gläubig sind, werden behaupten, dass der Holocaust kommen musste, weil die europäischen Juden, und allen voran die deutschen, ihre nationale Identität verleugneten und so eifrig – ihrem Geschmack nach zu eifrig – versuchten, loyale Staatsbürger zu sein. Eine dritte Antwort stammt von dem umstrittenen amerikanischen „Historiker" Daniel Goldhagen, der behauptet hat, der Antisemitismus sei bei praktisch allen Deutschen so extrem gewesen, dass in dem Land schon immer eine eliminatorische Mentalität bestanden hatte, die sich zu einer exterminatorischen entwickelt habe. Diese These ist in einer Gegendarstellung von Finkelstein und Birn[2] schon genügend widerlegt. Ihre völlige Unhaltbarkeit ergibt sich aber auch aus zahlreichen Tagebuchaufzeichnungen des deutsch-jüdischen Romanisten Victor Klemperer, in denen er beschreibt, wie nichtjüdische deutsche Bürger ihm und seiner Frau, trotz Verbot, immer wieder halfen zu überleben. Diese Erfahrung können wohl die meisten der aus Deutschland stammenden Juden, die den Holocaust überlebt haben, bestätigen.

Im Gegensatz zu der leicht widerlegbaren Antwort Goldhagens ist die zuerst genannte der streng orthodox Gläubigen prinzipiell nicht zu falsifizieren. Die der überzeugten Zionisten dagegen hat sich bereits selbst widerlegt. Der wichtigste Grund für den heutigen Antisemitismus – soweit er gegenwärtig in ernstzunehmender Weise überhaupt besteht – ist meines Erachtens die rassistische, Menschen demütigende und internationales Recht verwerfende Politik des Staates Israel. Es muss leider festgestellt werden, dass ein Anfachen des Antisemitismus durchaus im Interesse dieser Politik liegt. Nur ernstere Formen des Judenhasses als bis jetzt sichtbar können ängstliche Juden dazu bewegen, ihre Heimat zu verlassen und nach Israel einzuwandern. Verstärkter Antisemitismus ist bisher das einzige Mittel der israelischen Politik, das ohne allzu großen Protest von der Außenwelt eingesetzt werden kann, um die „demografische Bedrohung" zu entschärfen.

Im vorliegenden Buch versuche ich eine völlig andere Antwort auf die Frage „Wie konnte es passieren?" zu geben. Diese Antwort stützt sich auf meine tiefe Überzeugung, dass die Geschichte an sich keinem tieferen Sinn folgt. Im Gegenteil: Die Bewegung, die wir als historische Ereignisse wahrnehmen, wird von historischen Kräften hervorgerufen, die mehr oder weniger zufällig existieren und je nach momentaner Konstellation gemeinsam gewisse historische Prozesse bewirken. Diese These entspricht einer konkretisierten Ausarbeitung des von dem britischen Historiker A.J.P. Taylor formulierten Standpunkts:

„Es ist heutzutage Mode, nach tiefen Ursachen von großen Ereignissen zu suchen. Aber vielleicht gab es keine tiefen Ursachen für den Krieg, der 1914 ausbrach. […] Im Juli 1914 ging die Sache schief. Die einzige sichere Erklärung ist, dass Ereignisse geschehen, weil sie geschehen."[3]

So leicht werde ich es mir nicht machen.

Das meiner These zugrunde liegende Modell zur Entwicklung von „Geschichte" und zur Beschaffenheit und Wirkungsweise der sie beeinflussenden Kräfte wird im zweiten und dritten Kapitel ausführlich beschrieben. Die Idee, auf diese Weise die so interessante, dramatische und tragische Geschichte der Juden im deutschen Raum ab der Mitte des 18. Jahrhunderts zu beschreiben, entstand auf folgende Weise:

Es ist mir bewusst geworden, dass wohl keine andere Bevölkerungsgruppe so lange im deutschen Raum gelebt hat wie die Juden. Noch wichtiger ist jedoch, dass diese kleine Gruppe, vor allem seit ihrer Emanzipation, einen maßgeblichen Einfluss auf die deutsche Kultur ausgeübt hat. Mit anderen Worten: Während einerseits das Los der Juden weitgehend von jenen Kräften bestimmt wurde, die von der Außenwelt auf sie einwirkten, gingen von dieser Gruppe anderseits ebenfalls starke Kräfte aus, so dass die deutsche Geschichte und Kultur ohne den Einfluss der Juden heute anders aussehen würden. Dies bleibt auch wahr, wenn man – im Gedankenexperiment – den heute noch immer alles überragenden Einfluss des Holocaust ignorieren würde. Aus diesem Grunde betrachte ich die Wechselwirkung zwischen Deutschland und der Gruppe der Juden bis in die dreißiger Jahre des 20. Jahrhunderts als ein Schulbeispiel gegenseitiger historischer Kraftwirkung. Die Kräfte, die von den Juden auf ihre Umgebung ausgehen, nenne ich die „inneren" Kräfte, weil sie aus dem Inneren einer geschlossenen Gruppe nach außen auf die Umgebung einwirken; die Kräfte der Umgebung auf die Juden heißen entsprechend die „äußeren" Kräfte. Bei letzteren sind selbstverständlich die Ereignisse der Allgemeingeschichte wie Krieg, Revolution, Wirtschaftskrise usw. mit berücksichtigt.

Da bei allen Unterschieden zu meinem ersten Buch der Kern der Darstellungen derselbe ist, nämlich die Geschichte der Juden in Deutschland, ist hier und da eine Wiederholung unvermeidlich. Durch Hinzuziehung weiterer Quellen und vor allem durch die ausführlichere Darstellung sollen diese hier jedoch auf ein Minimum reduziert werden.

1   Einführung

Das heutige Bild vom Juden in der Welt

Das Bild, das der Durchschnittsbürger heute vom Juden in der Welt hat, wird davon bestimmt, was die Medien über Juden berichten und vor allem, welche Bilder sie zeigen. Da sich diese Berichte fast immer auf extreme Situationen beziehen, entsteht ein Zerrbild. Das erste Bild wird bei den meisten wohl das eines israelischen Soldaten sein. Der hat seinen Stahlhelm auf, den Sturmriemen heruntergelassen und richtet die Uzi-Maschinenpistole auf eine alte, ängstliche Palästinenserin, während ein Kamerad ihre Einkaufstasche durchsucht. Dies ist leider das Spiegelbild von Fotografien aus den ersten Monaten des Zweiten Weltkriegs, als sich an den Ausgängen der Judenghettos ähnliche Szenen abspielten wie heutzutage an israelischen Straßensperren. Dieses Bild, Soldaten in israelischer Uniform, ist natürlich ganz neuartig und hat mit dem Judentum der vergangenen Jahrhunderte nichts zu tun. Es symbolisiert jedoch eine erschreckende Regression – das Wiederaufleben eines primitiven, aggressiven, erobernden Judentums, wie es z. B. im Buch Josuah des Alten Testaments beschrieben ist.

Das zweite Bild ist – jedenfalls äußerlich – genau das Gegenteil vom ersten. Es zeigt oft bärtige orthodoxe Juden in Kaftanen und mit großen Hüten, über Ausgaben des Talmuds gebeugt, lernend. Dieses Bild hätte genau so gut vor 200 Jahren in Polen aufgenommen werden können, wenn es damals schon Fotografie gegeben hätte. Es zeigt gleich zwei Seiten des Judentums: die eine, der Hang, sich von der Umwelt zu unterscheiden und an einer Tradition festzuhalten – die aus dem 18. Jahrhundert stammende osteuropäische Kleidung; die andere, noch aus der Spätantike stammend, der Lerneifer, der wesentlich das Los der Juden in der Diaspora mitbestimmt hat. Beide Eigenschaften gehören zu dem, was ich das *soziokulturelle Erbe*[4] der Juden nenne.

Nun gibt es über das deutsche Judentum und seine Geschichte in der modernen Periode, das heißt von der Mitte des 18. Jahrhunderts bis zu Hitler, eine große Anzahl von Büchern. Eines der neuesten in dieser langen

Reihe ist Amos Elons *The Pity of It All*.[5] Ich nenne es bewusst an dieser Stelle, weil ein kritischer Leser sich die Frage stellen könnte, worin die Unterschiede zwischen meinen Ausführungen und denen Elons liegen. Die Antwort lautet, dass zwar manche historische Tatsachen in meinem Buch wie in dem von Elon behandelt werden, dass ich im Gegensatz zu Elon aber versuche, von einem geschichtsphilosophischen Ansatz her das Schicksal der deutschen Juden aus der Wirkung historischer Kräfte zu erklären. Die historischen Tatsachen werden im vorliegenden Buch in erster Linie deshalb geschildert, weil sie besonders geeignet sind, die Wirkung historischer Kräfte zu erläutern. Es liegt mir also nicht so sehr daran, die Fakten ausführlich zu beschreiben, sondern vielmehr zu erläutern, auf welche Weise sie zustande gekommen sind.

Das besonders stark ausgeprägte soziokulturelle Erbe des deutschen Judentums hat nun als selbstständige, von der Gruppe ausgehende und auf die Umgebung einwirkende historische Kraft einen großen Einfluss auf die Geschichte dieser Gruppe gehabt; aber, wie wir sehen werden, nicht nur auf die Geschichte dieser Gruppe, sondern auch auf die der Umgebung. Um all diese Thesen zu belegen, werden wir uns tatsächlich sehr detailliert mit dem soziokulturellen Erbe der Juden, mit ihren ganz spezifischen Eigenschaften und mit den Reaktionen der Umgebung darauf befassen müssen. Bevor wir uns jedoch diesen spezifischen historischen Kräften zuwenden können, müssen wir uns zunächst mit den Arten und der Bedeutung von historischen Kräften im Allgemeinen beschäftigen.

2 Eine kleine Geschichtsphilosophie

Geschichte ist zu wichtig, um nicht über sie nachzudenken. Geschichte kann einen Menschen groß machen, aber – vielleicht etwas wahrscheinlicher – sie kann ihn auch brechen. Doch hat Geschichte – wie wichtig sie auch sein möge, und das ist sie sehr! – keinen tieferen Sinn. Man kann nur mit der Geschichte leben, wenn man ihr im Nachhinein Sinn **verleiht**. Dies gilt namentlich dann, wenn sie einen zu zerbrechen droht. *Geschichte als Sinngebung des Sinnlosen* heißt daher auch ein Buch des deutschjüdischen Philosophen Theodor Lessing.

In der Geschichte ist jedes, ja jedes Ereignis einzigartig. Es verhält sich mit der Geschichte genau so, wie der griechische Philosoph Heraklit sagte: *panta rhei: Alles fließt, oder auch: Man kann in einem Fluss niemals in dasselbe Wasser steigen.* Dieses Phänomen – Geschichte als Bewegung und immer nur Bewegung und Veränderung – hat, wie der englische Geschichtsphilosoph R. G. Collingwood in seinem Buch *The Idea of History* schreibt, die griechischen Philosophen dazu gebracht zu glauben, dass Geschichte als Kennobjekt in unserem, wissenschaftlichen Sinn nicht betrieben werden könnte.[6] Der Grund für diese Meinung lag in der philosophischen Überzeugung, dass nur das Unveränderliche wirklich kennbar sei. Dass es trotzdem Griechen waren, Herodot und Thukydides, die als erste Geschichte geschrieben haben, hängt nach Collingwood damit zusammen, dass sie sich dabei fast ausschließlich auf das beschränkten, was ihnen lebende Augenzeugen von geschichtlichen Ereignissen berichtet hatten.[7]

Spätestens seit der genialen Leistung von Isaak Newton wissen wir jedoch, dass das eine falsche philosophische Voraussetzung ist. Newton bewies im Jahr 1687 überzeugend, dass man in der Physik die Bewegung, also Veränderung, **nur dann** auf **einfachste** Weise beschreiben kann, wenn man die **Kraft** als Basisgröße einführt. Ein größerer Gegensatz zum griechischen Standpunkt ist wohl kaum möglich. In Analogie zum Ausgangspunkt von Newtons Dynamik will auch ich die historische Dynamik ganz explizit mittels historischer Kräfte und deren Verantwortlichkeit für die tragischste Periode in der Geschichte der deutschen Juden verdeutlichen.

Die Bedeutung historischer Kräfte

In Analogie zu diesem nicht bestreitbaren Tatbestand müsste die Bewegung, die ja die Substanz der Geschichte darstellt, durch Einwirkung historischer Kräfte zu Stande kommen. Andererseits kann man feststellen, dass aufgrund dieser ewigen und nie anhaltenden Bewegung, die Geschichte nun einmal darstellt, diese sich nie genau wiederholt. Zwei historische Ereignisse können also niemals identisch sein.

Trotzdem kann man aus der Geschichte lernen, denn Ereignisse können rein äußerlich durchaus eine gewisse Ähnlichkeit aufweisen, so dass gewisse Parallelen im Ablauf der Geschehnisse möglich sind. Der tiefere Grund für diese Parallelen liegt jedoch darin, dass historische Abläufe von historischen Kräften angetrieben werden. Wenn diese Kräfte auch nicht so exakt definiert werden können wie die Kräfte in den Naturwissenschaften, so gibt es sie doch. Wir werden die wichtigsten dieser Kräfte aufzählen. Einige von ihnen, wie z. B. die Demütigung durch eine ehrlos erlittene Niederlage, die zu einer hoffnungslos anmutenden Situation führt, wiederholen sich in der Geschichte. Ein derartiger Zustand wirkt als eine starke Kraft. In bestimmten Fällen kann diese dominant genug sein, um – trotz unterschiedlicher Rahmenbedingungen –ähnliche historische Prozesse hervorrufen zu können. Wie wir später ausführlich erörtern werden, ist eine solche Dominanz einer Kraft eher Ausnahme als Regel, so dass die Geschichte im Allgemeinen durch die **Synergie verschiedener** Kräfte entsteht. Bevor wir jedoch zur Beschreibung der Kräfte und der zwischen ihnen entstehenden Synergien gelangen, müssen wir uns der Beschreibung einiger Grundbegriffe zuwenden, ohne deren genaue Definition ein Verständnis der letztlich zu erörternden komplexen Zusammenhänge nicht möglich ist.

Kraftwirkung und Ursache

Vielleicht haben nur wenige historische Anekdoten so viel geistige Verwirrung hervorgerufen wie die von Newton und seinem Apfel. Dass in einem bestimmten Moment ein Apfel vom Baum fällt, würde ohne die Schwerkraft nicht passieren. Es ist diese Kraft, die an dem Apfel zieht und ihn mit der erreichten Endgeschwindigkeit auf den Boden aufprallen lässt. In dieser Hinsicht ist die Wirkung der Schwerkraft die **monokausale Ursache** des Fallens des Apfels. Aber sogar in diesem einfachsten aller denkbaren Fälle ist mehr nötig als die monokausale Wirkung der Schwerkraft. Der Fall des Apfels muss erst **ausgelöst** werden, bevor die Wirkung der Kraft durch den Fall sichtbar werden kann. Dieses absolut notwendige Auslösen des Vorfalls besteht darin, dass der Stiel nicht mehr genug Gegenkraft bietet, um den Apfel am Baum festzuhalten. Der Grund dafür kann ein kleiner Windstoß sein oder auch, dass der Apfel reif und schwer geworden ist und dadurch die Adhäsion des Stiels an den Zweig nicht mehr ausreichend groß ist.

Vermutlich ist wohl eine Lawine, von einem unvorsichtigen und/oder verantwortungslosen Touristen ausgelöst, das deutlichste Beispiel, um den Unterschied zwischen wirkender Kraft – in diesem Fall der Schwerkraft – und der auslösenden, ganz kleinen Kraft des Touristen zu illustrieren. Die **Kausalität** ist jedenfalls einfach und gut **überschaubar**, so dass die Aussage: U ist die Ursache von Wirkung W weitgehend wahr ist. In der Physik und erst recht in der Geschichte kommt diese aber so selten vor, dass wir uns damit nicht speziell zu befassen brauchen.

Synergie von Kräften

Es geht also im Allgemeinen **nicht** um die Frage nach dem **kausalen** Zusammenhang zwischen Ursache und Wirkung; die kann in den meisten Fällen nicht beantwortet werden. Es geht vielmehr um die Frage, **welche Kräfte** haben **zusammen**gewirkt, um im positiven Zusammenspiel Synergie oder im Gegenspiel von einander teilweise aufhebenden Gegenkräften das schließlich erreichte Resultat zu bewirken. An dem folgenden einfachen Beispiel wird deutlich, dass die Frage nach der **Ursache** des erreichten Resultats gar nicht beantwortet werden kann:

Ein Fischerboot ist durch eine unglückliche Welle auf den Strand geworfen worden und wird von der Brandung immer tiefer in den Sand gedrückt. Alle Männer des naheliegenden Dorfes werden mobilisiert, um das Boot flott zu machen, indem alle Anwesenden ihre Zugkraft durch ein Tau auf das Boot einwirken lassen. Es bewegt sich keinen Zentimeter in die richtige Richtung. Sie wollen schon aufgeben, als einer der Erfahreneren sagt: „Wartet noch eine Viertelstunde, dann kommt die Flut und vielleicht geht es dann." Ein Kritiker wirft ein, dass es dann noch schlimmer wird, weil die zum Strand hin gerichtete Kraft der Brandung dann noch stärker wirkt. Die Flut kommt, den Leuten wird befohlen, trotz dieses Zweifels das Tau mit voller Kraft in Richtung Meer gespannt zu halten. Während sie schuften, hat die Flut das Boot kaum sichtbar angehoben und auf diese Weise die durch Reibung im Sand entstehende Gegenkraft so verringert, dass eine letzte Anstrengung aller Männer das Boot tatsächlich langsam in Richtung Wasser in Bewegung setzt. Die Frage, durch welche Ursache das Boot schließlich wieder ins Meer gelangt, kann sicher **nicht** mit der Aussage beantwortet werden: durch das Ziehen der Leute. Es hatte sich ja schon erwiesen, dass das **allein** offensichtlich nicht genügend Kraft ergab, um das Boot wieder ins Wasser zu bringen. Nur die Synergie, das heißt das hilfreiche Zusammenwirken zweier völlig verschiedener Kräfte, hat schließlich zum gewünschten Resultat geführt.

Noch deutlicher kann das Resultat von Synergie verschiedener Kräfte am Beispiel eines erfolgreichen Billardmeisters illustriert werden. Er kann seine Leistung nur vollbringen, wenn ihm Stärke und Richtung seines Stoßes sowie der Spin – das ist die Rotation der Kugel um eine andere Achse als die, die senkrecht zur Rollrichtung und parallel zur Billardfläche steht – jeweils optimal und insgesamt simultan gelingen. Der Spin selbst wird durch den genauen Anstoßpunkt an der Kugel sowie durch Stärke und Richtung der Stoßkraft bestimmt. Dann, und nur dann gelangt die Kugel dorthin, wo es für den Meister zum Gewinn führt. Die Frage, welche der genannten Kräfte nun die Ursache für seinen Erfolg ist, ist sinnlos. Nur die **Synergie aller** Kräfte ist für diesen verantwortlich. Dieses Beispiel soll den Begriff der Synergie veranschaulichen. Der Billardmeister ist hier keinesfalls als Substitut für Gott oder gar den Hegelschen Geist gedacht.[8]

Wie schon oben bemerkt: Geschichte ist ein sinnloses Geschehen, dem erst im Nachhinein Sinn gegeben werden kann und oftmals muss. Geschichte hat aus sich selbst heraus genauso wenig Sinn wie das Wetter. Im Gegensatz zu den oben angeführten Beispielen haben beide Phänomene kein Ziel vor Augen; es gibt in beiden keine teleologische Komponente. Es gibt aber eine gewisse Analogie zwischen diesen beiden Phänomenen in dem Sinn, dass im Gegensatz zu den oben angeführten Beispielen die Geschichte wie auch das Wetter im Allgemeinen durch eine Vielzahl von Kräften beeinflusst werden, wodurch z. B. Vorhersagen über zukünftiges

Geschehen bezüglich des Wetters schwer und bei der Geschichte sehr schwer und oft unmöglich sind.

Die Geschichte und das Wetter – zwei große Systeme

Ich möchte am Beispiel des Wetters vermitteln, wie sich ein System mit vielen, sehr unterschiedlichen Kräften verhält. Die Kräfte sind schon immer da, aber in ihrer Stärke und ihrem Verhalten zu anderen Kräften sehr variabel. Beim Wetter ist natürlich die wichtigste Kraft die Sonne. Sie ist zwar im Wesen die primäre Ursache für das Bestehen der meisten anderen Kräfte. Diese aber haben durchaus ihre Selbstständigkeit. Ihr **Bestehen** kann zwar direkt auf die Sonne zurückgeführt werden, aber nicht ihr **momentanes und lokales Verhalten**. So sind der Wind, der Niederschlag, der Mond (durch seinen Einfluss auf Ebbe und Flut, also die Höhe des lokalen Meeresspiegels), die Temperatur, die Seeströmungen, die vulkanischen und seismischen geophysischen Kräfte immerfort anwesend. Die inneren Zusammenhänge dieser sehr unterschiedlichen und variablen Kräfte sind aber äußerst kompliziert. Um das Verhalten des Klimas zu verstehen, benötigt man umfangreiche Rechenmodelle. Doch auch damit ist es sehr schwer, langzeitige Wettervorhersagen zu treffen. So streiten sich seit Jahren die Wissenschaftler über die Frage, wie groß der Anteil der durch die Menschen verursachten Luftverschmutzung an der wahrgenommenen langfristigen Erderwärmung ist. Auch wird über die Frage gestritten, wie groß die Gefahr ist, dass der Golfstrom aufhört, Europa ein erträgliches Klima zu verschaffen, weil die Erderwärmung das Abschmelzen der polaren Eiskappen verursacht, wodurch der Meeresspiegel ansteigt und sich das Temperaturprofil des Wassers im Norden des Atlantischen Ozeans verändert. Die letzten beiden Sätze sind bewusst so lang formuliert, um einerseits zu illustrieren, wie ganz verschiedene, auf das Klima einwirkende Kräfte wie Luftverschmutzung, Erderwärmung, Schrumpfung des Polareises und verändertes Temperaturprofil des Ozeanwassers einander beeinflussen. Andererseits sollen sie auch auf eine ganz spezifische Eigenschaft sehr großer Systeme mit sehr vielen Kräften und Parametern – den sogenannten Multiparametersystemen – hinweisen, nämlich auf deren Instabilität. Kleine Ursachen können große Wirkungen haben. Die moderne Meteorologie illustriert diese Instabilität mit der Metapher, dass man nicht ausschließen könne, dass der Flügelschlag eines Schmetterlings in Mexiko einen Sturm in Europa zur Folge haben könne.

Zum Multiparametersystem Geschichte zurückkehrend, kann man auch hier mit Gewissheit von solchen Erscheinungen ausgehen. Das Auslösen – nicht Verursachen – des Ersten Weltkriegs durch das tödliche Attentat auf den österreichischen Thronfolger Erzherzog Franz Ferdinand in Sarajevo ist hier eine passende Analogie. Die große Anzahl von historischen Kräften, wie z. B. die gegenseitigen Hilfsverträge zwischen den verschiedenen europäischen Staaten und die durch historische Traumata diverser Nationen und persönliche Gefühle einiger Herrscher verstärkten nationalen Ambitionen, hatten das europäische Staatensystem so instabil gemacht, dass tatsächlich der „Schmetterling" (der Mord) den „Sturm" (den Krieg) auslösen konnte.

Es ist anzuerkennen, dass die Analogie des großen Systems Wetter mit dem großen System Geschichte – der eines gewissen Gebiets in einer gewissen Epoche – schon von W. Walsh bemerkt worden ist.[9] Dass jedoch historische Prozesse, wie jegliche Bewegung, von Kräften verursacht werden, die man gut definieren und ordnen kann, ist ihm offenbar nicht bewusst gewesen. Er gebraucht anstatt dieses Begriffes den der „Colligation", der wohl annähernd dem von mir gebrauchten Begriff der Synergie, dem Zusammenwirken sehr verschiedener und scheinbar auf den ersten Blick nicht zusammengehöriger Kräfte, entspricht. Dem Verständnis William H. Drays[10] nach, sieht Walsh hierin eine teleologische Beziehung zwischen den zusammenwirkenden Faktoren. Dies entspricht kaum der ursprünglichen Absicht von William Whewell (1794–1866), der diesen Begriff einführte, und schon gar nicht meinen Ideen: Nach diesen sind die meisten der zusammenwirkenden Kräfte einfach zufällig da. Wenn jedoch eine starke, charismatische Persönlichkeit, wie etwa Napoleon, Hitler oder Stalin, durch die von ihm stimulierten historischen Kräfte, wie Angst, Hass oder Vaterlandsliebe, Revolutionen durchführt oder Kriege entfacht, dann kann von einer durch die Persönlichkeit verursachten teleologischen Komponente im Zusammenspiel der Kräfte gesprochen werden. Wir haben somit schon einige der Kräfte, die für die historischen Prozesse verantwortlich gemacht werden müssen, genannt. Es wird Zeit, dass wir uns nunmehr systematisch der Aufzählung und Beschreibung dieser Kräfte zuwenden.

3 Die wichtigsten historischen Kräfte

Psychologische Kräfte

Bereits der französische Aufklärungsphilosoph Claude Adrien Helvetius (1715–1771) behauptete, dass auf dem Gebiet der sozialen Wissenschaften die Leidenschaften eine ähnliche Rolle spielen wie die „Bewegung" in der Physik.[11] Er hätte allerdings sagen müssen: wie die „Kraft". Auch der Geschichtsphilosoph Georg Simmel schreibt:

„Soll die Geschichte nicht ein Marionettenspiel sein, so ist sie die Geschichte psychischer Vorgänge. […] Die Beschaffenheit von Boden und Klima würde für den Lauf der Geschichte so gleichgültig bleiben wie Boden und Klima des Sirius, wenn sie nicht direkt und indirekt die psychologische Verfassung der Völker beeinflusste. So scheint der seelenhafte Charakter der Historik ihr das Ideal vorzuschreiben, eine angewandte Psychologie zu sein, so dass sie sich, wenn es eine Psychologie als Gesetzeswissenschaft gäbe, zu dieser verhalten würde wie die Astronomie zur Mathematik."[12]

In dieser Hinsicht denkt also der Philosoph des 20. Jahrhunderts ganz ähnlich, wie sein Kollege es 150 Jahre früher tat. Psychische Vorgänge, und laut Helvetius vor allem Leidenschaften, spielen eine große Rolle, wenn es um das Verhalten von Völkern und Gruppen im Rahmen geschichtlicher Ereignisse geht.

Angst

Schon Edmund Burke (1729–1797) sagte: „*Keine Emotion beraubt den Geist so wirkungsvoll all seiner Handlungs- und Urteilskraft wie die Angst.*"[13] Das ist eine Tatsache, die durch alle Zeiten hindurch nicht nur von Völkern und Gruppen demonstriert worden ist, sondern auch von ihren Herrschern zu manipulativen Zwecken missbraucht wurde und wird. Auch der prominente Nationalsozialist Hermann Göring hat im Nürnberger Kriegsverbrecherprozess 1945 auf die Frage, wie die NS-Führung die Bevölkerung so erfolgreich hinter sich bringen konnte, geantwortet:

„Die Führer können die Bevölkerung immer dazu verführen, sich hinter sie zu scharen. Das ist ganz einfach. Alles, was man zu tun braucht, ist, sie glauben zu machen, dass sie bedroht werden. Danach muss man diejenigen, die von Frieden sprechen wollen, schwarz machen und als unpatriotische, vaterlandslose Gesellen charakterisieren, die das Land in Gefahr bringen."[14]

Angst hat die ganz besondere und gefährliche Eigenschaft, dass sie, wenn sie das Leben und Denken weitgehend beherrscht, genau die Ereignisse hervorruft, vor denen die Angst besteht – die Eigenschaft der sich selbst erfüllenden Vorhersage.

Wenn wir auf diese Weise die Bedeutung von psychologischen Motiven und Leidenschaften für historische Prozesse zum Anhaltspunkt gemacht haben, dann gibt es noch eine Bemerkung von Georg Simmel, die vermuten lässt, dass die Psychologisierung der Handlungsmotive von Völkern und Gruppen so weit geht, dass sie auch kontraproduktives *neurotisches* Verhalten hervorrufen kann. Simmel sagt:

„Wenn also Zweckmäßigkeit und Notwendigkeit eine Gruppe zu mehrfacher Kriegsführung veranlasst haben, so kann sich daraus eine kriegerische Tendenz entwickeln, bei deren späteren Äußerungen man in dem Bewusstsein der Handelnden vergeblich nach dem zureichenden Zwecke suchen würde."[15]

Eine wahre Bemerkung und Antwort auf die Frage, wieso Barbara Tuchman ein Buch unter dem Titel *The March of Folly*[16] schreiben konnte.

Demütigung

Es gibt zwei weitere wichtige Erfahrungen und Gefühle, die, wenn große Gruppen oder gar Völker von ihnen ergriffen sind, zu sehr starken Kräften in der Geschichte werden können. Man könnte behaupten, dass beide darum oftmals solche starke Wirkung haben, weil auch sie eng mit der Angst zusammenhängen. Das erste Gefühl, auf das ich hier anspiele, betrifft die weitgehende Demütigung, die ein Volk erfahren kann. Nach einer solchen

Erfahrung kann die Angst, dass sie sich wiederholen könnte, so stark werden, dass sie jegliches rationales Handeln schon im voraus unmöglich macht.

Deutschland nach dem Ersten Weltkrieg ist hier ein gutes Beispiel. Der Krieg endete mit einer schweren, schmachvollen Niederlage, die durch äußerst harte und demütigende Bedingungen der Alliierten verstärkt wurde. Die dadurch bei vielen Deutschen bestehenden Gefühle der Frustration konnten durch Hitler und die Seinen weitgehend manipuliert werden.

Ein ähnliches Bild kann man im Fall Israel und bei einer großen Zahl von Juden in anderen Ländern wahrnehmen. Die Demütigung – in diesem Fall verursacht durch die schrecklichen Ereignisse des Holocaust – haben dem Land und den meisten Juden in der westlichen Welt ihre Rationalität genommen. Es hat sich bei den meisten Juden sowohl in Israel wie auch in der übrigen Welt eine kollektive Paranoia entwickelt.[17] Die so entstandenen Ängste versuchen einige dadurch zu besiegen, dass sie den zum absoluten Feind gemachten „Anderen" selbst tief demütigen. Bemerkenswert ist, dass die „Anderen" keineswegs jene sein müssen, von denen die ursprüngliche Demütigung ausgegangen ist. Man erreicht jedoch auf diese Weise genau das, wovor man Angst hat. Durch die Demütigungen, z. B. durch Ausgrenzung und Verarmung, wird jetzt die Wut und Frustration beim „Anderen" so groß, dass er oft sein eigenes Leben aufs Spiel setzt, um sich zu rächen. Auf diese Weise ist durch eine von zwei Gruppen erfahrene Demütigung ein Spiel historischer Kräfte in Gang gesetzt worden, das zu einem Teufelskreis geworden ist, zu einem *Circulus viciosus*, der nur noch von außen zum Stillstand gebracht werden kann.

Bedrohung, Umzingelung

Das zweite Gefühl, das zu einer wichtigen historischen Kraft werden kann, ist das Gefühl der Bedrohung, der Umzingelung. Natürlich ist das in erster Linie auch ein Angstgefühl. Es kann aber ebenso starke Komponenten von sehr reellen materiellen Umständen enthalten. Diese werden vor allem von der geopolitischen Lage des betreffenden Landes bestimmt. Von Feinden umringt zu sein, das war schon ein Gefühl, das nach dem Ersten Weltkrieg in Deutschland sehr verbreitet war und das von Hitler sehr geschickt manipuliert wurde. In der heutigen Zeit spielt es eine Rolle in der russischen Politik und ganz gewiss auch in der von Israel. In den beiden letztgenannten Beispielen sind diese Gefühle an sich begreiflich. In beiden

Fällen ist ein Staat umringt von Staaten, die ihm nicht unbedingt freundlich gesonnen sind. Die Umzingelung ist völlig reell. Irreal ist hingegen die Angst, die die jeweiligen Regierungen der Bevölkerung durch Propaganda vermitteln möchten, um diese damit manipulieren zu können. Das gilt im Augenblick gewiss für Israel, das so seine militärische Überlegenheit bewiesen hat. Hinzu kommt, dass die arabischen Staaten keine Meister der Zusammenarbeit sind und dass sie obendrein das Dasein Israels in ihrer Region anerkannt haben, zuletzt auf der panarabischen Konferenz im März 2002 und am 28. März 2007 in Riad. Im vorigen Jahrhundert hatte Hitler den Deutschen weisgemacht, dass sie von Feinden umringt wären und dass ausgerechnet Polen mit seiner Kavallerie, die zum Teil mit Lanzen bewaffnet war, Deutschland bedrohen würde. Die berühmten Worte Hitlers „Wir schießen zurück" illustrieren, was Propaganda vermag und dass man Angst bei einer Masse von Menschen so weitgehend manipulieren kann, dass sie zu einer wichtigen historischen Kraft wird.

Habgier, Prunksucht, Neid

Eine der stärksten Kräfte überhaupt, sowohl Individuen wie auch Völker bewegend, ist zweifelsohne die Habgier. Ein Beispiel, das veranschaulicht, wie diese Kraft in beinahe reinster Form auftritt, ist wohl die Beherrschung Südamerikas durch die Spanier im 16. Jahrhundert. In erster Linie ging es dabei nicht wie bei späteren Kolonisationen um neues Land für die eigenen Bürger, sondern um Gold, das Symbol der Habgier par excellence. Eine mit der Habgier verwandte, aber durchaus nicht identische Kraft ist die Prunksucht. Das ist die Neigung jener, die ihre Habgier einigermaßen haben befriedigen können, jedermann zu zeigen, wie reich und wohlhabend, das heißt wie mächtig sie sind. Die Prunksucht wiederum kann ihrerseits ein neue Kraft aktivieren: den Neid. Ist dieser stark genug, kann er zu aggressivem Verhalten führen, wodurch der Neider zeigen will, dass er der Mächtigere ist. Zweifellos hat eine derartige Kraft mitgewirkt, als Kaiser Wilhelm II dazu bewegt wurde, seine Leute so begeistert in den Ersten Weltkrieg ziehen zu lassen.

Neugier, Forschergeist, Lernbegierde

Ein menschlicher Trieb, der ganz gewiss in der westlichen Welt einen hohen Stellenwert hat und der zu einer prominenten historischen Kraft werden kann – und auch geworden ist –, ist die Neugier, der Forschergeist, die Lernbegierde. Spätestens seit dieser Trieb durch Goethes Faust zu einem Symbol der westlichen Kultur geworden ist, wird er äußerst positiv bewertet, wenn natürlich auch Perversionen, wie z. B. sogenannte „wissenschaftliche" Experimente mit Gefangenen in Konzentrationslagern, immer wieder aufgetreten sind und auftreten werden. Die wissenschaftliche Revolution, die durch die Pioniertaten von Genies wie Tycho Brahe, Johannes Kepler, Galileo Galilei und Isaac Newton in Gang gesetzt worden ist, hat gigantische historische Folgen gehabt. Ohne sie sind weder die Aufklärung mit ihrer Komponente der religiösen Toleranz noch die Französische Revolution, die Basis unserer heutigen westlichen Welt, denkbar. Ebenso wenig wäre die Entdeckung der neuen Welt, deren Ausbeutung ich schon im Zusammenhang mit der Habgier erwähnt habe, ohne Neugier und Forschergeist erfolgt. Bemerkenswert ist in diesem Zusammenhang die beinahe paradoxe Tatsache, dass aus dem hier behandelten menschlichsten aller Triebe, die konkretesten, rein materiellen Kräfte hervorgehen: Neue Erfindungen und damit neue Produkte, wie Eisenbahnen, Dampfschiffe, Elektrizitätsgeneratoren oder Computer, werden erdacht und produziert. Allesamt sind es dann materielle, konkrete Güter, deren bloßes Bestehen zu einer historischen Kraft geworden ist, die unsere Welt weitgehend verändert hat und immer weiter verändert.

Hegelsche Dialektik, „Aufhebung" oder Actio = Reactio

In seinen *Vorlesungen über die Philosophie der Weltgeschichte* beschreibt der Philosoph Georg Wilhelm Friedrich Hegel, wie er sich den *„Gang der Weltgeschichte"* oder den Verlauf der Entwicklung in der Geschichte vorstellt.[18] Er tut dies in einer schwer zugänglichen Sprache.[19] Worauf es jedoch letzten Endes ankommt, ist, dass hinter diesen Worten eine tiefe massenpsychologische und soziologische Wahrheit und damit eine starke historische Kraft verborgen ist. Es geht hier darum, dass man sich zum Beispiel nach jahrelanger Unterdrückung immer stärker nach Freiheit sehnt und diese früher oder später auch erreicht. Wenn man schließlich die Freiheit erobert und sie einige Jahrzehnte genossen hat, dann ist es sehr wahrscheinlich, dass man ihrer wieder überdrüssig wird. Der Grund dafür liegt darin, dass durch die Freiheit auch Unsicherheit und Chaos anwachsen, so dass man sich nun erneut nach Sicherheit und Ordnung sehnt. Die so entstehende Gesellschaft, in der wieder mehr Sicherheit und Ordnung herrscht, ist jedoch nie identisch mit der, die einige Jahrzehnte zuvor zerstört worden ist. Hegel nennt dies Fortschritt – ein Begriff, dem man allerdings mit Skepsis begegnen muss. Hegel sah jedoch vollkommen richtig, dass jeder Begriff von Anfang an seine Negation oder – mit Hegels Worten – seine „Aufhebung" in sich trägt. Er bezeichnete diesen Zusammenhang als Dialektik, ein Begriff, der schon bei den griechischen Philosophen bekannt war. Strenge Ordnung ruft also auf die Dauer immer das Verlangen nach größerer Freiheit hervor. Genauso wie Freiheit, die ja immer auch ein gewisses Maß an Chaos und Unsicherheit zur Folge hat, früher oder später das Verlangen nach mehr Ordnung und Regel hervorbringt. Der aktuelle Erfolg von Populisten in einigen europäischen Ländern, nach vielen Jahren großer Freiheit, ist ein Beispiel für dieses Phänomen. Es ist in Heinrich Heines satirischem Gedicht *Die Wahlesel* bildlich beschrieben. Die Anfangszeilen des Gedichtes lauten:

„Die Freiheit hat man satt am End',
Und die Republik der Thiere
Begehrte dass ein einz'ger Regent
Sie absolut regiere."[20]

Materielle Kräfte

Ökonomisch brauchbare Erfindungen

Hiermit sind wir, von den für die Geschichte so wichtigen psychologischen Kräften kommend, bei jenen angelangt, die zum größten Teil rein materieller Art sind. Wenn ich auch keineswegs die Meinung von Karl Marx teile, dass diese materiellen Kräfte weitaus wichtiger seien als die Kräfte psychologischer Art, so darf man den Einfluss der materiellen Kräften, von denen wir bisher nur die Existenz neuer technischer Erfindungen erwähnt haben, keineswegs unterschätzen. Am Ende des 19. Jahrhunderts wurde die Welt weitgehend und in großer Geschwindigkeit von den aufkommenden Generatoren für Elektrizität in Kombination mit dem Entstehen und der Weiterentwickelung von Elektromotoren verändert. Gleiches kann vom Einfluss der Eisenbahnen in Deutschland nach 1835 behauptet werden. Natürlich ist auch hier wieder eine Synergie von Kräften nötig. Es ist, solange es noch keine preiswerten und zuverlässigen Elektromotoren gibt, unmöglich, eine Weberei zu bauen, in der die Webstühle elektrisch angetrieben werden. Anderseits reicht die bloße Existenz guter Elektromotoren allein nicht aus, um so eine Fabrik aufzubauen. Es muss sich schon ein Unternehmer finden, der, unter Umständen zusammen mit einem Geldgeber, bereit ist, das Risiko eines derartigen neuen Unternehmens auf sich zu nehmen. Also wird auch hier die Notwendigkeit der Synergie von Kräften verschiedener Art illustriert, die nötig ist, um Veränderungen von historischer Dimension hervorzurufen.

Klima und geophysische Gegebenheiten

Wenn man nach wirklich rein materiellen Kräften in der Geschichte sucht, dann gibt es die natürlich auch. In erster Linie sind hier das Klima und die geophysischen Gegebenheiten in einem bestimmten Gebiet gemeint. Für die jüngere Geschichte sind vor allem Veränderungen dieser Gegebenheiten von Bedeutung. Die fortschreitende Austrocknung der Sahelzone in Afrika mit den damit verbundenen Hungersnöten und Kriegen ist ein erschreckendes Beispiel. Was der von vielen Klimawissenschaftlern erwartete Anstieg des Meeresspiegels für Folgen haben wird, ist kaum vorstellbar. Aktuell und außergewöhnlich gefährlich ist natürlich die Erschöpfung der Erdölquellen in der Welt. Die Geschichte der kommenden Jahrzehnte wird weitgehend durch den Durst der Weltmächte nach Erdöl in Kombination mit der erwähnten Erschöpfung der Vorräte bestimmt werden. Für wichtige Teile der Weltpolitik gilt dies schon jetzt.

4 Die Juden als Schulbeispiel historischer Kräftewirkung

Spezifische Kräfte von innen her: soziokulturelles Erbe[21]

Die Geschichte der Juden ist einzigartig. Auch wenn sie in jedem einzelnen Land, in dem sie leben und gelebt haben, auch Teil der „allgemeinen Geschichte" dieses Landes waren und sind, so hat es doch immer für die Juden spezifische Kräfte und Einflüsse gegeben, die deren Los maßgeblich bestimmt haben. Diese von innen aus der jeweiligen Gruppe von Juden herrührenden Kräfte werden von dem getragen, was Tibor Mende[22] als das soziokulturelle Erbe einer Gruppe von Menschen bezeichnete, die sich – egal wodurch – von der übrigen Bevölkerung abgrenzen lässt.[23] Ein charakteristisches Beispiel für ein Stück des soziokulturellen Erbes der Juden ist der schon genannte Lerneifer. Diese für viele Mitglieder der Gruppe charakteristische Eigenschaft gehört, ebenso wie die Neigung zu einer starken Gruppensolidarität, zum ältesten Teil dieses Erbes. Selbstverständlich sind in späteren Jahrhunderten auch neue, von außen wirkende Einflüsse so integriert worden, dass sie danach gleichfalls Teil des Erbes geworden sind. Hier kann das durch den kirchlichen Antijudaismus entstandene oder wenigstens verstärkte Misstrauen gegenüber christlichen Menschen genannt werden. Die gemeinschaftliche Religion und die soziale Abgeschlossenheit haben bewirkt, dass die Juden über zwei Jahrtausende ihre Besonderheit nicht verloren haben. Für die Periode der deutsch-jüdischen Geschichte seit Moses Mendelssohn, die für uns hier so wichtig ist, muss wohl der Lerneifer als eine der wichtigsten inneren historischen Kräfte genannt werden.

Auserwählung, Absonderung und Zusammenhalten

Das zweite, schon in der Antike bestehende Charakteristikum, die Absonderung, liegt in der Tatsache, dass die Juden auch ohne Zwang seit jeher die Neigung hatten, nahe beieinander zu wohnen, da ihnen der Kontakt zu Andersgläubigen nicht als erstrebenswert galt. Das wiederum liegt begründet in dem Bewusstsein, Mitglied eines von Gott auserwählten Volkes zu sein. Wie es in Ex. 19:5,6 geschrieben steht:

„Wenn ihr nun auf meine Stimme hören und meinen Bund wahren werdet, so sollt ihr mein Eigen sein aus allen Völkern, denn mein ist alle Erde. Und, ihr sollt mir sein ein Reich von Priestern und ein heilig Volk."

Der Kommentar von Henri Atlan ist hier äußerst relevant. Er schreibt:

„Dieses perfekte Zusammengehen, diese gegenseitige Anpassung zwischen einem Volk und seinem Gott hatte natürlich in erster Linie den Effekt der Abgrenzung dieses Volkes von anderen Völkern zur Folge. [...] Die Konsequenzen dieses Plans konnten aber sowohl unglücklich und katastrophal sein wie auch segensreich, abhängig von den Beziehungen [der Juden] zu den sie umringenden Völkern."[24]

Die Aktionen der Kirche, die aufgrund des kirchlichen Antijudaismus eine *Ausgrenzung* der Juden anstrebte, standen also durchaus nicht in scharfem Gegensatz (vielleicht sogar in gar keinem) zu der seit jeher bestehenden Tradition im Judentum wie auch zum Wunsch der damaligen Autoritäten der Juden. Wenn es also gewiss nicht immer leicht war, im Mittelalter Jude zu sein, so waren doch Zweifel daran, dass man einer war, kaum möglich – und auch nicht daran, was das bedeutete.

Lehrpflicht und Lerneifer

Es war vermutlich der Schriftgelehrte Jochanan ben Zakkai, der nach der Zerstörung des zweiten Tempels im Jahre 70 n. Chr. den Anstoß zur Transformation des jüdischen Gottesdienstes von einem Opfergottesdienst im zentralen Tempel zu einem überall in der Diaspora ausführbaren Dienst gegeben hat. Ein wichtiger Punkt hierbei war, das Studium der biblischen Schriften, das schon nach der Zerstörung des ersten Tempels für gewisse Kreise immer wichtiger geworden war,

„... zum Mittelpunkt und wesentlichen Inhalt des gesamten Lebens zu machen. [...] Das Studium der Schrift und der mit ihr verknüpften Tradition galt als vollwertiger Ersatz des Tempeldienstes."[25]

Eine derartige Vorschrift bedingt natürlich, dass man kein Analphabet sein darf, um die Schrift kritisch lesen zu können. Tatsächlich sind wohl die ersten Grundschulen für Knaben schon im ersten Jahrhundert v. Chr. eingeführt worden. Eine allgemeine Lehrpflicht für jüdische Knaben hat sich wohl ab der Mitte des zweiten Jahrhunderts n. Chr. weitgehend durchgesetzt.[26] In auffallendem Gegensatz hierzu besteht diese Schul- oder Bildungspflicht in vielen europäischen Ländern erst seit der zweiten Hälfte des 18. Jahrhunderts, in Frankreich und den Niederlanden sogar erst seit Ende des 19. Jahrhunderts. Weiter ist bemerkenswert, dass – im Gegensatz zur Haltung der katholischen Kirche – bei der Interpretation des gelesenen Textes der Schrift nicht nur eine einzige gültige Autorität anerkannt wurde. Zur Auslegung musste man sich zwar an die sogenannten hermeneutischen Regeln[27] halten,[28] aber unter diesem Vorbehalt war jeder in der lernenden Gruppe befugt, seine eigene Version der Interpretation vorzulegen. Gewandtheit beim Diskutieren und Freude am Meinungsaustausch gehören auch zum Erbe der Juden. Dieses gemeinschaftliche Studium, die Speisegesetze, das Gebot, dass für einen vollwertigen Gottesdienst ein Quorum von mindestens zehn erwachsenen Männern beisammen sein müsse, die soziale Hilfe, die die Gemeinschaft gehalten war, jedem zu leisten (und das auch tat), der ihrer bedurfte, waren einige der wichtigen, bewusst wahrgenommenen Maßnahmen, um den Gruppengeist zu fördern. Hierdurch konnte das Besondere der jüdischen Gemeinschaft so lange bewahrt werden.

Arbeit

Schon im Paradies war es Adams Aufgabe zu arbeiten. Wie es in Gen. 2:15 geschrieben steht: *„Dann nahm der Ewige, Gott, den Menschen und setzte ihn in den Garten Eden, dass er ihn bebaue und behüte."* Mit Recht heißt es also in der *Encyclopaedia Judaica* im Abschnitt über die Arbeit: *„Die Bibel sieht Arbeit als wesentlich zur Aufgabe des Menschen gehörend, als solche ist sie Bestandteil der kosmischen Ordnung."*[29] Und wie dort weiter angeführt wird, ist die Strafe, die Gott Adam erteilt, weil er sich dazu verführen ließ, vom verbotenen Baum zu essen, nicht Arbeit als solche, sondern schwere, mühselige Arbeit (Gen 3:17):

„Weil Du auf deines Weibes Stimme gehört und von dem Baum gegessen hast, von dem ich Dir geboten, iss nicht davon, ist verflucht

der Boden um deinetwillen. In Mühsal sollst Du von ihm essen alle Tage deines Lebens, und Dorn und Distel lasse er dir sprießen."

Wie sehr Arbeit zur kosmischen Ordnung gehört, ist auch daraus ersichtlich, dass z. B. in den Psalmen 8:4 der Himmel als *„Gottes Fingerwerk"* wie auch in **102**:26 die Himmel als *„Deiner Hände Werk"* bezeichnet werden. Deutlicher noch wird die Wichtigkeit der Arbeit in den Schriften des Maimonides, des berühmten jüdischen Philosophen aus der Zeit der muslimischen Herrschaft in Spanien, erörtert.[30] Die folgenden Texte sind besonders bemerkenswert, wenn man bedenkt, was über den Stellenwert von Studium und Lernen im Judentum angeführt worden ist:

„Jeder, der beschließt, sich vollständig dem Studium der Tora zu widmen und darum anstatt von eigener Arbeit von Unterstützung durch andere zu leben, begeht eine Entheiligung. [...] er hat sich hiermit aus der Welt entfernt. [...] Die Weisen sagen: Alles Studium der Tora, das nicht zusammengeht mit Arbeit, ist umsonst und wird Sünde zur Folge haben."[31]

Zusammenleben mit anderen Völkern I – Alexandrien

Anderseits aber, und das ist bemerkenswert, waren die Juden, die in der Zerstreuung lebten, spätestens ab dem dritten Jahrhundert v. Chr. daran gewöhnt, sich auch der Kultur anzupassen, in der sie lebten. Ein Beispiel hierfür ist die weitgehende Hellenisierung der Juden in Alexandrien unter den Ptolomäern. Wir zitieren hier einige Aussagen von Martin Hengel:

„Es ist erstaunlich, wie rasch die Juden im ptolomäischen Ägypten die ihnen vertraute aramäische Sprache aufgaben und die griechische annahmen. Und was die schon genannte Transformation des Gottesdienstes nach dem Jahre 70 betrifft, die war schon in Alexandrien erprobt."[32]

„[So] erhielt der jüdische Kult in der ägyptischen Diaspora eine für die Antike neue, fast revolutionäre Form. Er wurde zum reinen WORTgottesdienst. [...] Dieser opferlose Wortgottesdienst mit stark ethischer Ausrichtung musste auf die Umwelt einen fast philosophischen Eindruck machen."[33]

Mehr als nur einen philosophischen Eindruck machte das Werk des jüdischen Philosophen Philo Judaeus, der in Alexandrien den ersten bekannten systematischen Versuch unternahm, die den Juden offenbarte Lehre in Übereinstimmung mit klassischer, vor allem platonischer Philosophie zu bringen. Philo war den jüdischen Philosophen des Mittelalters unbekannt, hatte aber durch Clement von Alexandrien, Origen und Ambrose einen bleibenden Einfluss auf das Christentum.[34]

Handel und Sprachbeherrschung

Neben diesem Erbe ist eine andere, durch das Leben in anderen Ländern erworbene oder wenigstens verstärkte Fähigkeit zu nennen: der internationale Handel und die dabei benötigten Kenntnisse fremder Sprachen. Hierbei ist die in den ersten Jahrhunderten unserer Zeitrechnung besonders betonte Zusammengehörigkeit aller Juden und das Gebot, einander so viel wie möglich zu helfen, natürlich von großem Nutzen. Schon Karl der Große hat die Ansiedlung von Juden entlang des Rheins stark gefördert und weitgehend mit jüdischen Händlern zusammengearbeitet. Diese transportierten Sklavinnen, Knaben, Pelze und Waffen in den Fernen Osten und brachten bei ihrer Heimkehr Gewürze nach Europa.[35] Im 9. Jahrhundert wurden die Worte Jude und Kaufmann oder Händler synonym verwendet.[36] Das sollte sich spätestens im 13. Jahrhundert durch die überragende Rolle der Kirche ändern.

Zusammenleben mit anderen Völkern II – der Islam des frühen Mittelalters

Bevor die katholische Kirche aber zur alles dominierenden Macht aufsteigen konnte, hatten die islamisierten Araber einen Raum besetzt und beeinflusst, der in der Mitte des achten Jahrhunderts vom Atlantischen Ozean bis nach Indien reichte. Kulturelle Zentren waren dabei Städte wie Bagdad im Osten und Córdoba im Westen. Die schnelle Eroberung und Islamisierung konnte gelingen, weil Mohammed nicht nur Religionsstifter, sondern auch Politiker und Staatsmann war. Bei seinem Tod, der Überlieferung nach im Jahre 632, hatte er nicht nur eine neue Religion, sondern auch eine Gemeinschaft und einen wohlbewaffneten Staat begründet. Die Tatsache, dass auf seinen Tod ein Ausbruch von Aktivitäten folgte und kein Zusammenbruch, zeigt deutlich, dass sein Lebenswerk eine Antwort auf drängende politische, gesellschaftliche und geistige Fragen geboten hatte.[37]

Die großen Eroberungen fanden unter Abu Bakr, dem ersten Kalifen – das heißt Stellvertreter (des Propheten) – statt. Im Jahre 637 waren schon der gesamte heutige Irak und Syrien in moslemischer Hand.[38] In Südwestasien wie auch in Nordafrika gab es zu dieser Zeit große „aktive jüdische Gemeinden".[39] Die unter dem Islam lebenden Juden wie auch die Christen hatten einen Sonderstatus (Dhimmi) inne, weil auch sie Anhänger einer monotheistischen Religion waren. Es war allerdings nicht die richtige. Darum mussten sie sich in ihrer Kleidung als nicht zum Islam gehörend kennzeichnen, mussten eine Sondersteuer entrichten und waren verschiedenen Beschränkungen in religiöser und repräsentativer Hinsicht unterworfen.

„Aber in den Jahrhunderten, in denen die Volkswirtschaft der islamitischen Welt aufgeblüht war (bis ins 13. Jahrhundert in den meisten Gebieten) waren die nichtislamitischen Monotheisten in ökonomischer Hinsicht nicht diskriminiert. Es war ihnen möglich, voll teilzuhaben am blühenden Gewerbe und Handel in dem ganzen und sehr großen Gebiet, das der Islam beherrschte. [...] Obwohl Detailquellen fehlen, sieht es danach aus, dass in dieser Zeit eine wichtige Veränderung im Leben der Juden stattfand: Die Juden wurden beinahe alle Stadtbewohner. [...] Die Nachfrage nach allen möglichen handwerklichen Fähigkeiten erlaubte den meisten Juden genug zu verdienen, um auch die Extra-Steuer als Dhimmi zu bezahlen. Juden waren in den Städten in den verschiedensten Handwerken beschäftigt, wie zum Beispiel in der Gerberei, der Färberei und Weberei, in der Seidenfabrikation und im Metallgewerbe. Die wohlhabenden Juden konnten an dem regen interregionalen Handel teilnehmen. Hierbei gebrauchten sie Kreditbriefe und gründeten ein Netz von lokalen Agenten und Vertretern. So waren sie aktiv bei der Entwicklung von raffinierten kapitalistischen Techniken mit dabei."[40]

„Neben dieser Urbanisierung gab es noch eine andere große und wichtige Veränderung im Leben der Juden. Das war der Prozess der Arabisierung, womit, jedoch nicht ausschließlich, die Ablösung der älteren Sprache durch das Arabische gemeint ist. Aramäisch als Umgangssprache starb aus und blieb wesentlich nur im Rechtswesen und in der Liturgie erhalten. Griechisch war in Vergessenheit geraten und das Lateinische hatten die Juden kaum übernommen."[41]

Dass die Juden so schnell und so gründlich die arabische Sprache übernommen haben, ist keineswegs selbstverständlich. Dass in Polen und Russland die Juden bis zur Vernichtung unter Hitler ihre eigene Sprache, das Jiddische, beibehalten haben, ist bekannt. Auch die aus Spanien und Portugal in die osmanischen Länder geflohenen Juden hatten das Spaniol beibehalten, wie man z. B. in der Autobiografie von Elias Canetti lesen kann,[42] und sogar die deutschen Juden haben bis zum Ende des 18. Jahrhunderts noch ihr eigenes Judendeutsch bewahrt. Die Arabisierung jedoch hat die Juden über die Sprache auch mit den großen Leistungen der Araber auf den Gebieten der Philosophie, der Philologie, der Poesie und der Naturwissenschaften bekannt gemacht. In gewissem Maße haben sich auch Juden unter diesem Einfluss zu Philosophen und Dichtern entwickelt. Von den Philosophen ist der berühmteste Maimonides (1138–1204), der seinerseits in gewissem Maße Einfluss auf Thomas von Aquin (1225–1274) ausgeübt hat.[43] Die arabische Philologie hat bei den Juden erneut das Interesse erweckt, sich mit der hebräischen Sprache zu befassen – sowohl als Dichter, wie der berühmte Jehuda ha Levy, wie auch als Sprachforscher.[44] Wenn auch die Juden im islamischen Machtbereich, anders als in Europa, keinen beruflichen Einschränkungen unterworfen waren, so bestand doch auch bei ihnen die Tendenz, einige Berufe zu bevorzugen und andere zu meiden. Einer militärischen oder Beamtenlaufbahn waren eindeutig Grenzen gesetzt. Eine alte arabische Redensart besagt, dass der Jude sich entweder mit der Arzneiflasche oder mit dem Geldbeutel in der Hand zur Größe erhebt. Dies spricht eine historische Wahrheit aus, dass nämlich einem ehrgeizigen Juden zwei Wege zum Erfolg offen standen: entweder in der Medizin oder im Finanzwesen. Ein erfolgreicher Arzt konnte hohe Beamte oder sogar Regenten zu seinen Patienten zählen, was ihm direkten Zugang zum Machtzentrum eröffnete.[45]

Zusammenfassend kann man sagen, dass die islamische Religion vom Judentum und Christentum stark beeinflusst ist. Auf philosophischem Gebiet jedoch haben Betrachtungen über Glaubens- und Religionsfragen von islamischen Denkern die beiden anderen Religionen in großem Maße geprägt. Vielleicht noch wichtiger sind die Leistungen der Araber auf dem Gebiet der Mathematik (Algebra, Trigonometrie, Ziffern), von denen die westliche Welt profitiert hat.

Kirche und Antijudaismus

Die vermutlich wichtigste spezifische Kraft von außen für die Geschichte der Juden in Europa ist der Antijudaismus, der seit 1879, dem Jahr, in dem Wilhelm Marr diesen Terminus prägte, besser unter dem Namen „Antisemitismus" bekannt ist. In der christlichen Welt liegt die Hauptursache hierfür in den theologischen Wurzeln der beiden Glaubensweisen. Die Juden wurden von der Kirche immer als die Mörder Christi betrachtet, als die Leugner seiner Eigenschaften als Sohn Gottes und Erlöser. Anderseits aber wurde von der Kirche bis zur Hitlerzeit nie geleugnet, dass Jesus aus dem jüdischen Volk hervorkam, wie auch das Alte Testament, die Bibel der Juden, immer eines der zwei heiligen Bücher der Christen blieb. Dieser Zwiespalt in der Haltung der Kirche führte zu einem ambivalenten Verhalten. Einerseits sollten die Juden als unterscheidbare Gruppe von Ketzern – die den Christen irgendwie doch auch nahe standen – nicht verloren gehen. Anderseits sollte es ihnen – für jeden sichtbar – schlecht gehen, so dass jedem gläubigen Christen klar wurde, wie es Ketzern erging, die es hätten besser wissen können.

Diese theologischen Urteile wurden aber in folgenschwere gesellschaftliche Beschränkungen umgesetzt, und zwar unter dem Druck der Bewegung von Cluny.[46] Diese Abtei wurde im 10. und 11. Jahrhundert Zentrum der Reform des Mönchtums und davon ausgehend auch der ganzen Kirche. Während Geld bis in das 11. Jahrhundert auch noch von Christen und Klöstern ausgeliehen wurde, sprachen die zwei Laterankonzilien von 1179 und 1215 sich durch ein Päpstliches Verbot dagegen aus. Forthin war das Verleihen von Geld gegen Zinsen ausschließlich den Juden erlaubt. Die Geldleihe wurde so – jedenfalls auf dem Papier – zu einem den Juden überlassenen Monopol. Durch verschiedene Beschränkungen, wie das Verbot einer Handwerkerzunft[47] beizutreten oder das Verbot Land zu besitzen, handelte es sich auch um eine der wenigen Erwerbsmöglichkeiten, die Juden offen standen. Hierdurch und gewiss auch wegen der immer bestehenden Gefahr vertrieben zu werden lebten diese oft in unsicheren Verhältnissen.[48] Die Unsicherheit verführte sie dazu, hohe Zinsen zu fordern, was sie selbstverständlich bei ihren Schuldnern nicht beliebt machte. Daher rührt auch, dass seit dem 13. Jahrhundert das Wort „Jude" mit „Wucherer" identifiziert wurde.[49]

Auf die hier beschriebene Weise entstanden aus dem Fakt der Zerstreuung über zahlreiche Länder und Sprachen und aus der Politik der Kirche zwei fortan auch zum soziokulturellen Erbe der Juden gehörende Neigungen und Fähigkeiten: der internationale Warenhandel und der Geldhandel. Wie bereits erwähnt, war es unter dem Islam kaum anders, „*... da der Umgang mit Geld und Edelmetallen als gefährlich für die unsterblichen Seelen [der Muslime] galt."*[50] In dem Geschichtsabschnitt, den wir weiter betrachten werden, wird der Einfluss dieses soziokulturellen Erbes immer wieder deutlich hervortreten.

Zusammenfassung der Situation im Mittelalter

Trotz der erwähnten ambivalenten Haltung der Kirche den Juden gegenüber war deren Situation durch alle Beschränkungen im beruflichen und privaten Leben schwierig. In die vom christlichen Glauben beherrschte Gesellschaft, dem Wesen nach eine theokratische, passte das Judentum mit seiner gleichfalls theokratischen Haltung gar nicht so schlecht. Doch die Juden wurden auch als Ketzer und Parias angesehen, die ihr Leiden verdient hatten. Sie sollten sichtbar leiden, um jedem, der sie sah, deutlich zu machen, wie es denjenigen ergeht, die zwar an den Gott des Alten Testaments glauben, aber nicht daran, dass der Messias in der Gestalt von Jesus schon gekommen war. In dieser Periode der Geschichte, in der der Gottesdienst für jeden das soziale Bindemittel war, das seine Gruppenzugehörigkeit bestimmte, war es selbstverständlich, dass die Treue zu ihrem Glauben und zu dessen religiösen Vorschriften die Juden als Gruppe zusammenhielt. Diese Treue hat schließlich auch damals das Überleben der Juden als erkennbare Gemeinschaft ermöglicht – ungeachtet des oft schweren Lebens, das durch diskriminierende Maßnahmen zu Armut führen konnte oder durch Verfolgung und Vertreibung zum Verlassen von Haus und Herd, denn die tief im Judentum verankerten sozialen Gebote und Vorschriften sorgten auch für den Schutz der am schlimmsten Getroffenen durch die Gemeinschaft. Die Armen wurden unterstützt, für die Schwachen und Kranken wurde gesorgt. Das führte dazu, dass jeder, der fürchten musste, je den Schutz und die Unterstützung der Gemeinschaft nötig zu haben – und das waren wohl die meisten –, gar nicht daran denken konnte, diese Gemeinschaft zu verlassen.

Ein solcher Schritt war zu jener Zeit aus verschiedenen Gründen kaum möglich. Zunächst, weil auf dem vierten Laterankonzil neben dem Zinsverbot für Christen ebenfalls kirchliche Gesetze formuliert worden waren, die eine noch weitgehendere Trennung zwischen Juden und Christen bezweckten. So war es Juden verboten, christliches Hauspersonal zu beschäftigen und zwischen christlichen Bürgern zu wohnen – ein Gesetz, das in der nachfolgenden Zeit zum Entstehen der Ghettos geführt hat.

Bevor wir uns jedoch den anderen historischen Kräften, die auf die Juden wesentlichen Einfluss gehabt haben – den neuen, von außen kommenden Kräften wie Kriege und Revolutionen –, zuwenden können, muss noch ein wichtiges Ereignis erwähnt werden. Es sollte letztlich den inneren Zusammenhalt der jüdischen Gemeinden und namentlich die Autorität der Rabbiner so weit schwächen, dass in der Folge die Kräfte von außen einen größeren Einfluss haben konnten. Es handelt sich hier um den Einfluss einer charismatischen, wenn auch psychopathischen Persönlichkeit, einem schizophrenen Gelehrten, Sabbatai Zwi genannt, der sich für viele europäische Juden glaubhaft als der so lange erwartete Messias ausgab.

Der falsche Messias

Schon seit dem 12. Jahrhundert n. Chr. gab es im Judentum eine mystische Strömung, die *Kabbalah*, die auch spätere mystische Strömungen im Christentum weitgehend beeinflusst hat. Dadurch, dass im hebräischen Alphabet jedem Buchstaben einen Zahlenwert zugeordnet ist (die alten Juden hatten keine speziellen Zeichen, um Zahlen darzustellen), hat auch jedes Wort der heiligen Texte einen Zahlenwert. Es ist naheliegend, dass man bald versuchte, aufgrund von Zahlenmystik Deutungen zu konstruieren und aufgrund von arithmetischen Operationen Gleichnisse und Verbindungen zwischen scheinbar nicht miteinander verknüpften Begriffen herzustellen. Das Hauptwerk der Kabbalah, *Sohar* genannt, entstand Ende des 13. Jahrhunderts in Spanien. Die letzte Form wurde dieser Lehre von Isaak Luria (1534 Jerusalem – 1572 Safed) gegeben. Eines ihrer Hauptthemen ist die messianische Erwartung wie auch die Frage, welche magisch-religiösen Mittel angewandt werden müssen, um das Anbrechen des messianischen Zeitalters zu beschleunigen. Da im Jahre 1648 in Amsterdam ein Buch von Rabbi Naftali Bacharach erschienen war, in welchem die Lurianische Kabbalah einem breiteren Publikum zugänglich gemacht wurde, waren die kabbalistischen Lehren relativ vielen Lernenden der Judenheit bekannt. Hinzu kam, dass auch im gleichen Jahr eine der größeren Katastrophen über die Juden in Polen eingebrochen war: der Aufstand des Kosakenhauptmanns Chmielnitzki – ein Aufstand, der erst im Jahre 1667 beendet wurde und bei dem Hunderte von polnischen Adligen wie auch Hunderte von

Juden ermordet wurden. Als nun in der aufgeregten Atmosphäre von Angst und Sorge der Bericht vom Erscheinen des Messias in Gestalt des Sabbatai Zwi aus Smyrna bekannt wurde, brach unter den europäischen Juden eine wahre Massenhysterie aus. Diese ging so weit, dass z. B. in Hamburg die jüdische Gemeinde ihre Häuser zum Verkauf anbot und sich in Frankfurt vierhundert Hausväter auf die Reise ins Heilige Land vorbereiteten.[51]

Für das Hauptthema des vorliegenden Buches hat das Erscheinen des falschen Messias nur in dialektischer Hinsicht Bedeutung. Sein Auftreten im Orient im Jahre 1665 erwies sich schon nach einem guten Jahr als Täuschung. Im September 1666 trat der vermeintliche Erlöser zum Islam über. Dieses Ereignis und die Enttäuschung, die auf die falsche Hoffnung folgte, führten schließlich dazu, dass namentlich im deutschen Judentum eine große Abneigung gegen jegliche mystische Strömung entstand. Dies trug dazu bei, dass der Aufklärer Moses Mendelssohn (1729–1786), der auch in religiösen Dingen für den Gebrauch der Vernunft eintrat,[52] später einen großen Einfluss auf das deutsche, ja das gesamte mitteleuropäische Judentum haben konnte. Eine weitere wichtige Folge dieser Tragikomödie ist, dass das Fiasko des falschen Messias, dieser Betrügerfigur, deren Auftreten

„… auch von vielen Rabbinern gutgeheißen war, dem Ansehen der Rabbiner einen harten Schlag versetzt hatte. Sie waren fast alle dem messianischen Wahn zum Opfer gefallen und hatten seinen trügerischen Charakter nicht durchschaut, hatten also als berufene Lehrer und Meister der Gemeinden versagt."[53]

Selbstverständlich hat die Bresche, die auf diese Weise in das geschlossene System der Gemeinden geschlagen worden ist – auch wenn die Autorität der Rabbiner bis dahin im Wesentlichen unangefochten gewesen war –, die in den späteren Kapiteln erläuterte Aufnahme gänzlich neuer Ideen erleichtert.

Allgemeine Kräfte in der Geschichte der Juden

Zäsuren der Geschichte

Es verhält sich in der Geschichte ähnlich wie im persönlichen Leben eines Individuums: Der Alterungsprozess, der ein Veränderungsprozess ist, geht beim Individuum keineswegs kontinuierlich vor sich. So lange man nicht ernstlich erkrankt oder einen ernsthaften Unfall erleidet, steht man am Morgen als genauso junger oder alter Mensch auf wie am vorigen Tag. Wenn aber eine ernsthafte Krankheit auftritt oder ein Unglück über einen kommt, so dass ein längerer Krankenhausaufenthalt nötig ist, dann ist man nach dieser Zäsur im Allgemeinen deutlich gealtert. Ähnlich ist es in der Geschichte: Was beim Individuum die Krankheit oder das Unglück bewirkt, das geschieht in der Geschichte durch eine Zäsur, das heißt durch einen Krieg, eine verhängnisvolle Seuche, eine tiefe wirtschaftliche Krise oder eine Revolution. Bei dem Stichwort Revolution sollte man nicht ausschließlich an meuternde Massen auf den Straßen denken. Ganz vereinzelt gibt es auch Revolutionen, die im kleinen Kämmerchen eines Gelehrten entstehen, eines Philosophen und – vielleicht noch mehr – eines Wissenschaftlers. Wenn namentlich eine große wissenschaftliche Entdeckung das bewirkt, was der Wissenschaftsphilosoph Thomas Samuel Kuhn einen „Paradigmenwechsel" genannt hat, kann das schließlich zu einem Umsturz im herrschenden Weltbild führen – zu einer Revolution im Denken, die sich letztlich beim Zusammenwirken der hierfür notwendigen historischen Kräfte auch im gesellschaftlichen Leben auswirkt.

Alle genannten einschneidenden Ereignisse, die jeden Bürger eines Landes treffen, haben selbstverständlich auch Einfluss auf die dort lebenden Juden und können schließlich auch in deren Leben zu wichtigen Veränderungen führen. Die Unterscheidung zwischen Juden und den als einheimisch geltenden Bürgern ist darum notwendig, weil die Juden als Gruppe bis zur Gründung des Staates Israel niemals **politische** Macht besessen haben. Die wichtigen und lebensverändernden Ereignisse, wie Krieg oder Revolution, kamen also aus einer äußeren Welt, an der sie weniger teilnehmen konnten als mancher prominentere unter den anderen Bürgern, auf sie zu. Für einige jüdische Individuen, wie die für unser Thema wichtigen Hofjuden (siehe unten), war die Situation eine andere. Durch ihren Zugang zu Geld und Gütern war ihre Mitarbeit und Unterstützung absolut notwendig, wenn durch den Fürsten und eventuelle Ratgeber über Krieg und Frieden entschieden werden musste. Wie wir sehen werden, entstand aus dieser Mitarbeit jedoch ein starkes gegenseitiges Abhängigkeitsverhältnis.

Die erste wichtige Veränderung, die, wenn auch indirekt, langfristig einen großen Einfluss auf das Leben der Juden haben sollte, war die Reformation der Kirche. Von den ersten Anfängen einer Spaltung durch Luther im Jahre 1517 entstand aus dem Verlust der Einheit einer einzigen christlichen Kirche in einigen Ländern eine größere religiöse Toleranz, eine Haltung, die sich letztlich auch den Juden gegenüber bemerkbar machen sollte. Zunächst führte diese Spaltung jedoch als eine der Ursachen zu einer der schwersten Krisen in der europäischen Geschichte: zum Dreißigjährigen Krieg (1618–1648). Die Folgen dieses Dramas waren unmittelbar, haben aber auch langfristig Einfluss auf den weiteren Verlauf der europäischen Geschichte und damit auf die Juden in diesem Raum gehabt.

Der Dreißigjährige Krieg und seine Folgen[54]

Dieser Krieg war neben einem Religionskrieg auch ein Krieg, bei dem der Streit um die Macht zwischen dem Kaiser und den Fürsten, aber ebenso zwischen den europäischen Regenten von großer Bedeutung war.[55] Diese benötigten für die Kriegsführung natürlich Geld, Lebensmittel, Pferde, Waffen und Munition. Hier konnten die Juden mit ihrem Geld und mit ihren Handelsbeziehungen eine wichtige Rolle spielen. Für jüdische Unternehmer ergaben sich sogar neue Chancen Gießereien und Pulvermühlen zu errichten.[56]

Es ist nicht übertrieben zu behaupten, dass die Folgen des Dreißigjährigen Krieges im ganzen Deutschen Reich verheerend waren. Am Ende des Krieges war die Bevölkerungszahl auf etwa die Hälfte zurückgegangen, laut Davies von 21 auf vielleicht 13 Millionen.[57] Außerdem wurde im Westfälischen Frieden (1648) die Macht des Kaisers gegenüber den Fürsten bedeutend eingeschränkt. Letztere bekamen fortan das Recht, selbstständig Verträge mit dem Ausland abzuschließen, während die kaiserliche Gesetzgebung der Billigung durch die Fürsten unterworfen wurde.[58] Die Fürsten gewannen einerseits an Selbstständigkeit und Macht, bekamen damit aber zugleich eine sehr große Aufgabe: den Wiederaufbau ihrer total zerstörten Länder. Das Ausmaß dieser Zerstörung wird von Davies wie folgt anschaulich beschrieben:

„Die deutschen Lande sahen trostlos verlassen aus. […] Ganze Städte, wie z. B. Magdeburg, waren zu Ruinen geworden. Ganze Landstriche waren von ihren Einwohnern samt ihrem Vieh und ihrer Habe verlassen. Handelsaktivitäten waren praktisch vollständig zum Stillstand gekommen. Plünderungen, Hungersnöte und Zerrüttung des sozialen Gewebes während einer ganzen Generation hatten eine derartige

Zerstörung der Gesellschaft zur Folge, dass die Prinzen es schließlich für nötig hielten, die Leibeigenschaft wieder einzuführen und den Städten eher gewährte Freiheiten wieder zu entnehmen. Der Fortschritt eines ganzen Jahrhunderts wurde so zunichte gemacht."[59]

Der Wiederaufbau eines total zerstörten großen Gebietes benötigte selbstverständlich in noch größerem Maße, als es schon die Führung des Krieges selbst getan hatte, enorme Mengen an Geld und Gütern. Dies kam nun denjenigen Juden zugute, die über Geld oder Handelsbeziehungen verfügten. Von der Armut auf dem Lande wurden hingegen auch die dort lebenden Juden nicht verschont. Die Bettel- und Wanderjuden wurden zu einer häufigen Erscheinung, die nach 1648 ungeahnte Ausmaße annahm.[60]

Absolutismus und Merkantilismus

Der Verarmung auf der einen Seite steht jedoch auf der anderen Seite die durch den Westfälischen Frieden geschaffene neue politische Ordnung gegenüber, die sich für die Juden eher positiv auswirkte.

„Eine Vielzahl von territorialen und städtischen Herrschaften, von denen jede Einzelne ihre eigene Politik betreiben konnte, brachte die Juden überall in direkte Abhängigkeit von den lokalen Obrigkeiten, und das war im nun voll einsetzenden Zeitalter des Absolutismus für die meisten günstig. [...] Die Landeshoheit und das Geltungsbedürfnis der vielen Einzelstaaten und Fürsten erforderten nach dem Friedensschluss erst recht die Heranziehung des Wirtschaftspotentials der Juden, die sich im Krieg so glänzend bewährt hatte."[61]

Hiermit wurde eine neue Phase im Leben der Juden eingeläutet, an der mindestens drei Faktoren beteiligt waren: erstens die gewaltige Aufgabe der Fürsten, ihre zerstörten Länder wieder aufzubauen; zweitens die damit zusammenhängende Notwendigkeit, jene Juden an sich zu binden, die durch Geld und Lieferung der benötigten Materialien und Produkte behilflich sein konnten. Drittens wurde das alles durch den damaligen Zeitgeist – charakterisiert durch den Absolutismus und durch die zugehörige Wirtschaftsform des Merkantilismus – noch verstärkt. Nach diesem Verständnis repräsentierte allein der Fürst die Macht in seinem Gebiet, eine Macht, die er der Zeit gemäß auch durch die Errichtung von prunkvollen

Schlössern und sonstigen Bauwerken gern zeigte. Das steigerte wiederum den Bedarf an Geld und Materialien. Den merkantilistischen Ideen folgend versuchte der Fürst, das Gebiet durch Zölle und Tarife und durch die bewusste Förderung von Gewerbe und Handel zu einem volkswirtschaftlichen Ganzen zu transformieren. Hieraus ergaben sich neue Möglichkeiten für die Juden, wirtschaftlichen und politischen Einfluss zu gewinnen. Eine wichtige Form jüdischen Lebens, die vereinzelt schon im Mittelalter bestanden hatte, verbreitete sich nach dem Krieg sehr schnell: die der Hofjuden. Im 18. Jahrhundert sollen es bereits Tausende gewesen sein.[62]

Die Hofjuden: Brücken zur Welt

Der große Bedarf an Geld und Gütern, den nach dem Dreißigjährigen Krieg nur die Juden schnell und zuverlässig befriedigen konnten, führte die Fürsten in große Abhängigkeit von ihren Hofjuden. Diesen wurde dann auch eine entsprechende Sonderposition zuerkannt: Sie mussten nicht im Ghetto leben, sondern bewohnten schöne, oftmals auch prunkvolle Häuser in der Nähe des Hofes. Auch kleideten sie sich nach der Mode und waren äußerlich – es sei denn durch ihr Gesichtszüge – nicht von den anderen Bürgern und Höflingen zu unterscheiden. Bemerkenswert ist hierbei, dass mancher fromme Hofjude von einem Berufsmaler sogar sein Porträt anfertigen ließ.[63] Das Abhängigkeitsverhältnis beruhte jedoch durchaus auf Gegenseitigkeit, denn so wie der Fürst seinen Hofjuden dringend brauchte, so war dieser für seinen Schutz und seine Sonderstellung vollkommen auf den Fürsten angewiesen. Hierbei spielte zweifellos auch eine Rolle, dass sowohl der Fürst wie auch sein Jude durch ihre Sonderstellung in der Gesellschaft recht einsam waren. Der Fürst als absoluter Herrscher in all seinem Prunk war bei seinem Volk im Allgemeinen wenig beliebt. Dasselbe galt, wenn auch auf völlig andere Weise, für den Hofjuden. Beide brauchten einander also auch als Vertraute und vielleicht sogar als Freunde. Die Macht einiger Hofjuden war in manchen Fällen erstaunlich groß. So wurde der durch seine Prunksucht berühmte und durch die Bauwerke, die er hat errichten lassen, immer noch bewunderte Kurfürst August II. von Sachsen (der Starke, 1670–1733) zum König von Polen gewählt, weil er durch die Zahlung von Millionen von Talern den polnischen Adel bestochen hatte. Dieses Geld musste natürlich erst von seinem Hofjuden Behrend Lehmann aufgebracht werden. Auch auf den Ausgang von Kriegen, wie zum Beispiel im Kampf gegen die Türken bei der Belagerung von Wien (1683), hatten Hofjuden zuweilen bestimmenden Einfluss. Im Wiener Beispiel beschaffte der Hofjude Samuel Oppenheimer riesige Summen Geldes und große Mengen von Waren, die für die große Armee gebraucht wurden, der es schließlich gelang, die bis dahin siegreichen Türken endgültig zurückzuschlagen. Bei dieser Geldbeschaffung ging es nicht immer mit rechten Dingen zu.[64] So wurde der Hofjude wohl oftmals durch seine Abhängigkeit vom Fürsten – eine Abhängigkeit, die ihn samt seiner Familie auf Leben und Tod mit dem Fürsten verband – dazu verleitet, die Geldbeschaffung durch Münzverschlechterung zu erleichtern – ein System, das die Kasse des Herrschers auf Kosten der Bevölkerung füllte und dem Münzjuden zwangsläufig den Hass der dadurch verarmenden Menschen zuzog. Solche Praktiken steigerten die gegenseitige Abhängigkeit natürlich. Die psychische Ambivalenz, die dieses gleichzeitige Leben in zwei so verschiedenen Welten mit sich brachte, verdeutlicht der historische Roman *Jud Süss* (1925) des deutsch-jüdischen Autors Lion Feuchtwanger. Er beschreibt darin eindringlich das Leben und den gewaltsamen Tod des Geldbeschaffers Josef Süss Oppenheimer am Hofe seines Herrn, des Prinzen Karl Alexander von Württemberg. Dieser Süss diente seinem Herrn treu und presste für ihn – wie auch für sich selbst – viel Geld aus den Untertanen des Fürsten.

„Diese Art enger Verbindung hatte zur Folge, dass ganze Dynastien von Hofjuden entstanden: Drei Generationen der Familie Gomperz dienten dem Fürstbischof von Münster, sechs den preußischen Herrschern, in ununterbrochener Folge."[65]

Die große – zunächst rein berufliche – Nähe zwischen zwei Familien über längere Zeit erleichterte selbstverständlich auch den sozialen Kontakt zwischen beiden Seiten. So kam es, dass der Fürst auch oft bei wichtigen Festen, wie den Hochzeiten der Töchter der Hofjuden, zugegen war.[66] Diese wurden ihrerseits durch die Bekanntschaft mit dieser neuen Welt beeinflusst, lernten Französisch, die Sprache der höheren Stände nach dem Dreißigjährigen Krieg, und bekamen Kenntnis vom Aufleben der deutschen Literatur in der zweiten Hälfte des 18. Jahrhunderts. Durch diese Kontakte auf zwischenmenschlicher Ebene wurde von einer wachsenden Anzahl Juden auch das Christentum nicht länger als Ketzerei angesehen, so dass auch hier ein unbefangener Umgang miteinander möglich wurde. Bei diesen Entwicklungen ist bemerkenswert, dass bis zum Ende des 18. Jahrhunderts die Hofjuden selbst in den meisten Fällen ihrem Glauben treu blieben und sich beim Fürsten für Erleichterungen im Dasein der nicht so privilegierten Mitglieder der jüdischen Gemeinde einsetzten.

Der Kontakt zur nichtjüdischen Gesellschaft war jedoch nicht nur den Hofjuden im engeren Sinn vorbehalten. Durch den ökonomischen Aufschwung wuchs in den Städten die Zahl jener Juden, die es zu einem gewissen Wohlstand gebracht hatten: Juden, die einerseits durch Sondersteuern und andererseits durch den erwiesenen Nutzen für die Wirtschaft Schutzbriefe des jeweiligen Landesherrn und damit Wohnrechte in der Stadt – allerdings mit zahlreichen Sonderklauseln – erworben hatten. Auch diese kleideten sich meist nach der in der Stadt üblichen Art.[67] Besonders bemerkenswert ist jedoch, dass diese besser gestellten Kaufleuten im 18. Jahrhundert deutsch schreiben und lesen konnten – die Grundvoraussetzung dafür, um auch mit der sie umgebenden Kultur in Berührung zu kommen. Einen wichtigen Beitrag hierzu leisteten die protestantischen Universitäten von Halle an der Saale und Göttingen, die auch Juden zum Studium der Medizin zuließen. Manche dieser Studenten beschränkten sich, einmal an der Universität zugelassen, dann wohl nicht allein auf das Hören von medizinischen Vorlesungen.

Kräfteschema 1: Das soziokulturelle Erbe der Juden

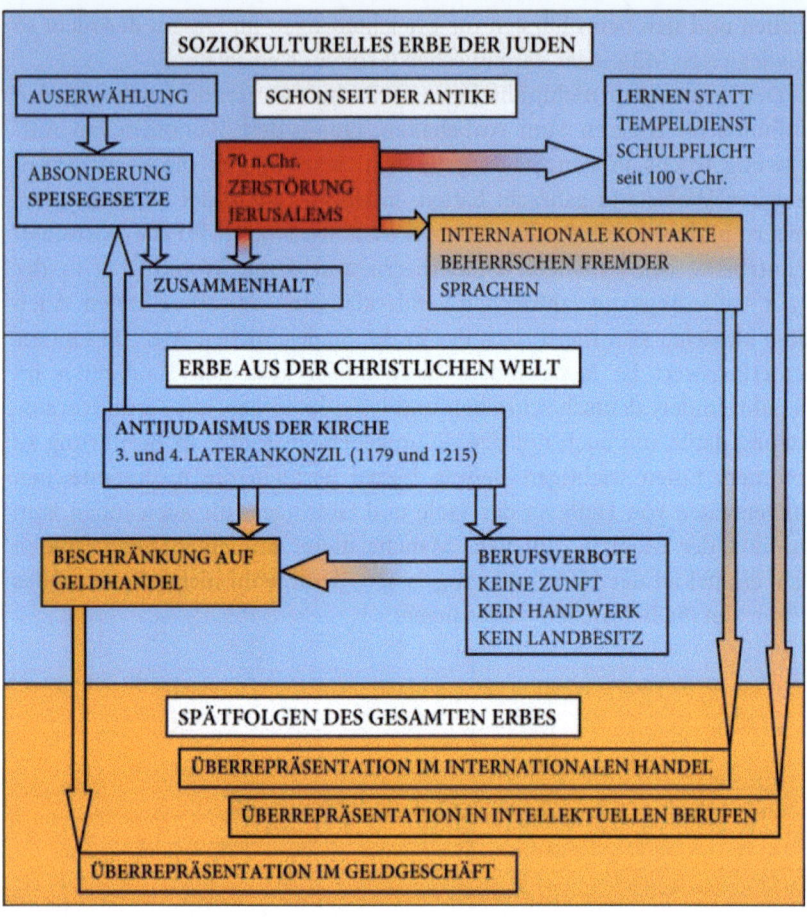

Dieses wichtige Thema haben wir in drei große Zeitperioden unterteilt. Der obere große Block zeigt den schon aus der Antike herrührenden Teil dieses Erbes. Darunter folgen dessen im späten Mittelalter entstandene Elemente, die in hohem Maße von der Kirchenpolitik geprägt wurden. Der große Einfluss dieser alten Erbteile, der bis auf den heutigen Tag an der Berufsstruktur der Juden abzulesen ist, wird im untersten Block dargestellt.

Bemerkenswert ist hier in erster Linie, dass der Glaube an die Auserwähltheit der Juden automatisch zu einer Absonderung geführt hat, die vom Antijudaismus der Kirche um 1200 noch einmal deutlich verstärkt wurde. Außerdem ist wichtig, dass mit der Zerstörung Jerusalems, als der Opferdienst im Tempel nicht länger möglich war, dieser offiziell durch die Pflicht ersetzt wurde, jeden nicht zur Arbeit verwendeten Augenblick dem Studium der Thora zu widmen.

Die internationalen Kontakte und das Beherrschen von Fremdsprachen führen damals wie heute dazu, dass überproportional viele Juden im internationalen Handel tätig sind. Die Pflicht zum strengen Thorastudium bewirkt hingegen die verhältnismäßig hohe Zahl von Juden in intellektuellen Berufen. Die aus den Berufsverboten des Mittelalters resultierende Fixierung auf den Geldhandel zieht schließlich die noch immer große Bedeutung der Juden im Bankgeschäft nach sich.

Kräfteschema 2:
Juden und Fürsten nach dem Dreißigjährigen Krieg

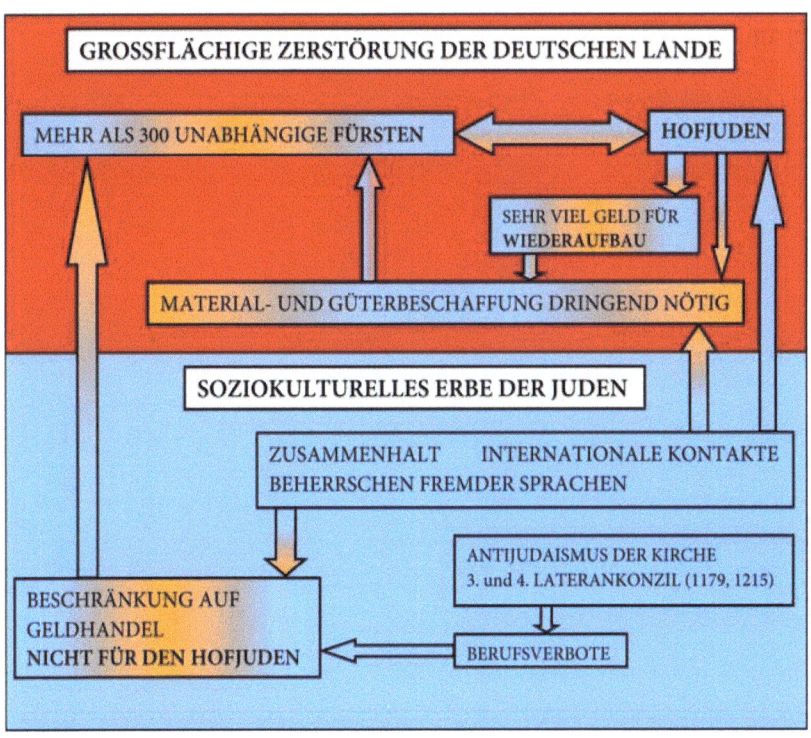

Dieses aus nur zwei großen Blöcken bestehende Schema veranschaulicht die großflächige Zerstörung der deutschen Lande nach dem Dreißigjährigen Krieg. In dessen Ergebnis war zum einen die Macht des Kaisers deutlich geschmälert. Zum anderen brauchten die über 300 deutschen Fürsten große Mengen an Geld und Gütern für den Wiederaufbau ihrer kleinen Länder.

Bedingt durch ihr soziokulturelles Erbe und die daraus resultierenden Eigenschaften waren die Juden für die meisten dieser Fürsten beim Wiederaufbau unentbehrlich. Wenn auch einige Fürsten schon vor dem Krieg Beziehungen zu speziellen Hofjuden unterhalten hatten, so wuchs das Hofjudentum nach dem Kriege doch in auffallendem Maße an. Aus dieser Ausnahmeposition entstand eine große gegenseitige Abhängigkeit zwischen Fürsten und Hofjuden – in manchen Fällen tatsächlich auf Leben und Tod –, die durch den dicken Doppelpfeil oben im Schema symbolisiert wird. Der enge Kontakt dieser Hofjuden und ihrer Familie zur Hofgesellschaft und ihrer Kultur spielte später eine wichtige Rolle bei der Emanzipation der Juden.

5 Eine wichtige Zäsur von außen: die Aufklärung

Die Wissenschaftsrevolution[68]

Praktisch bis zum Ende des 16. Jahrhunderts wurde über die Welt auf mittelalterliche Weise gedacht. Wenn auch Nikolaus Kopernikus sein Werk *De Revolutionibus Orbium Coelestium* im Jahre 1543 publizierte und darin die Sonne anstelle der Erde in den Mittelpunkt der Welt rückte, so sorgte dies doch nicht für so große Aufregung, dass die Kirche ein Verbot des Buches erlassen hätte. Erst die Arbeiten von Johannes Kepler, die zwischen 1609 und 1619 erschienen, bewirkten den ersten Bruch mit dem scholastischen Denken. Kepler zeigte unter anderem, dass die Bahn eines jeden Planeten keinen Kreis beschreibt und auch keinen sogenannten Epicyclus, der aus einer Kombination von Kreisbewegungen entsteht, sondern eine Ellipse, und dies in der Form, dass die Sonne sich im Brennpunkt der Ellipse befindet. Dies war deshalb so aufregend, weil das scholastische Denken davon ausging, dass die von Gott selbst gelenkte Bahn der Himmelskörper selbstverständlich nur die perfekteste aller Kurven sein könnte, der Kreis oder allenfalls eine Kombination von perfekten Kreisbewegungen.

Keplers Zeitgenosse Galileo Galilei ist bei dieser wissenschaftlichen Revolution in zweierlei Hinsicht bedeutend: erstens als der Entdecker zweier Basiselemente der Dynamik, auf denen Newtons wissenschaftliche Revolution beruht. Galilei formulierte das Gesetz der Trägheit, nach dem sich ein Körper ohne Krafteinwirkung in gerader Linie ewig fortbewegt, und das der Kraftwirkung. Letzteres besagt, dass eine konstante Kraft eine konstante Beschleunigung in Richtung der Kraft verursacht. Zweitens war er so bedeutend, weil er ein begeisterter Anhänger des heliozentrischen Weltbildes war. Das nun wurde erst durch seine öffentliche Verurteilung seitens der Inquisition und die von ihr erzwungene Widerrufung bekannt.

Newtons geniale, von nur drei Basisgesetzen ausgehende Theorie wurde 1687 publiziert.[69] Durch ihre Klarheit wirkte sie auf die Mathematiker seiner Zeit absolut überzeugend. Diese Überzeugungskraft beruhte auf den ihm vorliegenden Messungen des Astronomen Tycho Brahe,[70] die von einer bis dahin noch nie erreichten Genauigkeit waren. Die von ihm verwirklichte größere Messgenauigkeit beruhte auf Fortschritten der Instrumentenmacherkunst, sowohl die Positionsbestimmung der Himmelskörper wie auch die Zeitmessung betreffend. Letztere machte schon vor Christiaan Huygens' Erfindung der Pendeluhr, worüber er zum ersten Mal 1658 schrieb, wichtige Fortschritte. Für Brahe war der Schweizer Instrumentenmacher Jobst Burgi (1552–1632) von Bedeutung.[71] Auf der Basis dieser Messungen gelang es Newton unumstößlich, nämlich mathematisch exakt und auf der Basis nur sehr weniger Annahmen zu beweisen, dass Gottes Einfluss auf die Himmelskörper höchstens darin lag, dass Er bei der Schöpfung das Gravitationsgesetz mitgeschaffen hatte. Es ist interessant, dass wir hier ein frühes Beispiel der Beeinflussung einer reinen Wissenschaft, der Astronomie, durch verbesserte Technologie, wie der Instrumentenmacherkunst, vorfinden. Dass diese ihrerseits immer weitere Fortschritte machte, lag auch an den immer größeren Anforderungen, die die Wissenschaftler an ihre Instrumente stellten. Diese gegenseitige Beeinflussung von Wissenschaft und Technologie, die damals begonnen hatte, führte letztlich dazu, dass auch neue mathematische Hilfsmittel, wie z. B. die Infinitesimalrechnung, die Newton unabhängig von Leibnitz für seine Theorie der Himmelskörper entwickelte, ihrerseits Einfluss auf neue Technologien haben sollten. Dieser gegenseitige Stimulierungsprozess entwickelte sich zu einem Fortschrittsprozess, der sich vor allem im 19. und 20. Jahrhundert in Form der Wissenschafts-Technologie-Spirale voll entfaltete.

Newtons bestechend einfache, aber dafür so überzeugende Theorie brachte den für das mittelalterliche Denken fatalen „Entseelungsprozess des Himmels" zu einem wichtigen Höhepunkt. Dieser war jedoch, neben den genannten astronomischen Arbeiten der Vorgänger Newtons, bereits mehr als vier Jahrzehnte zuvor von philosophischer Seite vorbereitet worden. Hier spielte der Mathematiker, Physiker und Philosoph René Descartes eine große Rolle. In seinem Werk *Principia Philosophiae* (1644) hatte er ein rein dualistisches System entwickelt, in dem eine vollständige Trennung zwischen der Welt der Materie und der des Geistes gefordert wurde. Auch er ging vom Gesetz der Trägheit aus, bestritt jedoch im Gegensatz zu Newton die Fernwirkung der Schwerkraft. Die Bedeutung dieser Arbeit als Vorstufe zu dem, was durch Newton für die meisten endgültig wurde, verdeutlicht Blaise Pascal in seinen *Pensées* (postum im Jahre 1670 veröffentlicht) folgendermaßen:

„Ich kann es Descartes nicht vergeben, in seiner ganzen Philosophie wäre er durchaus bereit gewesen, Gott einfach zu eliminieren. Er brauchte Ihn aber, so dass Er mit einem Knips seines Fingers die Welt in Gang setzen konnte. Darüber hinaus hatte er keinen weiteren Bedarf an Gott."[72]

Auch ist es bemerkenswert, dass schon Descartes ganz deutlich sah, dass

„… die Zuverlässigkeit unseres Intellekts eine Gabe Gottes ist und dass wir sicher sein können, nicht zu falschen Einsichten zu gelangen, wenn wir nur darauf achten, unseren Intellekt mit größter Sorgfältigkeit zu gebrauchen."[73]

Eine Meinung, die – wie wir sehen werden – mehr als einhundert Jahre später noch einmal mit anderen Worten von Kant wiederholt wurde. Der Gebrauch des Wortes „Aufklärung" ist wohl auch auf Descartes zurückzuführen. In seinem Streben, die Überzeugung zu vermitteln, dass man bei genügender Sorgfältigkeit im Denken dem eigenen Intellekt Vertrauen schenken sollte, gebrauchte er oft die Bilder „natürliches Licht" und „Licht der Vernunft".

Folgen der neuen Naturwissenschaft für das allgemeine Denken

Die Naturwissenschaften hatten noch weiteren Einfluss als nur die oben genannte „Entseelung des Himmels". Der Erfolg des Newtonschen Denkens war so beeindruckend, dass die nach ihm folgenden großen Aufklärungsdenker versuchten, sich auch beim Nachdenken über Mensch und Gesellschaft auf ähnliche Denkmodelle zu stützen. Dies taten zunächst die Engländer John Locke (1632–1704) und der auf seinen Erkenntnissen aufbauende David Hume (1711–1776), dessen Hauptwerk *Ein Traktat über die Menschliche Natur* den Untertitel *Ein Versuch, die Experimentelle Methode auf Moralische Themen anzuwenden* trägt. Auch der große französische Vertreter der Aufklärung Voltaire reiste nach England, um von seinen Kollegen dort zu lernen. Der Sozialwissenschaftler Alex Callinicos schreibt dazu in seinem Lehrbuch *Theorie der Gesellschaft*:

„... *sie* [Humes Abhandlung] *sollte ein Beitrag sein zur Wissenschaft von Mensch und Gesellschaft. Diese Wissenschaft war explizit der Newtonschen Physik nachgebildet. Helvétius* [französischer Aufklärungsphilosoph (1715–1771), Anm. H.G.M.] *befürwortete, dass wir die Sozialwissenschaften der Experimentalphysik nachbilden sollten.*"[74]

Noch deutlicher schreibt er:

„*Die Leidenschaften sind in der Sozialwissenschaft was die Bewegung* [als Physiker sage ich, dass er das Wort ‚Kraft' statt ‚Bewegung' hätte verwenden müssen, Anm. H.G.M] *in der Physik ist. Die ‚Kräfte' schaffen, zerstören, erhalten, beleben Alles. Ohne sie wäre Alles tot.*"[75]

Glaubensskepsis und Toleranz[76]

Zu Beginn des 18. Jahrhunderts gelangt Europa also immer mehr in eine Gedankenwelt, in der Vernunft und Logik sich gegenüber Aberglauben und Autoritätshörigkeit als überlegen erweisen – eine Gedankenwelt auch, die in Bezug auf Glaubensfragen schon seit mehr als einem Jahrhundert durch die Reformation zutiefst erschüttert war. Die blutige Verfolgung und Abschlachtung der Hugenotten in Frankreich 1572 und ihre Flucht nach England, den Niederlanden, der Schweiz und Preußen offenbarte, wie weit religiöser Fanatismus gehen kann. Die Gräuel des Dreißigjährigen Krieges kamen hinzu. Auch die Diskussionen zwischen katholischen und protestantischen Theologen untergruben natürlich die Sicherheiten der einen oder der anderen Glaubensweise. David Hume drückte es Ende des 18. Jahrhunderts wie folgt aus:

„*... jeder Glaubensstreiter feiert seinerseits Triumphe, sobald er einen Angriffskrieg führt und die Äußerungen von Sinnlosigkeit, Barbarei sowie die verderblichen Lehren seines Gegners herausstellt. Aber alle* *bereiten im Grunde genommen einen vollkommenen Triumph des Skeptikers vor."*[77]

Von der Skepsis zur Toleranz ist es nur ein ganz kleiner Schritt, wenn überhaupt, denn Intoleranz kann ja nur aus dem Bewusstsein entstehen, dass man meint ganz sicher zu sein, dass die eigene Überzeugung die einzig wahre ist. Diese Meinung würde untergraben, wenn auch eine **andere** gültig wäre. Um also den unangenehmen Zustand zu vermeiden, den die Psychologen „kognitive Dissonanz" nennen, wobei die Eigenwahrnehmung – in diesem Fall: „Ich weiß, was der richtige Glaube ist." – in Konflikt mit anderen Wahrnehmungen steht, kann man die andere Meinung gar nicht erst dulden. Dass Ende des 17. Jahrhunderts einer der ersten Denker, der die unbedingte Toleranz forderte, ein in Rotterdam gestrandeter hugenottischer Flüchtling war, ist wohl kaum ein Zufall. Es handelt sich um den französischen Enzyklopädisten Pierre Bayle. Er wusste, wie viele Hugenotten nach ihm, was Verfolgung und Intoleranz bedeuten. Diese von den Hugenotten – aber durchaus nicht nur von ihnen – geforderte Toleranz führte dazu, dass man auch begann, über die Position der Juden nachzudenken.

„Als sich in der Folgezeit während des ganzen Jahrhunderts der Aufklärung immer zahlreichere Stimmen erhoben, um im Namen des Ideals der Menschlichkeit die Förderung der Juden zu verlangen, waren die protestantischen Autoren fast die einzigen, die ein Interesse daran bekundeten, was „das Judentum zu sagen habe", wie sich ein Mann wie Jean Jacques Rousseau ausdrückte."[78]

Wie Poliakov erörtert, handelte es sich bei den Hugenotten in Bezug auf deren Gefühle gegenüber den Juden um

„... eine Anteilnahme in der tiefsten Bedeutung dieses Wortes, die den Juden von Seiten einer Menschengruppe zuteil wurde, die im Kleinen die gleichen Prüfungen durchzumachen hatte."[79]

Kein Hugenotte, aber ein aus katholischem Hause stammender und wohl zum Protestantismus übergetretener und nach Holland ausgewanderter Mann ist im Hinblick auf unser Thema von Interesse. Es handelt sich um den Marquis d'Argens (1704–1771), der hier aus verschiedenen Gründen genannt werden soll: zum Ersten, weil er in seinem Versuch, die christliche Dogmatik zu kritisieren, die Juden in positivem Sinn als Anhänger einer „natürlichen Religion" anführt, und zum Zweiten aufgrund seiner Definition dieser Religion:

„Sie glauben an Gott, der die Welt erschaffen hat, der die Guten belohnt und die Bösen bestraft. […] Liegt darin nicht unsere ganze Religion beschlossen, abgesehen von einigen Zeremonien, die unsere Lehrer und Priester uns verordnet haben?"[80]

Wenn das auch eine äußerst knappe Definition[81] dieses Begriffes ist – auch der für uns wichtige und weiter unten behandelte Moses Mendelssohn hatte ähnliche Gedanken, die er für rational hielt und in Übereinstimmung mit der Vernunft. Heute ist der Gedanke von Belohnung und Strafe durch Gott für die meisten Bewohner der westlichen Welt, und ganz gewiss für den Autor dieser Zeilen, mit jeglichem Gefühl darüber, was Vernunft sein könnte, völlig unvereinbar. Wir leben in einer Zeit nach zwei grausamen Weltkriegen inklusive bewusster Massenmorde in der Sowjetunion und im nationalsozialistischen Deutschen Reich, die mit Belohnung und Strafe nur über das Absurde, also nur durch bloßen Glauben, in Verbindung gebracht werden könnten. Der dritte Grund, den an sich gar nicht so wichtigen Marquis hier zu nennen, liegt darin, dass einer der wertvollsten Mentoren Moses Mendelssohns, der vielseitige jüdischer Intellektuelle und spätere Arzt Aaron Salomon Gumpertz, eine Zeitlang Sekretär des Marquis d'Argens gewesen ist.

Soziale Folgen für die Juden

Die größere Toleranz, die wirtschaftliche Bedeutung der Juden für den Wiederaufbau nach dem Dreißigjährigen Krieg, die verlorengegangene Vorrangposition der Kirche – dies alles ermöglichte es den Juden, aus ihrer sozialen Abgeschiedenheit hervorzutreten, was durchaus zu ihrem Vorteil war. Die in der Stadt lebenden Juden kleideten sich nunmehr meist nach der herrschenden Mode und manche alteingesessenen Familien hatten bereits wie die Christen in ihrer Umgebung einen Familiennamen angenommen. Besonders wichtig war natürlich auch das rasch zunehmende Beherrschen der deutschen Sprache.

„Die Fähigkeit, deutsche Briefe zu lesen und zu schreiben, war bereits im 17. Jahrhundert bei Hofjuden und anderen Juden, die viel mit der außerjüdischen Welt verkehrten, anzutreffen. Im 18. Jahrhundert konnte jeder bessergestellte Kaufmann schon aus geschäftlich-juristischen Notwendigkeiten deutsch schreiben und kannte ein wenig Latein. In manchen gutbürgerlich-jüdischen Kreisen legte man Wert auf Französischkenntnisse."[82]

Von besonderer Bedeutung für unser Thema ist, dass die protestantischen Universitäten in den deutschen Landen – wie bereits kurz erwähnt – etwa seit dem Anfang des 18. Jahrhunderts auch jüdische Studenten sowohl zum Studium wie zum Examen zuließen. Es waren dies vor allem die Universitäten von Frankfurt an der Oder, Halle, Göttingen und Königsberg. Im 18. Jahrhundert studierten die meisten Juden Medizin, unterließen es aber keineswegs, nebenbei auch Vorlesungen z. B. über Philosophie oder Naturwissenschaft und Mathematik zu besuchen.[83] Die beinahe ausschließliche Wahl der Medizin als Studienfach hatte gute Gründe: von außen her vor allem, weil nur dieses akademische Fach zu einem Beruf führte, der auch Juden zugänglich war; von innen her, also in Übereinstimmung mit dem soziokulturellen Erbe, führt Michael Meyer Folgendes an:

„Jüdische Ärzte hat es in Deutschland im ganzen Mittelalter gegeben, auch an fürstlichen Höfen. Der Arztberuf war zu allen Zeiten von Juden ausgeübt worden, weil der Betreuung und Heilung der Kranken ein hoher religionsgesetzlicher Stellenwert beigemessen wurde. Daher konnte sich die traditionelle jüdische Gemeinschaft mit einem Medizinstudium eher abfinden als mit allen anderen Disziplinen."[84]

Wie wir noch sehen werden, sollte sich dieser Zustand hundert Jahre später drastisch ändern: In den 1920er Jahren lag der prozentuale Anteil der Juristen jüdischen Glaubens in der deutschen Anwaltschaft weit über dem der Juden in der Gruppe der deutschen Ärzte. In beiden Berufsgruppen waren die Juden jedoch im Verhältnis zu ihrem Anteil an der Gesamtbevölkerung deutlich überrepräsentiert. Ich bin geneigt, den Grund hierfür darin zu suchen, dass im Judentum das Recht die von Gott bestimmte Grundlage der Gesellschaft darstellt, ja dass die ganze religiöse Tradition des Judentums eine juristische ist. Der Talmud ist zum großen Teil Übung in juristischen Diskussionen. Dass es trotzdem bis zur zweiten Hälfte des 19. Jahrhunderts dauern sollte, bis die Zahl jüdischer Juristen so weit steigen konnte, liegt wohl daran, dass es ihnen bis dahin einfach nicht erlaubt war vor Gericht als Anwalt aufzutreten. Hinzu kam, dass bei Streitigkeiten innerhalb der jüdischen Gesellschaft die Rabbiner alle für einen Rechtsstreit nötigen Funktionen selbst erfüllten. Rabbiner sein hieß auch, innerhalb der jüdischen Gemeinschaft Jurist sein.

Schutzjuden in Berlin nach 1750

Ungeachtet dieser positiven Veränderungen gab es trotz der Aufklärung und trotz des Königs Friedrich II. von Preußen, der sich auf die dazugehörenden Werte berief, noch Beschränkungen für Juden, die uns nur aufgrund der Erfahrungen aus der Zeit des Nationalsozialismus glaubhaft erscheinen.

Dieser König, der die Freiheit aller Religionen im Staat predigte, unterschrieb 1750 das „revidierte Generalprivilegium und Reglement für die Juden", das ihre Lage entscheidend verschlechterte.

„Das Reglement unterschied nun zwischen ‚ordentlichen' und ‚außerordentlichen' Schutzjuden. Die ordentlichen durften ihren Schutzbrief auf ein Kind vererben; die ‚Ansetzung' [das heißt, das Recht sich wohnhaft niederzulassen, Anm. H.G.M.] weiterer Kinder war gesetzlich untersagt, praktisch jedoch für höhere Geldbeträge möglich. Die Schutzbriefe für ‚außerordentliche Schutzjuden' liefen mit ihrem Tode ab. In Berlin zählten 203 Familien zu der ersten, 63 Familien zu der zweiten Kategorie. [...] Als besonders diskriminierend empfanden die Juden die ‚solidarische Haftbarkeit', nach der im Falle eines von einem Juden begangenen Diebstahls die ‚sämtliche Judenschaft des Ortes ex officio angehalten werd, den Werth der gestohlenen und verheeleten Sache [...] zu bezahlen'."[85]

An einem Mann wie Friedrich dem Großen kann man gut illustrieren, wie tief antijüdische Vorurteile verankert waren, wie man in Worten fortschrittliche Gleichheits- oder Gleichwertigkeitsideale äußern, aber gefühlsmäßig die Juden noch immer als außerhalb der Gesellschaft stehende Parias ansehen kann. Von diesem König stammen die beiden folgenden schriftlichen Aussagen:

„Die Religionen müssen alle Tollerieret werden und Muss der fiscal nuhr das auge darauf haben das keine der anderen abbruch tuhe, da hier mus ein jeder nach seiner fasson selich werden."[86]

Trotzdem erlaubt er den Kindern von Juden im Allgemeinen nicht, dort zu wohnen wo sie geboren sind. Wie er eigentlich über Juden dachte, macht das folgende Zitat deutlich: *„Es sollen keine Juden Privilegien kriegen, es sey, dass sie neue Fabriquen anlegen ..."*[87] Aber ein solches Denken wird ihn keineswegs daran gehindert haben, von Juden zu behaupten, dass sie auf das Geldverdienen sehr erpicht seien. Um der Wahrheit willen muss hier bemerkt werden, dass bis zum Beginn des 19. Jahrhunderts in vielen Städten und Kleinstaaten diskriminierende Maßnahmen gegenüber „Nichtrechtgläubigen" vorkamen, also auch gegenüber Christen, deren Kirchenzugehörigkeit nicht der des Landesherrn entsprach.[88]

Keime der Irrationalität

Wie wir bereits erläutert haben, legte Georg Wilhelm Friedrich Hegel besonderen Nachdruck auf den Begriff der Dialektik als wichtige Kraft in der Geschichte. Während die Aufklärung in der Mitte des 18. Jahrhunderts in voller Blüte stand, Ratio bzw. Vernunft also von den meisten verehrt und angestrebt wurden, wurde im Jahre 1759 ein einflussreicher Stoß in die Gegenrichtung veröffentlicht. Tatsächlich waren nämlich Humes berühmtes Werk *A Treatise on Human Nature* (1739–1740) und ab 1747 Denis Diderots gleichfalls epochemachendes aufklärerisches Werk *l'Encyclopédie* beinahe zur selben Zeit erschienen. Der Gegenstoß kam in Gestalt des – letztlich äußerst einflussreichen – Werkes *Sokratische Denkwürdigkeiten* des heute beinahe unbekannten Philosophen Johann Georg Hamann (1730–1788). Er war ein Schüler und Freund Immanuel Kants, ein enger Freund von Johann Gottfried Herder, den er weitgehend beeinflusst hat, und nicht zuletzt war er ein ausgesprochener Gegner der Aufklärung. Der bedeutende moderne Philosoph Isaiah Berlin hat ein Buch über ihn verfasst mit dem ominösen Titel *Der Magus des Nordens: J. G. Hamann und der Ursprung des modernen Irrationalismus*. Egon Friedel schreibt über Hamann:

„*Der Prophet der ganzen Bewegung* [Sturm und Drang, Anm. H.G.M.] *war Johann Georg Hamann, eine literarische Kuriosität ersten Ranges.* [Aber auch eine philosophische, Anm. H.G.M][...] *Die irrationalistische Bewegung, die Hamann inaugurierte und Herder weiter ausbreitete, fand ihre Fortsetzung und einen gewissen Abschluss in Goethes Jugendfreund Friedrich Heinrich Jacobi.*"[89]

Wie Vorländer in seiner Geschichte der Philosophie berichtet, war Hamann weitgehend antirational, so dass bei ihm

„*... die wahre und höchste Erkenntnis in dem lebendigen persönlichen Gefühl liegt und sich äußert im Glauben, besonders dem religiösen. [...] Empfindung, Offenbarung, Tradition, Sprache, das seien die wahren Grundelemente der Vernunft.*"[90]

Genau diese Art „fühlend zu denken", was später in der deutschen Philosophie als „Einfühlung" oder „Wesensschau" propagiert wurde, hatte Hamann schon, via Herder und Jacobi auf niemand Geringeren als den großen Dichter und Schöpfer eines gewaltigen Gesamtwerkes Johann Wolfgang Goethe übertragen. Sagt doch Faust im ersten Teil, als er allein in seinem Studierzimmer ist:

„*Geheimnisvoll am lichten Tag
Lässt sich Natur des Schleiers nicht berauben
Und was sie Deinem Geist nicht offenbaren mag
Das zwingst du ihr nicht ab mit Hebeln und mit Schrauben.*"[91]

Es handelt sich hier um eine typisch antirationale, anti-aufklärerische Meinung von Goethe, der ja auch glaubte, der Lichttheorie eines der größten Genies der Geschichte, Isaak Newtons, seine auf Wesensschau beruhende Theorie der Farben gegenüberstellen zu können – obendrein eine philosophische Meinung über die Bedeutung und das Potential der modernen Naturwissenschaften, die durch die Wirklichkeit auf überzeugendste Weise in das Reich der Fabeln verwiesen worden ist. Der oben genannte Herder (1744–1803) ist in unserem Zusammenhang ebenfalls von Bedeutung, nicht unbedingt, weil er seinerzeit mit so prominenten Persönlichkeiten wie Kant und Goethe befreundet war, sondern vor allem, weil auch er Beiträge zu der von seinem Freund Hamann initiierten Strömung der Gegenaufklärung geliefert hat. Daneben aber hat er selbst auch Bleibendes geleistet. Von ihm ist wohl am deutlichsten formuliert worden, dass Sprache beim Denken eine große Rolle spielt. Ich glaube, man muss Herder in diesem Punkt Recht geben: Man denkt immer in Wörtern, vielleicht zuweilen auch begleitet von Bildern, die von den Wörtern aufgerufen werden. Außerdem werden neue Einsichten nicht immer auf rein rationale Weise gewonnen (vielleicht geschieht das sogar nur selten).

Worauf ich jedoch Nachdruck legen möchte, ist, dass Herder bei seinen Überlegungen zur Sprache auch über die sozialen Zusammenhänge wie Familie, Sippe oder Volk, ohne die sich Sprache gar nicht entwickeln kann, nachgedacht hat. Er tat dies auf eine Art, die organischer und teleologischer war als jene Methoden, die den Idealen der Aufklärung entsprochen hätten.

„Herders Vorstellung von einem Volk als einem lebendigen Organismus hat nicht nur in Deutschland zur Bildung eines Nationalbewusstseins beigetragen; sein Einfluss wurde auch in Finnland und vor allem im südosteuropäischen Raum spürbar. […] Seine Sammlung Volkslieder (1778/79) wirkt bis weit ins 19. Jahrhundert hinein und war Vorbild für ‚Des Knaben Wunderhorn' von Achim von Arnim und Clemens Brentano und die Kinder- und Hausmärchen der Brüder Grimm."[92]

Es kann also nicht bezweifelt werden, dass Herder mit durchaus ehrbaren Absichten einen wichtigen Anstoß zum Erwachen und Verstärken der nationalen Gefühle gegeben hat. Hierdurch wurde bei manchen ethnischen Gruppen der Wunsch geweckt oder verstärkt, als ein Volk zu einem eigenen Gebiet zu gelangen, um auf diese Weise als eine Nation in einem eigenen Nationalstaat leben zu können. Dieser Wunsch hat von der Wende zum 19. Jahrhundert bis zum heutigen Tage die Geschichte Europas weitgehend mitbestimmt. Dass schließlich Herders Ideen im 20. Jahrhundert durch die Nationalsozialisten weitgehend missbraucht wurden und dadurch mit zu den Fundamenten ihrer überheblichen Ideologie gehören, unterliegt keinem Zweifel. Wie wir sehen werden, entspricht das in keiner Weise seiner Intention. Sehr interessant ist in diesem Zusammenhang, dass der israelische Historiker und Politologe Zeev Sternhell auch beim Entstehen der zionistischen Ideologie auf den großen und vielseitigen Einfluss Herders hinweist.[93] Das Entstehen des Zionismus hätte Herder wohl unmöglich voraussehen können. Dem Missbrauch seiner Schriften für ultranationalistische Zwecke hat er vorbeugen wollen. So schreibt er zum Beispiel in seinen *Ideen zur Philosophie der Geschichte der Menschheit*:

"Auch von den Slaven hat der Deutsche gelernt [...] Wir können sehr zufrieden sein, dass es Völker von so starker, schöner, edler Bildung, von so keuschen Sitten, biederm Verstande und redlicher Gemütsart, als die Deutschen waren, [...] die die römische Welt besetzten; sie aber deswegen für das erwählte Gottesvolk in Europa zu halten, dem seines angeborenen Adels wegen die Welt gehörte und dem dieses Vorzugs halber andere Völker zur Knechtschaft bestimmt waren, dies wäre der unedle Stolz des Barbaren. Der Barbar beherrscht, der gebildete Überwinder bildet."[94]

Weiterhin war sich Herder auch bewusst, wie viel die westeuropäische Kultur anderen Kulturen zu verdanken hatte. Er schreibt:

"Von selbst hat sich kein Volk in Europa zur Kultur erhoben. [...] Kein europäisches Volk z. B. hat eigene Buchstaben gehabt oder sich selbst erfunden; sowohl die spanischen als nordischen Runen stammen von der Schrift anderer Völker; die ganze Kultur des nord-, öst- und westlichen Europa ist ein Gewächs aus römisch-griechisch-arabischem Samen."[95]

Gerade weil die Gedanken von Herder über Familie, Sippe, Volk, Sprache und Boden mehr als einhundert Jahre später von den Nationalsozialisten so unglaublich für ihre „völkische" Ideologie missbraucht worden sind, liegt mir daran, noch ein Beispiel zu geben, das zeigt, dass Herders Gedanken keineswegs mit denen der Nationalsozialisten identisch waren. Gewiss war er ein Wegbereiter der völkisch-romantischen Gegenbewegung gegen den Rationalismus der Aufklärung, aber ihre rassischen Absurditäten darf man ihm nicht anlasten. Man kann vielmehr die heutigen Ideen über Europa auf ihn zurückführen. Hierzu noch ein letztes Beispiel:

„*In vielen Ländern würde es jetzo den Einwohnern, zumal einzelnen Familien und Menschen, schwer sein zu sagen, welches Geschlechtes und Volkes sie sind, ob sie von Goten, Mauren,* **Juden** [Hervorhebung H.G.M.], *Karthagern, Römern, ob sie von Galen, Kymren, Burgundern, Franken, Normannen, Sachsen, Slawen, Finnen, Illyriern herstammen und wie sich in der Reihe ihrer Vorfahren das Blut gemischt habe. Durch hundert Ursachen hat sich im Verfolg der Jahrhunderte die alte Stammesbildung mehrerer europäischen Nationen gemildert und verändert, ohne welche Verschmelzung der* **Allgemeingeist Europas** [Hervorhebung im Original] *schwerlich hätte erweckt werden mögen.*"96

Hier wird also im Gegensatz zu dem, was man später geschrieben hat, die Vermischung der verschiedenen Stämme, inklusive sogar der Juden, eher als Vor- denn als Nachteil beschrieben.

Auf die späteren, weitgehenden Folgen dieser ersten dialektischen Gegenbewegung zur Aufklärung mit ihrem Rationalismus und ihrer Toleranz werden wir im 8. Kapitel eingehen. Zunächst werden wir uns mit der großen Zäsur, die sich von innen her, im Judentum selbst, ereignete, befassen müssen: mit dem Auftreten und dem großen Einfluss von Moses Mendelssohn – einem Einfluss, der sich sowohl nach innen hin auf das Judentum wie auch nach außen auf die es umgebende Welt bemerkbar machen sollte.

Kräfteschema 3: Aufkeimen der Wissenschaftsrevolution

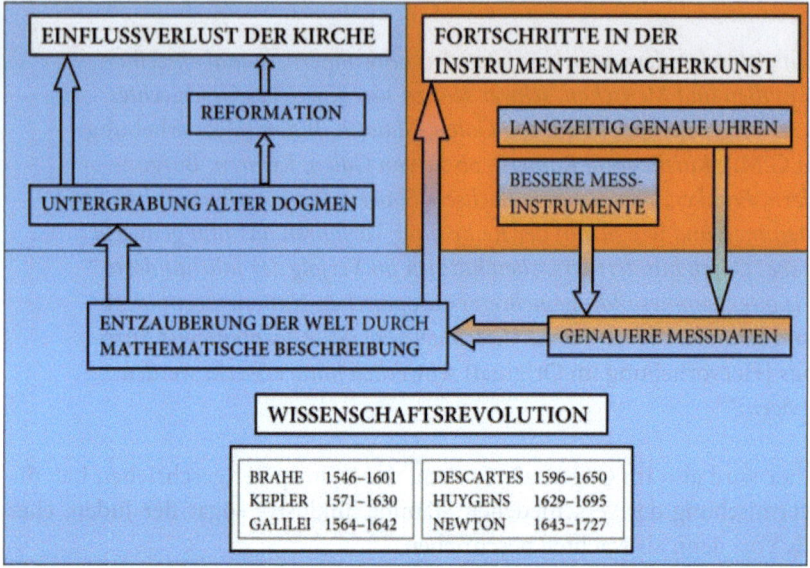

Auch dieses Kräfteschema besteht aus drei Blöcken. Links oben stehen die eigentlich rein geistigen Kräfte, die das Schwinden des kirchlichen Einflusses auf das Denken der Wissenschaftler sehr vereinfacht zeigen. Der Block rechts oben und der untere bilden zusammen den interessantesten Teil dieses Schemas. Sie zeigen, wie Fortschritte in der Instrumentenmacherkunst und im Uhrenbau zu wesentlich genaueren Messdaten führten. Diese Daten führten wiederum zu besseren mathematischen Modellen, vor allem unseres Sonnen- und Planetensystems. Die auf diese Weise entstandene Einsicht, dass unsere Welt kein geozentrisches, sondern ein heliozentrisches System ist, die Erde also nicht im Zentrum des Universums steht, hat viel zur Untergrabung der geistigen Autorität der Kirche beigetragen.

Von besonderer Bedeutung sind die vier Pfeile in der rechten Hälfte des Schemas, drei vertikale und ein horizontaler. Sie verdeutlichen, dass technologische Fortschritte, also bessere Messinstrumente und damit genauere Messungen zu einer besseren, und damit genaueren mathematischen Beschreibung der Wahrnehmung führen. Diese genauere mathematische

Beschreibung bringt die Wissenschaftler dazu, die Instrumentenmacher zur weiteren Verbesserung ihrer Instrumente anzuregen, so dass sie schließlich immer genauer messen können. Es handelt sich bei diesem Vorgang um die früheste und einfachste Form des nach dem Zweiten Weltkrieg als *Wissenschafts-Technologie-Spirale* bezeichneten Effektes.

Die wechselseitige Stimulierung von Technologie und Wissenschaft ist seit dem zweiten Drittel des 19. Jahrhunderts erneut sehr aktiv und damit verantwortlich für den unglaublich schnellen technischen Fortschritt unserer Gesellschaft in den vergangenen 200 Jahren.

Kräfteschema 4: Der Weg zur Aufklärung

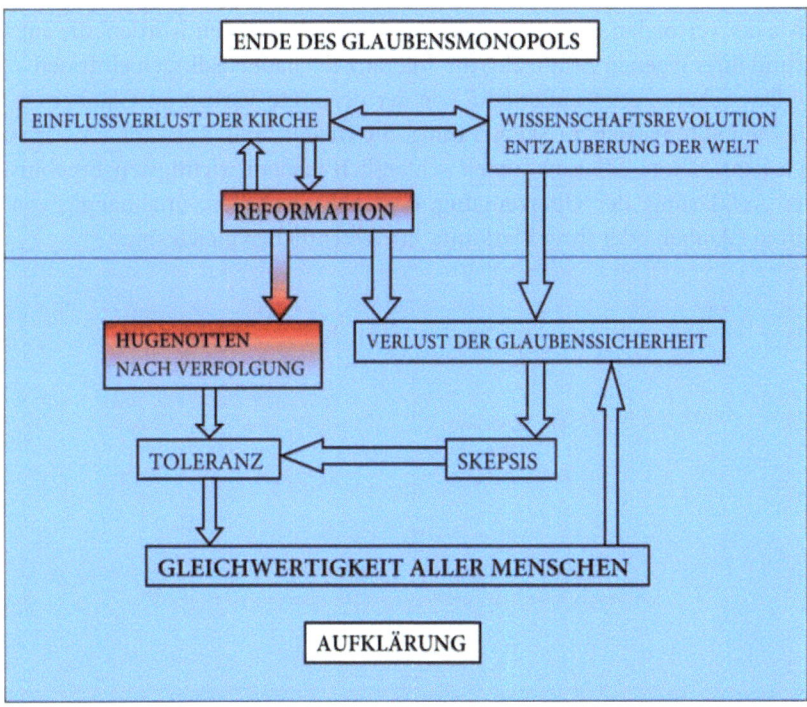

Der obere Block stellt dar, wie sich die Wissenschaftsrevolution, die Entzauberung der Welt und die abnehmende geistige Autorität der Kirche gegenseitig verstärkten. Ohne das Schwinden dieser Macht wäre die Reformation, der eine Schlüsselrolle auf dem Weg zur Aufklärung zukommt, wohl kaum möglich gewesen. Eine Folge der Reformation bestand darin, dass man fortan auf zwei vollkommen unterschiedliche Weisen Christ sein konnte. Diese Situation führte zunächst zu einem gewissen Verlust an Glaubenssicherheit. Eine andere Folge der Reformation war, dass es auch im katholischen Frankreich plötzlich Protestanten gab, die schließlich äußerst grausam verfolgt und vertrieben wurden.

Da der Protestantismus kritisches Denken in stärkerem Maße stimuliert als der hierarchischer organisierte Katholizismus, verwundert es nicht, dass viele der verfolgten Hugenotten einflussreiche Publizisten wurden, die aufgrund ihrer eigenen Erfahrung für Toleranz in Glaubensdingen eintraten.

Das Schema zeigt außerdem, wie der genannte Verlust an Glaubenssicherheit automatisch zu Skepsis führt, die wiederum in Toleranz umschlagen kann. Diese Toleranz gipfelt schließlich in dem wichtigsten Ergebnis der Aufklärung: der Überzeugung, dass alle Menschen, unabhängig von ihrem Glauben oder ihrer Herkunft, im Wesentlichen gleich sind.

6 Die große Zäsur von innen

Moses Mendelssohn

Herkunft und Hintergrund

Das Auftreten Moses Mendelssohns in Berlin in der Mitte des 18. Jahrhunderts ist ein gutes Beispiel dafür, dass in der Geschichte verschiedene Kräfte „zufällig" zusammentreffen müssen, um große Wirkungen zu erzielen. Einerseits ist da die Größe der Persönlichkeit, zu der Mendelssohn sich im Laufe der Jahre entwickelte, der Einfluss also, der von einem charismatischen Individuum ausgehen kann. Anderseits müssen gleichzeitig die materiellen und geistigen Umstände in der Umgebung eines solchen Menschen derart gestaltet sein, dass dieser Einfluss sich auch in deutlichen Veränderungen auswirken kann. Wie bereits oben ausgeführt, hatten sich seit dem Mittelalter die allgemeinen Umstände so gewandelt, dass sich nun auch, vor allem im deutschsprachigen Raum, große Veränderungen innerhalb der jüdischen Welt vollziehen konnten. Wichtige Anstöße hierzu gab Moses Mendelssohn.

Moses Mendelssohn ist eine der wenigen Persönlichkeiten im nachbiblischen Judentum, die wirklich großen Einfluss auf die Geschichte dieser Schicksalsgemeinschaft ausgeübt haben. Er wurde im Jahre 1729 in Dessau als Sohn des Thoraschreibers Mendel Heyman und seiner Frau Bela Rachel Sara geboren. Während die Familie seines Vaters aus einfachen Verhältnissen stammte, stellten die Vorfahren seiner Mutter – aus jüdischer Perspektive betrachtet – einen wirklich aristokratischen Hintergrund dar. Beide Eltern der Mutter kamen aus gelehrten Familien, wobei sich diese Charakteristik selbstverständlich auf traditionelle jüdische Themen bezieht. Der kleine Moses war von schwächlicher Gesundheit, was aber nicht verhinderte, dass er schon als Sechsjähriger von seinem Vater zu früher Stunde ins Lehrhaus getragen wurde. Zunächst lernte er dort natürlich den traditionellen Stoff und die Methode des Talmud- und Thorastudiums. Schon ziemlich früh musste er sich jedoch nicht mehr darauf beschränken: In der Nähe von Dessau befand sich eine jüdische Druckerei, die im Jahre 1742 – Mendelssohn war also gerade 13 Jahre alt – eine Neuausgabe des religionsphilosophischen Hauptwerks des mittelalterlichen jüdischen Philosophen Maimonides (1135–1204) veröffentlichte.[97] Diese aus der jüdisch-islamischen Welt hervorgegangene Art zu philosophieren war in der damaligen traditionellen jüdischen Welt höchst verpönt. Es ist daher umso bemerkenswerter, dass Mendelssohns Lehrmeister, der Dessauer Oberrabbiner David Fränkel, ihm das Studium dieses Werkes erlaubte. Mendelssohn kam also schon früh in Berührung mit einem auf den Formen des Aristoteles aufgebauten metaphysischen Denken, das auch dem Philosophieren des 17. und 18. Jahrhunderts zugrunde lag. Sein Interesse in Philosophie wurde hierdurch schon früh geweckt und er war vorbereitet, sich einige Jahre später innerhalb kürzester Zeit in das Denken von John Locke, Gottfried Wilhelm Leibniz und Christian Wolff einzuarbeiten und darauf mit eigenen Werken zu reagieren. Der Lehrer Mendelssohns, der bereits genannte David Fränkel, wurde um 1743 nach Berlin berufen.[98] Der junge Mendelssohn folgte ihm noch in demselben Jahr.

Anfänge in Berlin

Das Leben der Juden in Berlin war streng reguliert. Neben den schon genannten zwei Arten von Schutzjuden gab es noch vier weitere Kategorien: eine, die allerhöchste, die für ganz wenige Menschen galt und diesen tatsächlich viel Freiheit gewährte, sowie drei weitere, die unter den bereits erwähnten angesiedelt waren. Der junge Mendelssohn fiel in die niedrigste Kategorie, ohne jeglichen Schutz. Sein Aufenthalt aber wurde erlaubt, weil die Gemeinde für ihn, den Talmud-Schüler, Verbleib und Unterkunft sicherstellte. Die prominenten und reichen Juden der Gemeinde, wie z. B. der „Münzjude" Daniel Itzig, waren intellektuell so interessiert, dass sie dafür sorgten, dass arme, eifrige Talmudstudenten mit vielversprechenden Talenten wie Mendelssohn die Bekanntschaft der für sie richtigen Leute machten.[99] In Itzigs Haus traf er zwei für seine weitere Entwickelung äußerst wichtige Menschen: den polnisch-jüdischen Talmudgelehrten, Philosophen und Mathematiker Israel Samosz (ca. 1700–1772) und den schon genannten Aaron Salomon Gumpertz.

Die Bedeutung dieser Begegnung liegt darin, dass Samosz einer der wenigen Juden war, die damals noch die mittelalterliche rabbinisch-philosophische Synthese perfekt beherrschten, aus der das Werk des von Mendelssohn so bewunderten Maimonides entstehen konnte. Dies war ein seltenes Glück, da schon seit dem Ende des 16. Jahrhunderts säkulare Wissenschaft und Philosophie zugunsten von kabbalistischer Mystik im Judentum in Misskredit geraten waren. Mithilfe von Samosz konnte Mendelssohn also sein Studium der Philosophie fortsetzen und soweit ausbauen, dass er kaum zehn Jahre später in der Lage war, selbst philosophische Arbeiten zu verfassen.

Mendelssohn saß also im Hause Itzigs zu Füßen des polnischen Lehrmeisters zusammen mit seinem sechs Jahre älteren Freund Aaron Salomon Gumpertz. Dieser junge Mann war wohl der erste, der Mendelssohns Interesse für die Naturwissenschaften weckte. Obendrein war er für ihn, wie er selbst berichtet,[100] ein Beispiel dafür, dass man sich gleichzeitig intensiv mit säkularen Themen befassen und doch ein guter Jude sein kann – ein Standpunkt, den damals noch kaum ein traditioneller Jude vertrat. Bemerkenswert ist hier, dass Gumpertz seinerseits beschreibt, dass er diese Einsicht von seinem Hauslehrer Israel Samosz gewonnen hatte.[101] Mendelssohn hatte in Berlin also schnell ein Milieu gefunden, das aufgeschlossen war und ihm eine neue Welt öffnete.

Ein weiterer, vier Jahr älterer Freund und Lehrer Mendelssohns war Abraham Kisch. Dieser promovierte 1749 als einer der ersten Juden in Halle an der Saale in Medizin und unterrichtete Mendelssohn in Latein. Die Beherrschung dieser Sprache stellte damals eine absolute Notwendigkeit dar, wenn man den Ehrgeiz hatte, sich auf dem Gebiet von Wissenschaft und Philosophie zu betätigen. Mendelssohns Begegnungen mit gebildeten, aufgeklärten Juden sollten sich für die jüdische Geschichte als wichtig erweisen. Sie halfen schließlich dem zukünftigen großen Aufklärer ganz wesentlich dabei, seinen Weg in die für ihn neue Welt zu finden. Aus der Tatsache, dass alle hier genannten Lehrer, mit Ausnahme von Israel Samosz, aus bekannten Hofjudengeschlechtern stammten, wird deutlich, wie wichtig die Brücke war, die das Hofjudentum zur nichtjüdischen Umwelt geschlagen hatte.

Lessing

Diese Brücke sollte nicht nur dazu dienen, Lehrstoff zu übermitteln, sondern schließlich auch dazu, äußerst wichtige Bekanntschaften, ja Freundschaften mit prominenten und geistig anregenden Persönlichkeiten der nichtjüdischen Welt einzugehen. Es war wieder Aaron Gumpertz, der hier die Schlüsselrolle spielte. Er war mit Gotthold Ephraim Lessing bekannt und scheint diesem den gleichaltrigen Mendelssohn als Schachpartner empfohlen zu haben. Das war im Jahre 1754. Lessing war damals schon vollständig durchdrungen von den Idealen der Aufklärung, namentlich von der Notwendigkeit der Toleranz. In diesem Sinn hatte er schon ein frühes Werk, das Kriminalstück *Die Juden*, publiziert. Darin lässt er den Juden, der einen von seinen eigenen Leuten überfallenen Baron rettet, sagen:

„*Wenn ein Jude betrügt, so hat ihn, unter neun Malen, der Christ vielleicht sieben Mal dazu genötigt. Ich zweifle, ob viel Christen sich rühmen können, mit einem Juden aufrichtig verfahren zu sein. [...] Sollen Treu und Redlichkeit unter zwei Völkerschaften herrschen, so müssen beide gleich viel dazu beitragen.*"[102]

Diese wirklich gefühlte Toleranz lag ihm, wie Altmann[103] bemerkt, gleichsam im Blut. Schon sein Großvater, der Bürgermeister von Kamenz war, hatte eine Doktorarbeit mit dem Titel *Über die Duldung der Religionsgemeinschaften* geschrieben. Während Lessing von Mendelssohn vor allem auf dem Gebiet der Philosophie lernen konnte, hat Lessing seinerseits Mendelssohn geholfen, den Mut zu finden, selbst als Autor aufzutreten. Veröffentlichungen von seiner Hand waren natürlich von größter Wichtigkeit, um auf diese Weise Mendelssohns Namen in die Welt zu tragen und ihm so das nötige Prestige zu verleihen und dadurch an Einfluss gewinnen zu können, Einfluss sowohl innerhalb als auch außerhalb der jüdischen Welt.

Die Freundschaft dieser beiden Männer sollte schließlich auch im letzten Werk Lessings zum Ausdruck kommen, in dem Theaterstück *Nathan der Weise* (1779). Wenn die Hauptfigur Nathan auch nicht als genaues Porträt Mendelssohns aufgefasst werden darf,[104] so hat doch die große Wertschätzung, die Lessing seinem Freund entgegenbrachte, zur Inspiration beigetragen. Die große Weisheit Mendelssohns wird in der Weisheit symbolisiert, derer Nathan bedarf, um am Ende des Stückes dem drohenden Tod durch einen grausamen Herrscher zu entrinnen. Es ist die Parabel von den drei Ringen, von denen einer der echte sein sollte, ein Zauberring, der jeden, der ihn trug, beliebt machte. Die zwei andern waren Fälschungen, aber so perfekt gemacht, dass niemand imstande war, den Zauberring von den nachgemachten zu unterscheiden. Die Parabel endet mit den Worten: „*... der rechte Ring war nicht erweislich, fast so unerweislich als uns itzt der rechte Glaube.*"[105]

Preisfrage der preußischen Akademie

Im Jahre 1761 hatte die Königliche Akademie der Wissenschaften im Rahmen einer Preisfrage um Beiträge zu der Frage (die wohl typisch für die damalige Zeit genannt werden kann) gebeten, was der Unterschied zwischen einer mathematischen Aussage und einer Aussage im Bereich der Metaphysik sei. Die Arbeiten mussten vor dem 1. Januar 1763 bei der Akademie eintreffen. Das Urteil wurde im Mai desselben Jahres verkündet. Die Autoren waren der Jury selbstverständlich nicht bekannt. Bemerkenswert sind hier einige Tatsachen: Zunächst einmal die große Zahl der Bewerber, die mindestens dreißig betragen haben muss. Das ist schon daraus ersichtlich, dass der Aufsatz mit der Nummer 28 von niemand Geringerem als dem damals noch jungen und später als Philosoph weit über Mendelssohn hinausragenden Immanuel Kant stammte. Umso bemerkenswerter ist, dass trotz der Teilnahme dieses großen Mannes der erste Preis an Mendelssohn ging. Es muss hinzugefügt werden, dass auch Kants Arbeit wegen ihrer auffallend hohen Qualität gleichfalls explizit lobend erwähnt wurde. Ebenfalls bemerkenswert ist, dass beim Vorlesen einer Zusammenfassung von Mendelssohns Arbeit in französischer Sprache (!) der Vorleser bemerkte, dass diese Arbeit nicht nur durch ihren Inhalt, sondern auch durch das vom Autor gebrauchte Deutsch auffiel, das diesen durch seine Eleganz zu einem der besten Autoren in deutscher Sprache machte – alles in allem wohl eine kometenhafte Karriere eines zwanzig Jahre früher noch im Ghetto von Dessau lebenden Parias und Judendeutsch sprechenden Autodidakten.

Es kann folglich kaum verwundern, dass die Königliche Akademie nach so vielseitigem Erfolg und Lob im Jahre 1771 dem König vorschlug, einen frei gewordenen Platz eines ordentlichen Mitglieds der Abteilung *Spekulative Philosophie* durch den „Juden Moses" besetzen zu lassen. Der König, der wohl ein beinahe unverbesserlicher Antisemit war – möglicherweise unter dem Einfluss seines Freundes Voltaire –, reagierte nicht auf diese Anfrage, auch nicht, nachdem sie von den Mitgliedern ein zweites Mal eingereicht wurde. Obwohl dies für Mendelssohn eine Enttäuschung war, hatte er doch ausreichend Sinn für Relativität und Humor. Einen österreichisch-jüdischen Freund, dem etwas Ähnliches passiert war, tröstete er mit dem Argument, dass das Umgekehrte, eine Ernennung vom König, die aber von geschätzten Kollegen nicht anerkannt würde, doch viel schlimmer wäre.

Dohm über die bürgerliche Verbesserung der Juden

Zu dem Kreis der Berliner Aufklärer, zu dem Lessing, Mendelssohn und der Verleger Friedrich Nicolai gehörten, zählte auch ein vielseitig gelehrter und aufgeschlossener Mann, der obendrein eine hohe Stellung im Auswärtigen Amt innehatte, der Kriegsrat Christian Wilhelm Dohm. Er war nicht nur ein hoher Staatsbeamter, sondern auch Staatsrechtsgelehrter, Historiker und Statistiker. Anlässlich von Schwierigkeiten, die den Elsässer Juden widerfahren waren, hatte Dohm bereits mit Mendelssohn zusammengearbeitet. Diesem gelang es schließlich mit Unterstützung von Nicolai, Dohm zu überreden, ein Buch zu schreiben, das unter dem Titel *Über die Bürgerliche Verbesserung der Juden* in Nicolais Verlag erschien – eine Schrift, die weit über die Grenzen Preußens hinaus den österreichischen Kaiser wohl dazu anregte, sein 1782 erlassenes Toleranzpatent zu veröffentlichen, in dem zum ersten Mal in Europa den Juden weitgehend mehr Freiheit geboten wurde als bisher.[106]

In Dohms Buch werden erstmals – und dies von einem hohen preußischen Staatsbeamten – ganz deutlich Gründe genannt, die seiner Meinung nach dazu führen, dass die Juden in ihrem Betragen nicht immer angenehm auffallen. So schreibt er:

„… haben wir in der bisherigen Drückung und in der eingeschränkten Beschäftigung der Juden die wahre Quelle ihrer Verderbtheid gefunden. [...] Mit der unbilligen und unpolitischen Behandlung der Juden werden auch die üblen Folgen derselben verschwinden [...] wage ich es itzt noch genauer, meine Ideen anzugeben wie die Juden glücklichere und bessere Glieder der bürgerlichen Gesellschaft werden können. [...] Um sie dazu zu machen, müssten sie Erstlich vollkommen gleiche Rechte mit allen übrigen Unterthanen erhalten. Sie sind fähig diese Pflichten derselben zu erfüllen. [...] Zweytens. Da es besonders die auf den Handel eingeschränkte Beschäftigung der Juden ist, welche ihrem sittlichen und politischen Charakter eine nachteilige Richtung geben; so würde die vollkommenste Freyheit der Beschäftigungen und Mittel des Erwerbs eben so sehr der Gerechtigkeit als der menschenfreundlichen Politik, die Juden zu brauchbaren und glücklichen Gliedern der Gesellschaft zu bilden, angemessen seyn."[107]

Auf diese Art werden noch weitere sieben Punkte genannt, in denen Dohm meist davon ausgeht, dass es nicht die Wesensart der Juden ist, die sie zu einem nicht immer genehmen Handeln treibt, sondern dass diese unangenehme Seite eine Folge der Beschränkungen ist, die man ihnen auferlegt hat. Im letzten, neunten Punkt wird anerkannt, dass

„… sowohl die schriftlichen Gesetze Moses, welche sich nicht auf Palästina und die ehemalige gerichtliche und gottesdienstliche Verfassung beziehn, als die durch mündliche Überlieferung erhaltene [werden von den Juden für verbindlich gehalten. Ähnliches gilt auch für deren Auslegung durch berühmte jüdische Lehrer, die] […] bey der Nation ein gesetzliches Ansehen erhalten [haben]. Eine nach diesen Grundsätzen eingerichtete Verfassung würde, dünkt mich, die Juden unter die nützlichen Glieder der Gesellschaft einführen, und zugleich dem mannichfachen Uebel abhelfen, das man ihnen angethan und dessen sich schuldig zu machen, man sie gezwungen hat."[108]

Diese ganz von der Aufklärung geprägten Worte zeigen, dass man sich die Juden schon als anständige Menschen vorstellen konnte. Aber man sah sie noch als eine Nation – innerhalb der eigenen – mit selbständiger Rechtsprechung. Wie wir sehen werden, unterscheidet sich diese Vorstellung von der Position der Juden radikal von dem, was der ebenfalls aufgeklärte Graf Clermont-Tonnère nur acht Jahre später, während der Französischen Revolution, in der Nationalversammlung als wünschenswert beschrieb.

Übersetzung der Thora

Eine der folgenreichsten persönlichen Taten von Mendelssohn (folgenreich für die Zukunft der Juden im deutschsprachigen Raum) war wohl die Übersetzung der Fünf Bücher Mose in korrektes und schönes Hochdeutsch – wie Alexander Altmann schreibt: „… *eine Übersetzung, die einen Wendepunkt in der modernen Geschichte der Juden markierte.*"[109] Der große Einfluss dieser Übersetzung, die zwischen 1781 und 1783 erschien,[110] lag darin, dass sie schon innerhalb der nächsten Generation bei jeder gebildeteren jüdischen Familie im Bücherschrank stand und – auch das ist wichtig – oft gelesen wurde. Hierdurch wurde es möglich, dass innerhalb von gut zwei Jahrzehnten die meisten Juden im deutschen Raum nicht länger ihr mit dem Jiddischen vermischtes Deutsch sprachen, sondern übliches und sogar gepflegtes Hochdeutsch. Auf diese Weise wurde ihnen auch der Zugang zur deutschen Kultur ermöglicht, wovon der überwiegende Teil der Juden ausführlich und intensiv Gebrauch machte. Das war genau einer der Gründe, die Mendelssohn bewogen hatten, diese Arbeit in Angriff zu nehmen.

Den erste Anlass hierzu boten jedoch Mendelssohns Söhne, denen er einerseits die Schönheit, Tiefe und Poesie des hebräischen Texts vermitteln wollte, andererseits aber auch, wie man diesen Text in schönes und gebildetes Hochdeutsch übertragen konnte, eine Sprache, die die Söhne wohl schon besser beherrschten als das Hebräische. Es gab zwar schon eine, von einem jüdischen Übersetzer vorgenommene Übertragung der Thora ins Deutsche, aber im Prospekt, der die Mendelssohnsche Übersetzung ankündigt, wird dazu erklärt:

„Die Kenntnis unserer heiligen Sprache ist in unseren Reihen nicht länger vorhanden, die Eleganz und ihre Metaphern entgehen uns wie auch die Schönheit ihrer Poesie. Niemand hat sich die Mühe gegeben, die Thora in ein Deutsch zu übersetzen, wie es heute auch von unseren eigenen Leuten gesprochen wird. Es ist wahr, es besteht zwar eine Übersetzung [...] aber der Übersetzer hat schlechte Arbeit geliefert, da er weder das Hebräisch noch das Deutsch beherrschte."[111]

Nachdem man Mendelssohn überredet hatte, seine Arbeit zu veröffentlichen, sah er, dass auch die Mehrzahl seiner Glaubensgenossen auf dieselbe Art wie seine Kinder aus dieser Übersetzung Nutzen und Erbauung ziehen konnte. Neben den religiösen Inhalten wollte er ihnen insbesondere die vollständige Beherrschung der deutschen Sprache der Gebildeten vermitteln. So schreibt er in einem Brief:

„[Es sollte] einen ersten Zugang zu einer Kultur eröffnen, von der meine Nation leider so fern gehalten wird, dass man an der Möglichkeit einer Verbesserung beinahe verzweifeln könnte."[112]

Dass Mendelssohn in dieser Richtung zu Unrecht pessimistisch war, ist gewiss auch den Aktivitäten zuzuschreiben, die einige seiner Schüler zu etwa derselben Zeit entwickelten.

Zwei jüngere Freunde und Schüler Mendelssohns

Neben den schon genannten, anfangs als Lehrer auftretenden, ungefähr gleichaltrigen Freunden hatte der in den 1770er Jahren schon reife und berühmte Mendelssohn auch jüngere Freunde um sich. Chronologisch gesehen war der erste in dieser Reihe Marcus Herz, ein sehr interessanter Mann, der ausnahmsweise nicht aus einem Hofjudengeschlecht stammte, sondern Sohn eines jüdischen Thoraschreibers aus Berlin war. Er war 1762 als fünfzehnjähriger kaufmännischer Lehrling nach Königsberg gegangen und ließ sich im Alter von 19 Jahren als Student an der dortigen Universität einschreiben, wo er ein Schüler des großen Philosophen Kant wurde, und nicht etwa ein beliebiger, sondern sein beliebtester. Marcus Herz wurde die Ehre zuteil, von dem berühmten Mann erwählt zu sein,[113] bei Kants Verteidigung seiner Inauguraldissertation im Jahre 1770 als Diskutant aufzutreten.[114] Da er natürlich auch einen Beruf ausüben musste, der Geld einbrachte, studierte er außerdem Medizin und bekam seinen Doktortitel in diesem Fach in Halle im Jahre 1774. Fünf Jahre danach heiratete er die 17 Jahre jüngere Henriette de Lemos, Tochter eines Hofjuden. Sie wurde einige Jahre später selbst berühmt, da sie den ersten literarischen Salon in Berlin leitete – einen Salon, den die größten damaligen Geister wie Alexander und Wilhelm von Humboldt, Friedrich Schleiermacher, Friedrich Schlegel und viele andere frequentierten. Dieser Salon entstand dadurch, dass ihr Mann in seinem Haus Abendvorlesungen über Philosophie und auch über Physik hielt.[115]

Ein anderer junger Freund mit ebenfalls großen, wenn auch ganz anders gearteten Verdiensten war David Friedländer, der 1750 in Königsberg geboren wurde und damit schon eine Generation jünger war als Mendelssohn selbst. Er kam aus begütertem Hause und heiratete in eine ebenfalls wohlhabende und einflussreiche Familie ein, deren Namen wir schon erwähnt haben: die Itzigs. 1776 errichtete er eine Seidenfabrik in Berlin. Auch Friedländer hatte bei Kant Philosophie studiert. Dazu schreibt Altmann:

„Von allen Bewunderern von Mendelssohn war ihm keiner so tief und rückhaltlos zugeneigt wie David Friedländer und Mendelssohn erwiderte dies mit derselben Wärme."[116]

Diese gegenseitige Verehrung ist um so bemerkenswerter, da Friedländer in seinem Streben, das Judentum zu erneuern und zu modernisieren, nach dem Tod seines Freundes zu den radikalsten Reformern gehören sollte. Hier ging er also viel weiter, als der große Aufklärungspionier es je beabsichtigt hatte.

Die erste wichtige Tat, ja eine wahre Pioniertat Friedländers, war die Eröffnung der ersten jüdischen Schule in Deutschland im Jahre 1781. Hier wurden neben den traditionellen jüdischen Fächern auch weltliche, allgemeinbildende wie Deutsch, Französisch, Geographie und Buchhaltung gelehrt. Er tat dies zusammen mit seinem Schwager Isaak Daniel Itzig und Hartwig Wessely, um vor allem Kindern aus armen Familien die Möglichkeit zu verschaffen,

„*... dass sie nach der Schulzeit durch Fleiß und Arbeit ihren Unterhalt verdienen konnten, anstatt von Almosen leben zu müssen und so dem Müßiggang anheim zu fallen,* [dies] *entsprach dem bürgerlichen Ethos, dem auch die Initiatoren der jüdischen Freischulen beipflichteten.*"[117]

Die Bedeutung dieser Pioniertat wird deutlich, wenn man bedenkt, dass bis zum Jahre 1816 im deutschen Kulturbereich noch neun weitere Schulen dieser Art errichtet wurden.[118] Es war Leuten wie Friedländer klar, dass man das traditionell eingestellte Judentum mit seinem großen Widerstand gegen jeglichen Wandel auf die Dauer nur verändern konnte, wenn man bei den noch beeinflussbaren Kindern und Jugendlichen anfing. Zu diesem Zweck hatte er schon 1797 ein *Lesebuch für jüdische Kinder* publiziert. Es enthielt – ganz jener Zeit entsprechend – moralisierende kurze Stücke aus jüdischen und auch griechischen Quellen.

7 Die folgende große Zäsur von außen

Die Französische Revolution

Die historischen Kräfte beschreiben zu wollen, die zur Französischen Revolution geführt haben, würde weit über den Rahmen dieses Buches hinausgehen und ist nicht meine Absicht. Mein Ziel ist es, die Geschichte der deutschen Juden ab der Mitte des 18. Jahrhunderts als Zusammenspiel von inneren, von der jüdischen Gemeinschaft ausgehenden, und äußeren, von der Umgebung auf diese Gruppe einwirkenden Kräften zu beschreiben. In dem Zusammenhang ist die Französische Revolution nicht mehr und nicht weniger als ein äußerst wichtiges und einschneidendes Ereignis, das von außen auf die Juden zukam und an das sie sich anpassen mussten – eine der größten Herausforderungen, die je an das Judentum gestellt wurde.

Eine Schockwelle in der Geschichte – ein Überblick

Mit der Französischen Revolution von 1789 erhielt nach Norman Davies

„… das Wort ‚Revolution' seine moderne Bedeutung: Es handelte sich nicht nur um einen politischen Aufstand, sondern um den Umsturz einer Machtstruktur mit all ihren sozialen, wirtschaftlichen und kulturellen Grundlagen."[119]

Die Französische Revolution hatte auch auf die jüdische Gemeinschaft tiefgreifende Auswirkungen, umso mehr, als sich die Kontakte mit der nichtjüdischen Welt in den vorangegangenen fünfzig Jahren bereits intensiviert hatten. Besonders die Ideen über die Gleichheit[120] aller Menschen sollten die Lebensumstände der Juden verändern. Zwar ließ der Wandel länger auf sich warten, als die Anhänger der Revolution und ihrer Ideale erhofft hatten, aber er kam, wenn auch, was die Juden betrifft, nur für kurze Zeit. Die oben zitierte Definition des Wortes „Revolution" stimmt recht genau mit der Beschreibung überein, die der jüdische Historiker

Simon Dubnow 1920 gab. Er stellte die Entwicklung nach der Revolution als eine Abfolge von Emanzipation und Reaktion dar.[121] In dieser Hinsicht gebraucht er, wenn auch indirekt, den Begriff der historischen Kräfte, denn der Begriff der Reaktion als Gegenkraft ist direkt aus der Newtonschen Mechanik entnommen. Tatsächlich war der Schock, den die Revolution 1789 in der Gesellschaft auslöste, so groß, dass diese gewaltige Kraft eine wahre historische Schockwelle auslöste. Dubnow identifiziert vier klar voneinander zu unterscheidende Phasen:

- Die erste Emanzipation, die französische (1789–1815). Nach der Emanzipation der Juden in Frankreich proklamierten andere Staaten unter dem Einfluss der Französischen Revolution und des Napoleonischen Kaiserreichs die Gleichheit aller Bürger vor dem Gesetz. Diese Veränderung, die nun die Bürger in vielen Ländern Europas über sich ergehen lassen mussten, kam sehr plötzlich.
- Die erste Reaktion, eine allgemein europäische (1815–1840). Die Rechte, die die Juden erhalten hatten, wurden fast überall widerrufen. Jahrhundertelang war die Fremdheit und die Niederträchtigkeit der Juden von der Kirche gepredigt worden und die meisten Menschen hatten die Angst vor ihrer Fremdheit und die Abwehr dagegen tief verinnerlicht. Auf diese Weise kam eine weitere starke Abwehrkraft hinzu. Schließlich war in allen Ländern (außer in Frankreich) die Emanzipation den Menschen von außen her auferlegt worden oder zumindest unter fremdem Einfluss entstanden. Dass diese Kombination nach Napoleons endgültiger Niederlage zu einem starken Rückschlag führen musste, ist begreiflich und so kam es dann auch.
- Die zweite Emanzipation, die deutsche (1848–1881). In den Ländern überwiegend deutscher Kultur wurde die rechtliche, wenn auch nicht immer die faktische Gleichberechtigung der Juden eingeführt.
- Die zweite Reaktion, die antisemitische (1881–1914). Der kirchliche Antijudaismus war, wie wir schon gesehen haben, bis hin zum Anfang des 19. Jahrhunderts wohl die stärkste permanente Kraft, die von außen auf die Juden wirkte. Die Abschwächung des Einflusses der Kirche und des Glaubens durch Aufklärung und Revolution einerseits und die Emanzipation, die den Juden mehr und

mehr gewährt wurde, zusammen mit deren fortschreitender eigener Anpassung an die Umgebung andererseits hätten eigentlich zu einer Abnahme des Antijudaismus führen müssen. Wie wir sehen werden, erfuhr dieser jedoch eine Metamorphose von einer auf Abwehr, Verachtung und Theologie basierenden Xenophobie hin zu einem auf Angst vor Über-Beherrschung und auf Neid und Existenzangst beruhenden Rassismus, den man dann Antisemitismus nannte. Diese Metamorphose war eng mit der Emanzipation verbunden.[122]

8 Herausforderungen der Emanzipation und neuer Antijudaismus[123]

Diese von außen einwirkenden Prozesse der Emanzipation und Reaktion lösten in der jüdischen Gemeinschaft zweierlei Reaktionen aus. Im Vertrauen darauf, dass die wachsende Säkularisierung schließlich das volle Bürgerrecht bringen würde, beschritten immer mehr Juden den Weg der Assimilation.[124] Die reaktionären Maßnahmen, die auf die jüdische Emanzipation folgten, führten jedoch bei manchen auch zum Aufleben des jüdischen Nationalismus. Wie wir sehen werden, entsprach dieser den allgemeinen nationalistischen Bestrebungen in den meisten europäischen Ländern. Der politische Zionismus als noch lebende Manifestation des Nationalismus, der auch heute noch jeden Tag das politische Handeln des Staates Israel prägt, ist vielleicht die letzte Form des Nationalismus, die in einer stark verwestlichten Gesellschaft noch besteht.

Neben den sozioökonomischen Entwicklungen war eine Mentalitätsveränderung ein zweiter wichtiger Auslöser der Französischen Revolution. Der Rationalismus brachte die Aufklärung hervor, die unter anderem eine Abkehr von der absolutistischen Staatsauffassung beinhaltete. Das führte zu Antiklerikalismus und Antiroyalismus. Eine der wichtigsten Erkenntnisse des Rationalismus war die wesentliche Gleichwertigkeit aller Menschen (damals nannte man es Gleichheit). Auch die Juden waren Bürger wie alle anderen, eine Auffassung, die gegen Ende des 18. Jahrhunderts keineswegs Allgemeingut war. Napoleon verbreitete diese Idee über fast ganz Europa. Ihre Verwirklichung wurde manchmal mit Gewalt erzwungen. Es ist daher nicht verwunderlich, dass nach Napoleons Sturz 1815 eine Reihe der emanzipatorischen Maßnahmen nicht gleich in das Gesetzbuch aufgenommen wurden, was für manchen Juden, der sich die westeuropäische Kultur bereits zu Eigen gemacht hatte, eine große Enttäuschung bedeutete. In dem jungen säkularen Zeitalter kam die Rückkehr zur Orthodoxie nicht in Frage, und das liberale Judentum musste sich erst noch entwickeln. Diese Situation hatte zur Folge, dass im ersten Jahrzehnt des 19. Jahrhunderts auffällig viele Juden – beispielsweise in Berlin – zum Christentum übertraten. Der Anstieg der Konvertitenzahlen dort ist ab 1795 auffallend hoch und erreicht zwischen 1815 und 1850 seinen Höhepunkt.[125]

Die erste Emanzipation, Frankreich

Die Jahre zwischen 1789 und 1815 sind für ganz Europa und auch für den deutschen Raum, auf den wir ja unsere besondere Aufmerksamkeit richten, von einer unglaublichen Komplexität. Wenn je von einer Vielzahl der Kräfte gesprochen werden kann, die zu einer neuen historischen Situation geführt hat, dann wohl in Bezug auf die Französische Revolution und ihre Folgen. Für Deutschland gilt noch im Besonderen, dass von Region zu Region große Unterschiede auftreten konnten. Doch war die allgemeine Tendenz trotz dieser regionalen Unterschiede sehr ähnlich, wenn nicht gleich. Die für die Juden wichtigen Kräfte, die hier eine Rolle spielten, werden noch einmal aufgezählt. Es sollte von vornherein klar sein, dass sowohl psychologische als auch materiell-ökonomische Kräfte im Spiel waren. Da schließlich eine Revolution von Menschen gemacht werden muss, die von psychologischen Motiven angetrieben werden, wozu auch Hunger und bewusst erfahrene Armut gerechnet werden müssen, werden wir uns erst diesen Kräften zuwenden.

Historische Kräfte

Der Einfluss, den die Aufklärung auf die einigermaßen gebildeten Bürger hatte und der nach der Revolution in ganz Europa wirkte, ist vor allem im Zusammenhang mit der Geschichte der Juden von großer Bedeutung (vergleiche hierzu das Kräfteschema 5 *Die Juden nach der Emanzipation* am Ende dieses Kapitels). In erster Linie ist hier natürlich der Gedanke der Gleichwertigkeit aller Menschen zu nennen, der – wenn gut durchdacht – zur Toleranz gegenüber dem Anderen führt.[126] Ohne diese beiden Aspekte hätte eine Emanzipation wohl kaum stattfinden können. Es handelt sich demnach um eine positive Kraft. Eine weitere Kraft ist in diesem Zusammenhang die allgemeine Säkularisierung, die durchaus in zwei Richtungen wirken kann. Einerseits wird durch sie die Autorität der Kirche und ihrer Würdenträger geschwächt und dadurch gleichfalls die theologische Komponente im Antijudaismus – ein positiver Einfluss also. Andererseits waren jedoch viele Juden ihrem Glauben und ihrer Religion treu geblieben. Diese

Religion wurde nun im Licht der Säkularisierung als noch viel rückständiger als der christliche Glaube und seine Religion gesehen – infolgedessen eine negative Kraftwirkung. Der schon genannte, für die Aufklärung typische Gedanke der Gleichwertigkeit aller Menschen führte neben der Idee, dass auch die Juden Menschen seien, zu Kritik an der Autorität der Könige, Fürsten und Herrscher. Das Kräftespiel, das hier die Geschichte Europas und auch Amerikas in Bewegung hielt, ist eigentlich zu kompliziert, um allein durch Worte verstanden zu werden. Wir hoffen, dass das Kräfteschema 5 am Ende dieses Kapitels zum Verständnis beiträgt.

Gärung in vielen Ländern

In dem uns hier hauptsächlich interessierenden Zusammenhang ist die folgende Bemerkung wichtig und zudem sehr bildhaft:

„Es spricht viel dafür, dass von Anfang an die Revolution schon eine internationale Dimension enthielt. Wenn man den Mechanismus analysieren will, der eine allgemeine Fermentation in eine explosive Revolution umsetzt, dann müssen politische und militärische Kräfte mit in die Gleichung einbezogen werden. Es gab da schon verschiedene Fässer im Keller Europa, die so unter Spannung standen, dass die Korken jeden Augenblick rausfliegen konnten, was auch in einigen Fällen schon passiert war. Aber, bei den kleineren Fässern konnten die Korken schnell wieder eingesetzt werden. Wie dann jedoch eines der größeren Fässer schon zu explodieren anfing, war die Gefahr groß, dass der ganze Keller in die Luft fliegen würde. Das ist der Grund dafür, dass die Historiker sich beinah ausschließlich mit den Ereignissen in Paris befasst haben."[127]

Die kleineren Fässer, auf die Davies hinweist, sind neben Polen die beiden Niederlande und die französische Provinz, wo es schon vor der eigentlichen Französischen Revolution Unruhen gab. In den nördlichen Niederlanden erreichte der Konflikt zwischen dem Statthalter und den „Patrioten" einen Höhepunkt, als der Statthalter 1787 die preußische Armee zu Hilfe rief, um den von einer breiten Masse der Bürger getragenen Aufstand niederzuschlagen. Auch in der französischen Provinz erhoben sich die Bürger gegen den König. In beiden Fällen bildeten neben den schon genannten psychologischen Motiven, wie demokratische Rechte, auch ökonomische Motive, wie hohe Steuern, hohe Preise und hohe Arbeitslosigkeit, die Basis der Unzufriedenheit. Gegen Ende des Jahres 1788 gab es aus ähnlichen Gründen Proteste in den südlichen Niederlanden, die, so Davies, weil sie in derselben Sprache vorgebracht wurden wie die in Paris, dort besonders viel Eindruck machten: „Es war nicht Paris, das Brüssel voranging, sondern Brüssel, das Paris voranging."[128]

Das Bewundernswerte an den Ereignissen in Paris war, dass der französische König, der völlig bankrott war, die Abgesandten der Provinzen und der Städte zur Versammlung der Generalstände nach Paris bestellt hatte, um mit ihnen zu beraten, wie sie ihm finanziell helfen könnten. Als Gegenleistung hatte er vorgesehen, dass er mehr Rücksicht auf ihre Klagen, Beschwerden und Wünsche nehmen würde.[129] In gewissem Sinn zeigte er sich also – wenn auch aus großer finanzieller Not – bereit, seinen autokratischen Regierungsstil zu mildern. Die Abgesandten hätten also durchaus Grund zur Freude gehabt. Wie ambivalent psychologische Kräfte jedoch wirken können,[130] ist hier bereits 1856 von dem aufmerksamen Beobachter Alexis de Tocqueville bemerkt worden. Er schrieb:

„Die Gesellschaftsordnung, die von einer Revolution zerstört wird, ist beinahe immer eine bessere als die, welche in der vorigen Periode vorherrschte. Wie die Erfahrung lehrt, ist der gefährlichste Moment für eine schlechte Regierung der, an dem man angibt, zu Reformen bereit zu sein."[131]

Ähnliche Beobachtungen, vor allem in Bezug auf den zweiten hier zitierten Satz, sind im 20. Jahrhundert anlässlich der Studentenrevolten 1968 und des Untergangs der DDR gemacht worden.

So war es auch in Paris im Jahre 1789. Bei der Versammlung der Generalstände wurde erwartet, dass die drei Stände – Klerus, Adel und Bürger – voneinander getrennt Sitzung halten würden. Die Bürger jedoch schlugen vor, gemeinsam zu tagen. Sie erreichten tatsächlich, dass die große Mehrheit der Abgeordneten einverstanden war und sich zur französischen Nationalversammlung erklärte. Das geschah am 17. Juni 1789. Wirklich ausgebrochen ist die Revolution bekanntlich erst mit der Erstürmung der Bastille am 14. Juli des Jahres. Im Folgenden sollen einige wenige Ereignisse erwähnt werden, die für die Geschichte der Juden in Europa von Bedeutung sind.

Ermutigung und Enttäuschung

In den Julitagen 1789 ereigneten sich für die französischen Juden ermutigende Dinge, die sich später für die Juden im übrigen Europa wiederholen sollten. Doch es gab auch enttäuschende Rückschläge, die sich ebenfalls immerfort wiederholten – letztlich bis zur Katastrophe. Wie Dubnow schreibt:

„Die Julitage des Jahres 1789 brachten den Juden zugleich Freude und Kummer. Die Juden der Stadt Paris sahen die niedergerissene Bastille, die Demütigung des Despotismus und den Triumph des Volkes. [...] Der belebende elektrische Strom, der den Organismus Frankreichs durchrieselte, berührte auch sie. In Paris begannen Gruppen von Juden in die Armee der Freiheit, in die Nationalgarde einzutreten; das Gleiche geschah in Bordeaux. [...] Aber zur selben Zeit (Ende Juli) kamen aus dem Elsass schlimme Nachrichten: Im Zusammenhange mit den Bauernaufständen in den ländlichen Provinzen wurden jüdische Wohnungen geplündert. Die durch den jahrhundertelangen Druck aufs äußerste gereizten Bauern begannen, die Schlösser und Herrengüter des Adels, mitunter aber auch die Wohnungen der Juden in den Dörfern zu plündern, wobei sie es besonders auf die Vernichtung der Schuldverschreibungen und der Handelsbücher ihrer Gläubiger absahen."[132]

Doch waren vorläufig die positiven Entwicklungen für die Situation der Juden bedeutender. Das kann man daraus ersehen, wie in den folgenden Monaten im Parlament über sie gesprochen wurde.

Prototypische Diskussionen im Parlament

In den verbleibenden Monaten des Jahres 1789 sollten im neuen französischen Parlament einige Diskussionen über die Lage der Juden in Frankreich stattfinden, die die Probleme mit ihnen wie auch mit anderen Minoritäten in der westlichen Welt beispielhaft illustrieren. Es wurden damals Fragen aufgeworfen, die bis heute nicht endgültig beantwortet sind. Diese Diskussionen zeigen, wie groß der Einfluss von Ideen auf politisches Handeln sein kann, aber gleichfalls, wie schwer es ist, diese Ideen in praktische Maßnahmen umzusetzen.[133] Es ist wichtig, sich zu vergegenwärtigen, dass damals im französischen Parlament schon über eine *Deklaration der*

Rechte des Menschen und Bürgers gesprochen wurde, eine Erklärung, die leider nach dem Holocaust in der UNO mit dem Ziel einer Allgemeinen Menschenrechtserklärung in ähnlicher Weise wiederholt werden musste. Bei der Sitzung in Paris am 22. August 1789 kam zum ersten Mal die Frage nach der Stellung der Juden zur Sprache, und zwar unter dem Punkt „*von der Toleranz*". Der Abgeordnete de Castelleaux erklärte: „*Niemand darf wegen seiner religiösen Überzeugung verfolgt werden.*"[134]

Wie wir schon bei der Aufklärung gesehen haben, traten auch in dieser Debatte die Protestanten am deutlichsten für die Rechte der Juden ein. Im Hinblick auf die lange und sogar blutige Geschichte der Verfolgung in Frankreich, die die erstgenannte Minorität hatte erleiden müssen, war das wohl logisch, aber deshalb nicht weniger erfreulich. So sagte der protestantische Pastor Rabeau Saint-Etienne in einer Rede über die Rechte der Protestanten:

„*Für die französischen Protestanten, für alle Nichtkatholiken in unserem Königreich fordere ich alles, was ihr für euch fordert: Freiheit und gleiche Rechte! Ich fordere es auch für jenes vom Boden Asiens losgerissene, seit achtzehn Jahrhunderten unterdrückte und verfolgte Volk, das sich unsere Sitten und Gebräuche angeeignet haben würde, wenn unsere Gesetzgebung es in unsere Mitte eingeführt hätte. Wir haben auch nicht das Recht, diesem Volk seine sittlichen Mängel vorzuwerfen, weil sie nur die Frucht unserer eigenen Barbarei sind, die Frucht jenes erniedrigenden Zustands, zu dem wir dieses Volk ungerechterweise verdammt haben.*"[135]

Am nächsten Tag wurde dann der Punkt in der Deklaration über die Gewissensfreiheit in der folgenden Form angenommen:

„*Niemand darf wegen seiner Überzeugung verfolgt werden, selbst wegen der religiösen, insofern deren Äußerungen der durch das Gesetz festgelegten gesellschaftlichen Ordnung nicht widersprechen.*"[136]

Vor allem die zweite Hälfte dieses Satzes fällt durch ihre Aktualität auf, indem sie schon ziemlich genau beschreibt, wie man in unserer überpermissiven Gesellschaft mit religiösen Fanatikern umgehen sollte: in Europa mit denen, die sich auf den Koran berufen, in Israel mit denen, die dasselbe mit der Hand auf der Thora tun. Wie Dubnow bemerkt, sollten diese schönen Vorhaben noch lange auf ihre praktische Umsetzung warten müssen. Einerseits, weil die Versammlung sich durch die tobende Revolution immer wieder noch akuteren Fragen zuwenden musste, anderseits aber auch, weil der Abstand zwischen Theorie und Praxis nicht ohne Weiteres überbrückt werden konnte.

Widerstand, auch von innen

Besonders interessant ist in diesem Zusammenhang auch, dass keineswegs alle Juden – weder die in der französischen Provinz noch z. B. die in den nördlichen Niederlanden in kleineren Orten lebenden – gern emanzipiert werden wollten und damit in starkem Gegensatz zur Mehrzahl der Juden in Deutschland standen. Der Grund hierfür war, dass diese kleineren Gemeinden in höchstem Maße Autonomie besaßen – mit eigener Rechtsprechung durch die Rabbiner und eigener sozialer Fürsorge. Viele Rabbiner und die konservativen unter den Gemeindemitgliedern wollten diese Autonomie nicht aufgeben. Die Pariser Juden dagegen sandten ein Schreiben an die Nationalversammlung, in dem sie ihre Freude über die „großen Akte der Gerechtigkeit", die von ihr ausgingen, ausdrückten und in dem sie darum baten, in den Beschlüssen das jüdische Volk explizit zu erwähnen, um somit eindeutig „*... seine staatsbürgerlichen Rechte zu sanktionieren.*"[137]

Wie erwähnt, verlief die Umsetzung dieser hohen Ideen der Aufklärung in die Praxis nicht so glatt, wie man hätte hoffen können. Dazu schreibt Dubnow:

„... waren die von jahrhundertelangen Vorurteilen durchdrungenen Stände des Adels und des Klerus organisch unfähig, die politische Gleichheit von Menschen anzuerkennen, mit denen sie wie mit Parias umzugehen gewohnt waren."[138]

Die jüdische Frage kam wieder auf die Tagesordnung, als am 21. Dezember 1789 über die Bedingungen diskutiert wurde, die erfüllt sein müssten, um das Recht zu erhalten an Wahlen zu administrativen und munizipalen Ämtern als Kandidat bzw. als Wähler teilzunehmen. Der liberale Abgeordnete Clermont-Tonnère schlug vor:

„Die Nationalversammlung beschließt, dass kein aktiver, den Bedingungen der Wählbarkeit genügender Bürger wegen seines Berufes oder seiner Konfession von der Wahlliste gestrichen oder des Rechtes öffentliche Ämter zu bekleiden, beraubt werden darf."[139]

Am 23. Dezember wurde die Debatte fortgesetzt. Der genannte Abgeordnete machte an diesem Tag einige wichtige und noch immer aktuelle Bemerkungen. So sagte er unter anderem:

„Das Gesetz darf keineswegs das Glaubensbekenntnis eines Menschen antasten. [...] Nur die Handlungen des Menschen unterliegen der Gewalt des Gesetzes [...], das ihn schützen muss, [...] wenn diese Handlungen nicht im Widerspruch zu den Normen gesellschaftlichen Zusammenlebens stehen. [...] Wenn es eine Religion gäbe, die ihren Bekennern Diebstahl und Brandstiftung zur Pflicht machte, so müsste man diesen Bekennern nicht nur das Wahlrecht verweigern, sondern sie einfach des Landes verweisen."[140]

In diesem Zusammenhang nannte Clermont-Tonnère auch die Vorwürfe, die man gegen die Juden vorbrachte. Sehr treffend bemerkt er hierbei, dass z. B. der Vorwurf des Wuchers, den man den Juden machte, daher rühre, dass die Umgebung ihnen jeglichen Besitz verweigere, mit Ausnahme den des Geldes. Dass dadurch den Juden also kaum etwas anderes übrig bleibe, als diesen einzigen Besitz gegen Zinsen auszuleihen. Nach dieser Verteidigung sagt er aber noch etwas Wichtiges. Es handelt sich dabei um eine prinzipielle, folgenschwere Aussage über die Emanzipation der Juden in der westlichen Welt, die bis in unsere Zeit hinein noch viel zu wenig Beachtung gefunden hat.

Juden als Nation

Er sagte nämlich:

*„Den Juden als **Nation** muss alles verweigert werden, den Juden als **Menschen** alles gewährt werden. Es ist notwendig, dass sie Bürger werden. Man sagt, dass sie keine Bürger werden wollen; wenn sie das behaupten, so soll man sie des Landes verweisen, denn es darf keine Nation in einer Nation geben."*[141]

Hier wird die wichtige Tatsache deutlich, dass ein durch und durch anständiger und aufgeklärter Mann wie Clermont-Tonnère zu Recht Angst vor den Juden als Nation in der Nation hat, vor einer doppelten Loyalität also, die von der für das Gastland jeden Augenblick umschlagen könnte in eine für Palästina oder, wie wir heute sagen müssten, für Israel. Aus dieser Sicht braucht es uns nicht zu wundern, dass der sogenannte „schwarze Abbé" Maury, ein ausgesprochener Feind der Juden, nach der Rede von Clermont-Tonnère weiter auf diesen Punkt eingeht. Er sagte:

„*Vor allen Dingen möchte ich bemerken, dass das Wort ‚Jude' nicht die Benennung einer Sekte, sondern die einer Nation ist, die ihre eigenen Gesetze hat, diesen Gesetzen immer treu blieb und fürderhin treu bleiben will. Die Juden als Bürger anzuerkennen, wäre dasselbe, wie wenn man Engländer oder Dänen, die nicht naturalisiert sind und nicht aufgehört haben sich für Engländer und Dänen zu halten, zu den Franzosen rechnen wollte.*"[142]

Ich habe die Diskussionen im französischen Parlament bereits als prototypisch bezeichnet, weil sie schon vor reichlich 200 Jahren eine große Zahl von Problemen behandelt haben, die auch heute wieder höchst aktuell sind. Einerseits beschäftigen sich heute natürlich aufs Neue beinahe alle europäischen Länder mit der Frage, wie weit die Toleranz gegenüber von außen kommenden Bürgern gehen sollte, in diesem Fall namentlich denen aus islamischen Kulturen. Und ähnlich wie damals gegenüber den Juden, bestehen bei manchen Europäern Zweifel darüber, inwieweit bestimmte extremistische Gruppen unter den Einwanderern bereit sind, unsere Rechtsordnung zur Sicherung einer egalitären Gesellschaft zu akzeptieren.

Andererseits betrifft eine in unserem Zusammenhang noch wichtigere Überlegung das Problem der Nation in der Nation, also das Problem einer nicht ganz eindeutig bestimmten Loyalität. Hier kommen wir auf den für jegliche Diskussion über das Judentum zentralen Punkt der zwei Arten des Judentums, die seit biblischen Zeiten bestehen. Dieser Diskussion habe ich wichtige Teile meines früher erschienenen Buches gewidmet. Darum möchte ich an dieser Stelle nur ganz knapp das Folgende bemerken: Die eine Art des Judentums betrifft das universalistische, humanitäre Judentum der Propheten, inklusive Jesus und des berühmten Rabbi Hillel, der etwa ein Jahrhundert vor Jesus lebte, wie auch das der deutschen Reformrabbiner vom Anfang des 19. Jahrhunderts bis hin zu den dreißiger Jahren des 20. Jahrhunderts. In dieser Version des Judentums sind die Juden nicht mehr und nicht weniger wert als alle anderen Menschen, die sich von jenen nur und ausschließlich dadurch unterscheiden, dass sie einen anderen Glauben haben. Diese Überzeugung wurde auch ab der zweiten Hälfte des 18. Jahrhunderts von der Mehrzahl der deutschen Juden vertreten. Tatsächlich war wohl der *Centralverein deutscher Staatsbürger jüdischen Glaubens*, der genau diese Meinung propagierte, die weitaus größte jüdische Organisation in Deutschland.

Die andere Version des Judentums, die auch ausführlich in der Thora beschrieben wird, ist ein völlig anderes, enges, ethnozentrisches, also nationalistisches und xenophobes Blut-und-Boden-Judentum, wie es zum Beispiel im Buch Josuah beschrieben wird. Die frühen Zionisten, die das Judentum, wie der oben genannte Antisemit Abbé Maury und viele, die ihm folgten, in erster Linie als ein Volk, eine Nation ansahen, hatten in den meisten Fällen auch noch bis zum Ende des Zweiten Weltkrieges humanitäre Ideale. In der zweiten Hälfte des 20. Jahrhunderts sind diese Ideale leider völlig in den Hintergrund geraten oder gar vergessen worden. Tatsächlich scheint der Zionismus in Israel wie auch in allen offiziellen, den Zionismus unterstützenden jüdischen Organisationen heute zu einer anachronistischen, kolonialen Apartheidbewegung degeneriert zu sein. Dass hierdurch, genau wie schon vor 200 Jahren von Abbé Maury behauptet, der Antisemitismus in der Welt zusätzlich geschürt wird, ist den führenden Politikern in Israel gerade recht. Je mehr Antisemitismus in Europa manifest werden sollte, desto mehr bange Juden in Europa werden bereit sein ihre Koffer zu packen, um nach Israel zu emigrieren. Das ist im Augenblick das einzige Mittel – neben dem durch immer stärker werdende Unterdrückung entstehenden so genannten „voluntary transfer" (der Flucht oder Auswanderung von Palästinensern) – das unter Vermeidung von allzu auffallenden grausamen Maßnahmen die Überflutung von „Groß-Israel" durch Palästinenser noch ein paar Jahre aufhalten kann.

Eine derartige nationalistische Interpretation des Judentums war den meisten Juden im deutschen Raum ab der Mitte des 19. Jahrhunderts völlig fremd und gar zuwider. Gegenüber dem oben erwähnten *Centralverein* (70.000 Mitglieder im Jahr 1927 bei einer jüdischen Bevölkerung von insgesamt 565.000) nahm sich die Organisation der Zionisten, die die Juden an erster Stelle als Nation ansahen, viel kleiner aus. Diese im Wesen anti-assimilatorischen jüdischen Nationalisten hatten sich in der *Zionistischen Vereinigung für Deutschland* zusammengetan.

Französischer Einfluss in Deutschland

Die Französische Revolution war ein äußerst komplizierter Prozess, der letztlich nach einer Reihe siegreich beendeter Kriege den General Napoleon Bonaparte an die Macht brachte. Gegen Ende des Jahres 1799 nahm diese Macht quasi diktatorische Züge an. Am 15. Dezember erklärte Napoleon die Revolution für beendet. 1804 krönte er sich selbst zum Kaiser der Franzosen.

Schon im Jahre 1792 hatten die deutschen Mächte einen Krieg gegen das revolutionäre Frankreich begonnen.

„Der schleppte sich mit kurzen Atempausen bis 1807 fort. Dann war fünf Jahre lang Frieden. Die Zeit der Waffenstillstände [...] waren die Zeiten der Staatsexperimente, der inneren Veränderungen. Sie geschahen zumeist im Sinn Bonapartes, oder seit 1804, des Kaisers Napoleon. Der hat darum in der deutschen Geschichte eine so zentrale Rolle gespielt wie in der französischen. [...] Den Franzosen galt der Kaiser am Ende als der Besiegte – ein glorreicher jedoch abgetaner Schädling. In Deutschland labte man sich an größerem Hasse wie an heißerer Bewunderung Napoleons ein gutes Jahrhundert lang."[143]

In den deutschen Regionen war der Einfluss Napoleons sehr unterschiedlich, beinahe überall jedoch sehr groß. Für seinen Einfluss auf die Geschichte der Juden in deutschen Landen gilt dasselbe. Es ist unmöglich, hier auf all die unterschiedlichen Entwicklungen in den einzelnen deutschen Staaten einzugehen. Wir werden darum nur zwei wichtige Beispiele herausgreifen. Das erste ist Westfalen, weil es ab 1807 in ein Königreich transformiert wurde. Der König war kein Geringerer als Jérôme Bonaparte, der Bruder des französischen Kaisers. Hier konnten also die neuesten und liberalsten Ideen aus Frankreich direkt in die Praxis umgesetzt werden. Das zweite Beispiel ist Preußen, das trotz Landverlustes nach den militärischen Niederlagen gegen Frankreich im Jahre 1807 nach wie vor der wichtigste der deutschen Staaten war. Hier wirkte der Einfluss Napoleons nicht direkt, sondern vielmehr durch die in Frankreich zuerst eingeführten und von dort herübergewehten Ideen von Freiheit, Gleichheit und Brüderlichkeit. Diese Ideen gaben in Deutschland mancherorts Anlass zu Unruhen, die die Regierungen durch Reformen einzudämmen versuchten. Richtiger Schwung kam jedoch erst in der napoleonischen Zeit in diese Reformen. Sie bewirkten ganz allgemein eine Lockerung der Ständegesellschaft und räumten damit dem aufkommenden Bürgertum eine wichtigere Position in der neuen politischen Ordnung ein. Im Besonderen waren hiervon der Agrarbereich, die Gewerbefreiheit, das Bildungswesen und die bürgerliche Gleichstellung der Juden betroffen.[144]

Westfalen, während weniger Jahre Pionier der Emanzipation

„Am 15. November 1807 verkündete Artikel 10 der Verfassung des neuen Königreichs die Gleichheit aller Untertanen vor dem Gesetz und das Recht aller auf freie Religionsausübung. [...] Die uneingeschränkte Gleichberechtigung der westfälischen Juden war Napoleon von Jérôme abgetrotzt worden. Sie ist beispiellos auf deutschem Boden und nur mit der Konzeption Westfalens als „napoleonischem Modellstaat" zu erklären. Entprivilegierung des Adels und konsequente Judenemanzipation sind Grundpfeiler dieses Staates, der eine vom bürokratischen Absolutismus regierte bürgerliche Notablengesellschaft verkörpert. Mit einem solchen System war die Existenz einer rechtlich diskriminierten Minderheit grundsätzlich unvereinbar."[145]

Sein kaiserlicher Bruder hatte 1807 in Paris in Nachahmung des antiken Sanhedrins ein gleichnamiges Gremium errichtet. Diese Gruppe, zusammengesetzt aus Rabbinern und Laien, hatte die Aufgabe, gemeinsam mit Repräsentanten des Staates Regelungen in problematischen Fragen bezüglich der jüdischen Mitbürger zu treffen, und zwar immer da, wo es möglicherweise zu Konflikten zwischen dem jüdischen Religionsgesetz und dem Staat kommen könnte. In diesem Sinne ließ auch König Jérôme in der Hauptstadt seines Reiches, in Kassel, ein „Konsistorium der Israeliten" errichten. Zum Präsidenten dieser Versammlung wurde Israel Jacobson (1768–1828) ernannt. Er war ein wohlhabender, tatkräftiger Hoffaktor mit rabbinischer Ausbildung. Er hatte sich als einer der Pioniere der Aufklärung schon vorher an der Verbesserung der politischen, wirtschaftlichen und kulturellen Situation seiner jüdischen Landsleute besonders interessiert gezeigt. So war er 1801 der Stifter der ersten jüdischen Schule, die auch für nichtjüdische Kinder zugänglich war, der „Religions- und Industrieschule" in Seesen. Im Konsistorium standen ihm drei der aufgeklärtesten Rabbiner wie zwei Laien, die beide Erzieher waren, zur Seite. Unter Jacobsons Führung bemühte sich das Konsistorium, den jüdischen Gottesdienst zu verändern, ihn würdiger, feierlicher und ästhetischer zu gestalten und die orientalischen Elemente, wie man das damals nannte, so weit wie möglich zu eliminieren. Hierin liegt gewiss ein wichtiger Grund dafür, dass man Jacobson oft als den „Vater des Reformjudentums" bezeichnet.[146] Im Jahre 1810 erließ das Konsistorium eine Synagogenordnung, um für wahrhaft würdiges Betragen in jeder Synagoge zu sorgen. Es war das erste derartige Reglement. Ihm folgten in den nächsten Jahren ähnliche Bestimmungen in anderen deutsch-jüdischen Gemeinden.[147] Das Streben Jacobsons und seiner Kollegen, ihren Einfluss auch außerhalb Westfalens zur Geltung zu bringen, war also nicht ohne jeden Erfolg.

Emanzipation in Preußen auch von jüdischer Seite

Nach dem Tode Friedrichs des Großen, aber noch vor der Französischen Revolution, und zwar im Jahre 1787, bemühten sich die preußischen Juden bei der Regierung um eine Aufhebung der für die Juden geltenden Sondergesetze. Diese Initiative war allerdings nur teilweise erfolgreich. So wurde am Ende des Jahres der als Schmach ertragene Leibzoll, der bei jeder Reise gezahlt werden musste, durch Kabinettsorder gestrichen.[148] Ähnliche Erleichterungen, die solidarische Haftbarkeit der jüdischen Individuen wie auch die der Gemeinden betreffend, folgten in den 1790er Jahren und nach 1800. Es brauchte aber den großen Schock der durch Napoleons Armee verursachten militärischen Niederlage im Jahre 1806, um zu substanziellen Reformen zu gelangen. Diese Niederlage zeigte, dass das Überleben des Staates nur mit einer Gesamtreform gesichert werden konnte. Hierbei sollte letztendlich *„…der Weg für die Brechung der Macht der Stände gebahnt werden …"*[149] mit dem Ziel einer freien Staatsbürgergesellschaft, die politisch in die monarchische Staatsform eingebunden bleiben sollte. Hierdurch wollte man erreichen, dass

„… durch eine gute Regierung, die Bürger dazu gebracht werden […], sich selber zu regieren oder doch einen geregelten Anteil zu nehmen an der öffentlichen Sache. […] Sie sollten übrigens, wie es in Frankreich

der Fall war, ihren beruflichen Interessen unbehindert nachgehen können.[150]

Integraler Bestandteil dieser Reformbewegung in Preußen war die Frage nach der bürgerlichen Gleichberechtigung der Juden. Die ersten Schritte in diese Richtung wurden 1808 von der preußischen Regierung eingeleitet. Ihr erster Erfolg im Jahre 1812 ist vor allem dem reformerisch gesinnten Staatskanzler August von Hardenberg und dem ersten Berliner Stadtrat jüdischen Glaubens, David Friedländer, zu verdanken. Noch der Vorgänger Hardenbergs, von Stein, hatte in seiner Städteverordnung 1808/09 dem Grundsatz zugestimmt, dass die preußischen Juden, wenn auch noch keine Staatsbürger, nun doch Stadtbürger werden konnten. Sie durften sich also sowohl aktiv als auch passiv an den Wahlen für den Stadtrat beteiligen. Der große Schritt zum Staatsbürger wurde dann durch das Emanzipationsgesetz vom 11. März 1812 getan, das die Schutzjudenschaft aufhob, den Sonderabgaben ein Ende setzte und die preußischen Juden zu „*Einländern und Staatsbürgern*" erklärte. Für die stark an die Tradition gebundenen Juden bestand die Kehrseite darin, dass die Gemeindeautonomie aufgehoben wurde, da zu den Rechten eines Bürgers auch die Pflichten eines solchen gehören, wie die Anerkennung der Staatsgesetze und der vom Staat eingesetzten Gerichtsbarkeit. Weil das Emanzipationsgesetz so charakteristisch ist für die Welt, die die preußischen Juden nun meinten hinter sich zu lassen, ist es interessant, einige Stellen aus diesem Gesetz zu zitieren.

„§ 1. Die in unseren Staaten jetzt [rechtmäßig] *[...] wohnenden Juden und deren Familien sind für Einländer und preußische Staatsbürger zu achten.*

§ 2. Dies aber nur unter der Verpflichtung, dass sie fest bestimmte Familiennamen führen und dass sie nicht nur bei Führung ihrer Handelsbücher, sondern auch bei Abfassung ihrer Verträge und rechtlichen Willenserklärungen der deutschen oder einer anderen lebenden Sprache und bei ihren Namensunterschriften keiner andern als deutscher oder lateinischer Schriftzüge sich bedienen sollen.

§ 6. Diejenigen Juden, welche den Vorschriften § 2 und § 3 [innerhalb von sechs Monaten Angabe des gewählten Familiennamens bei der

Obrigkeit, Anm. H.G.M.] *zuwider handeln, sollen als fremde Juden angesehen und behandelt werden.*

§ 7. Die für Einländer zu achtenden Juden hingegen sollen, insofern diese Verordnung nichts Abweichendes enthält, gleiche bürgerliche Rechte und Freiheiten mit den Christen genießen.

§ 8. Sie können daher akademische Lehr- und Schul-, auch Gemeinde-Aemter, zu welchen sie sich geschickt gemacht haben, verwalten.

§ 9. Inwiefern die Juden zu andern öffentlichen Bedienungen und Staatsämtern zugelassen werden können, behalten Wir Uns vor, in der Folge der Zeit gesetzlich zu bestimmen.

§ 11. Sie können Grundstücke jeder Art, gleich den christlichen Einwohnern, erwerben, auch alle erlaubten Gewerbe mit Beobachtung der allgemeinen gesetzlichen Vorschriften treiben."[151]

Wie wir sehen, wurde hier versucht, einen großen Schritt in Richtung Gleichberechtigung zu gehen. Jedoch, neben den schon in § 8 und § 9 genannten Vorbehalten bezüglich der Lehr- und Staatsämter, wurde auch die Offizierslaufbahn für Juden ausgeschlossen, während sie aber Militärdienst leisten durften, was zwischen 1813 und 1815 auch viele freiwillig taten. Die nach Napoleons endgültigem Fall im Jahre 1815 einsetzende und ganz Europa beherrschende Restauration, das heißt die Wiederherstellung der Verhältnisse, wie sie vor der Französischen Revolution gewesen waren, sollte die Verwirklichung aller Hoffnungen der Juden mehr als drei Jahrzehnte verzögern.

Die erste Reaktion

Reaktion wird zur Restauration

Diese Restauration wurde von dem Wiener Kongress und der ihn beherrschenden so genannten „Heiligen Allianz" – nomen est omen – vorangetrieben. Diese Allianz, getragen von den drei Monarchen Russlands, Österreichs und Preußens wollte dafür sorgen, dass „Thron und Altar" aufs

Neue gefestigt wurden, dass die kirchlichen Elemente in der Verwaltung wieder gestärkt, und dass der ganze Spuk der freigeistigen Ideen der Revolution vergessen werden würde.

„Die Allianz stellte einen innigen Zusammenhang zwischen Politik und Religion her und verkündete von Neuem das theokratische Dogma von der „christlichen Nation" mit Christus als Oberhaupt [...] Zu der von den Regierenden aufgestellten Idee des „christlichen Staates" gesellte sich die von der reaktionären Gesellschaft geschaffene Idee des Nationalstaates. Die von den Napoleonischen Kriegen hervorgerufene patriotische Erregung setzte in der Politik an Stelle der bisherigen kosmopolitischen Idee die nationale."[152]

Wegen des Widerstands des Königs von Preußen und auch durch Widerstand bei den zuständigen Beamten war es nicht gelungen, Hardenbergs Vorstellung zu realisieren, den Geltungsbereich des Edikts von 1812 auf alle Provinzen des erheblich erweiterten preußischen Staates in den Grenzen von 1815 auszudehnen. Es hatte nur für die Provinzen Bestand, die zum Zeitpunkt seines Erlasses zu Preußen gehört hatten. Für alle übrigen Landesteile galt die Feststellung, es seien die Verhältnisse der in den neuen Provinzen sich befindenden Juden in eben der Lage zu belassen, in welcher sie bei der Okkupation angetroffen worden waren. Damit wurden alle unter französischem Einfluss für die Juden eingeführten rechtlichen Veränderungen – außer in einigen Gebiete in Westfalen – außer Kraft gesetzt. Die vor der Franzosenzeit geltende Rechtslage war wieder verbindlich.[153]

Deutsches Bildungsbürgertum

Wenn man begreifen will, was in den deutschen Landen etwa seit den 1790er Jahren vor sich ging, so muss man sich zunächst vergegenwärtigen, welch gewaltiger Unterschied bis dahin zwischen diesen Landen und den großen Nationen Europas, England, Frankreich und Österreich-Ungarn, bestand. Verglichen mit diesen großen Reichen mit Hauptstädten wie London, Paris und Wien war Berlin noch immer eine Provinzstadt. Diese Länder wurden aus ihren Hauptstädten nicht nur in ansehnlichem Maße zentral regiert; namentlich England und Frankreich verfügten auch schon über einen wichtigen Besitz an Kolonien. Die Zerstückeltheit des deutschen Gebiets und das Fehlen überseeischer Besitztümer beschränkten hingegen Produktion und Märkte auf viel kleinere Räume und Mengen. Der Text, in dem Egon Friedell diesen Zustand beschreibt, ist so bildhaft, dass ich ihn etwas ausführlicher zitieren möchte:

„Der Unsicherheit weitausgreifender Spekulationen, des Transports, des Welthandels, der politischen Verhältnisse stand aber eine große Sekurität des Kleinbesitzes und Kleinhandels gegenüber. [Diese war] gegründet auf die Festigkeit des Absatzgebietes, den Mangel an Konkurrenz, die Einförmigkeit sowohl der Produktionsmöglichkeiten wie des Kundenbedürfnisses, und dies erzeugte auch bei den „arbeitenden" Ständen eine Atmosphäre der Beschaulichkeit und Muße, wie sie heute kaum noch irgendwo anzutreffen ist. [...] Aus diesem Seelenzustand entstand das klassische Zeitalter der deutschen Literatur. Während andere schwitzten und rannten, England sich mit Goldbarren und Pfeffersäcken abkeuchte, Amerika anfing, sich in den öden Riesentrust zu verwandeln, der es heute ist, Frankreich zum Irrenhaus und zur Mördergrube wurde, schlief Deutschland einen ehrlichen, gesunden, erfrischenden Schlaf, aber welche schönen Träume hatte es in diesem Schlaf!"[154]

Ob der Autor dieses Buches die Träume auch so schön findet, ist eine andere Sache. Auf jeden Fall war gewiss schön und wertvoll und für unser Thema wichtig, dass das klassische Zeitalter der deutschen Literatur anbrach. Hierbei sollte man nicht nur an Goethe und Schiller, als *die* Klassiker denken, sondern auch an Autoren wie Schlegel, Novalis, Tieck und Brentano, um nur einige zu nennen. Die Folge dieser kulturellen Blüte, die sich in den folgenden Jahrzehnten immer weiter durchsetzte, bestand darin, dass die Bürger der deutschen Staaten anstatt eines großen, zentral regierten Landes etwas anderes hatten, was sie verband: die deutsche Kultur. Um die Jahrhundertwende entwickelte sich das deutsche Bürgertum zu dem, was typisch für den deutschen Sprachraum werden sollte – dem Bildungsbürgertum. Auf diese Weise konnte man ohne großen Besitz an materiellen Gütern doch zu einem gewissen Ansehen in der Gesellschaft gelangen – durch einen anderen Besitz, den der allgemeinen Bildung. Man musste seine Klassiker kennen und so viel von ihnen in geistigen Besitz genommen haben, um daraus zu jeder passenden (und manchmal auch unpassenden) Gelegenheit zitieren zu können – ein Ideal, das dem bei den Juden schon lange bestehenden, vor der Aufklärung sich jedoch nur auf die Kenntnis der heiligen Schriften beziehenden sehr ähnlich war.

Biologische Begründungen des Antijudaismus

Neben diesen Großen der Literatur gab es in derselben Periode auch eine Menge wichtiger, eher philosophisch orientierter Denker. Viele der einflussreichsten Denker in Deutschland wie Kant, Fichte und Herder hatten anfangs die Französische Revolution begrüßt. Die durch die Revolution gewonnene Freiheit des Bürgers von den Machthabern der vorhergehenden Periode, wie Fürsten und Klerus, war schon in ihrem Interesse. Dass aber auch die Juden von dieser neuen Freiheit profitieren würden, das gefiel ihnen weniger. Die vielen Jahrhunderte von Hass, Abscheu und Fremdenangst, Einstellungen, die von der Kirche durch theologische Argumente legitimiert worden waren, konnten nicht von einem Tag auf den anderen vergessen werden. Obwohl der Einfluss der Kirche abnahm, saß die Angst vor den Juden zu tief. Die theologischen Rechtfertigungen für diese primitiven Gefühle wurden außerdem stetig verstärkt und erneuert. Das sehen wir sogar bei dem großen Philosophen Kant.

Dieser hatte, wie bereits erwähnt, eine Zahl von guten und von ihm geschätzten jüdischen Schülern; doch konnte sogar er diese tiefsitzende Angst nicht abstreifen. Er befürwortete deshalb, dass die Juden kollektiv und offiziell eine Art Christentum annehmen müssten, so dass sie

„… bald ein gelehrtes, wohlgesittetes und aller Rechte des bürgerlichen Zustandes fähiges Volk, dessen Glaube auch von der Regierung sanctionirt werden könnte, [würden]."[155]

Während also Kant noch weitgehend in alten Vorurteilen dachte und die schlechten Eigenschaften der Juden nur ihrem falschen Glauben zuschrieb, war sein Schüler Fichte schon 1793 viel radikaler.

In einer Schrift aus diesem Jahr verteidigt er das Recht auf Revolution wie auch auf Gegenrevolution als elementares Menschenrecht.[156] Er weist jedoch darauf hin, wie unerwünscht die Situation ist, wenn diese beiden Bewegungen nebeneinander bestehen. Fichte zieht den Vergleich zum Zustand eines „Staats im Staate" und weist jene, die davor Angst haben, darauf hin, dass sie sich eher über eine ganz andere, viel gefährlichere

Bedrohung Sorgen machen müssten. Dann führt er plötzlich, ohne irgendeinen Übergang, weiter aus:

„Fast durch alle Länder von Europa verbreitet sich ein mächtiger und feindselig gesinnter Staat, der mit allen übrigen im beständigen Kriege steht und in manchen fürchterlich schwer auf die Bürger drückt; es ist das Judentum. [Dieser Staat ist darum so gefährlich, weil er] auf den Hass des ganzen menschlichen Geschlechts aufgebaut ist. [Könnt oder wollt ihr denn nicht begreifen,] dass die Juden, welche ohne euch Bürger eines Staates sind, der fester und gewaltiger ist als die eurigen alle, wenn ihr ihnen auch noch das Bürgerrecht in euren Staaten gebt, eure übrigen Bürger völlig unter die Füße treten werden."[157]

Er fügt dann in einer Fußnote hinzu:

„Aber ihnen Bürgerrechte zu geben, dazu sehe ich wenigstens kein Mittel als das, in einer Nacht ihnen alle Köpfe abzuschneiden und andere aufzusetzen, in denen auch nicht eine jüdische Idee sei. Um uns vor ihnen zu schützen, dazu sehe ich wieder kein anderes Mittel als ihnen ihr gelobtes Land zu erobern, und sie alle dahin zu schicken."[158]

Obwohl es unwahrscheinlich ist, dass Fichte den Juden wirklich die Köpfe abschneiden wollte, hatte er doch offensichtlich ungeheure Angst vor den Juden und wollte sie gewiss loswerden. Etwas mehr als zehn Jahre später sollte er weitere Gedanken über Juden, Christen, Germanen und Deutsche entwickeln und diese niederschreiben, Gedanken, die ganz gewiss jene Basis mitkonstituiert haben, auf der das völkische und antijüdische Denken der Nationalsozialisten begründet wurde.

So war er schon im Jahre 1804 hiermit so weit, dass er sogar den jüdischen Ursprung Jesu in Zweifel zieht. Er schreibt:

„Es bleibt auch bei diesem Evangelisten [Johannes] immer zweifelhaft, ob Jesus aus jüdischem Stamm kam, oder falls er es doch etwa wäre, wie es mit seiner Abstammung sich eigentlich verhalte."[159]

Poliakov gibt hierzu den Kommentar, dass an dieser Stelle zum ersten Mal in der Geschichte des europäischen Denkens ein „arischer Christus" auftaucht. Mit dem zu dieser Zeit aufkommenden Begriffspaar „arisch" versus „semitisch" werden wir uns später noch befassen.

Ich habe Fichte so ausführlich zitiert, weil er als anerkannter deutscher Denker und Philosoph und als einer der brillantesten Schüler Kants gilt. Wir sahen schon, dass auch Kant trotz seiner guten persönlichen Beziehungen zu einzelnen Juden durchaus kein Freund der Juden insgesamt war. Von Fichte als einer einflussreichen Person werden nun aber zum ersten Mal neue Ängste vor der Macht und Bösartigkeit der Juden und neue Begründungen für die Vorurteile ihnen gegenüber ausgesprochen.

Es geht mir hier zunächst um den Unterschied zwischen Kant und Fichte und vor allem darum, dass der Letztere die schlechten Eigenschaften der Juden nicht ausschließlich dem falschen Glauben zuschreibt, sondern dass er sie in den Köpfen selbst lokalisiert, sie also als biologische Eigenschaft ansieht. Ohne das Wort „Rasse" zu nennen, schreibt Fichte den Juden also angeborene schlechte Eigenschaften zu – ihr Wesen wird also doch von ihrer anderen Rasse bestimmt, wie man ein paar Jahrzehnte später sagen würde. Außerdem wird in seinem Text eine neue Angst ausgesprochen – die vor ökonomischer Beherrschung und Unterdrückung durch die Juden, wenn man ihnen Bürgerrechte verleihen würde. Deshalb sollte man sie schließlich allesamt nach Palästina verfrachten.

Nationalismus als neue Rechtfertigung für Antijudaismus

Die erfolgreichen Kriege des Generals Bonaparte wie auch seine Erhebung zum Kaiser Napoleon I. waren sowohl Ausdruck eines starken französischen Nationalismus als auch Anlass zu seinem weiteren Erstarken. Nachdem Kaiser Napoleon mit seinen französischen Truppen im Jahre 1806 in Berlin einmarschiert war und andere Teile des Deutschen Reiches ebenfalls besetzt waren, wurde dadurch ein deutsches Nationalgefühl angefacht. Der wichtigste Befürworter dieses neuen Nationalismus wurde der schon genannte Philosoph Johann Gottlieb Fichte. Er vertrat diese Gesinnung in deutlicher und extremer Weise in seinen *Reden an die deutsche Nation*. Seine Motivation dafür stellte er bereits in seiner ersten Rede dar: die tiefe Demütigung Deutschlands. Wörtlich heißt es:

„*Keine Nation, die in diesen Zustand der Abhängigkeit herabgesunken, kann durch die gewöhnlichen und bisher gebrauchten Mittel sich aus demselben erheben.*"[160]

Extrem werden seine Ausführungen gegen Ende der ersten Rede und in den folgenden. Er beschreitet darin gedanklich den Pfad hin zu einer nationalistischen Gesamterziehung des deutschen Volkes, wie sie gut einhundert Jahre später, wenn auch nur für eine sehr beschränkte Zeit, erfolgreich eingeführt wurde. Dieses Ziel beschreibt er mit den Worten:

„*Wir wollen durch die neue Erziehung die Deutschen zu einer Gesammtheit bilden, die in allen ihren einzelnen Gliedern getrieben und belebt sei durch dieselbe Eine Angelegenheit; [...] Es bleibt sonach uns nichts übrig, als schlechthin an alles ohne Ausnahme, was deutsch ist, die neue Bildung zu bringen, so dass dieselbe nicht Bildung eines besonderen Standes, sondern, dass sie Bildung der Nation schlechthin als solcher, und ohne alle Ausnahme einzelner Glieder derselben, werde, [...] und dass auf diese Weise unter uns keineswegs Volks-Erziehung, sondern eigenthümliche National-Erziehung entstehe.*"[161]

Dieser hier in etwas verzwicktem Philosophendeutsch ausgesprochene Gedanke einer nationalistischen deutschen Identität als höchstes Ziel wird in den weiteren Reden auf heutzutage kaum mehr ernstzunehmende Weise auf die Spitze getrieben.

Beim nochmaligen Lesen dieses letzten Satzes habe ich den Eindruck, dass ich mich falsch ausgedrückt habe. Ich hätte schreiben müssen, dass seine extrem nationalistischen Gedanken zwar vom rationalen Standpunkt her völlig absurd sind, wie wir gleich zeigen werden, dass sie aber dennoch prophetisch waren; denn 125 Jahre später sind sie tatsächlich in die Praxis umgesetzt worden. Und auch heute müssen sie noch sehr ernstgenommen werden, weil die Gefahr eines Supernationalismus immer wieder irgendwo in der Welt akut wird. Fichtes Ideen sind so absurd und so kompliziert formuliert, dass einem beim Lesen schon schwindlig wird. Eines wird jedoch deutlich: die Deutschen sind das einzige Volk – auch unter den übrigen Germanen –, das eine tiefe Seele hat und dessen Sprache allen anderen weit überlegen ist, kurzum: Sie sind das neue „auserwählte Volk". Das klingt bei Fichte wie folgt:

"... dass der Deutsche eine bis zu ihrem ersten Ausströmen aus der Naturkraft lebendige Sprache redet, die übrigen germanischen Stämme eine nur auf der Oberfläche sich regende, in der Wurzel aber todte Sprache. [Diese von Fichte behauptete Tatsache hat zur Folge,] […] dass der Deutsche, indem er die römische Stammsprache lernt, die abgestammten [die romanischen Sprachen, Anm. H.G.M.] gewissermaßen zugleich mit erhält, und falls er etwa die erste gründlicher erlernen sollte denn der Ausländer, welches er aus dem angeführten Grunde gar wohl vermag, er zugleich auch dieses Ausländers eigene Sprache weit gründlicher verstehen und weit eigentümlicher besitzen lernt, denn jener selbst, der sie redet ..."[162]

Es wird also eine Auserkorenheit des deutschen Volkes behauptet, eine Überlegenheit über andere – auch germanische – Völker, so dass von hier aus der Weg zum berüchtigten Spruch „Am deutschen Wesen soll die Welt genesen" nicht weit ist.

Wirtschaftliche Motive für den Antijudaismus

Die für den Antijudaismus angeführten Argumente änderten sich im Laufe der fortschreitenden Aufklärung. Ausgehend von stark theologisch unterbauter Angst und vom Fremdenhass wird die theologische Argumentation zunehmend seltener gebraucht. Dafür werden jetzt biologische und nationale Argumente herangezogen, die beweisen sollen, dass eine Aufnahme der Juden als gleichwertige Bürger in die Gesellschaft unerwünscht ist.

In jeglichem Fremdenhass gegenüber einer Minderheit gibt es einen Umschlagpunkt. Anfangs, solange kaum eine Anpassung der Fremden an die dominante Gruppe der Gesellschaft stattgefunden hat, überwiegt die Xenophobie, die Angst vor dem Fremden, dem Abweichenden. Dieser hat andere Sitten, ein anderes Aussehen, einen anderen Glauben, einen anderen Geruch usw. Wenn aber durch Assimilierung viele oder beinahe alle Aspekte dieser Andersartigkeit verschwinden, schlägt die Stimmung in einem bestimmten Moment um.

Wurde der Fremde erst gefürchtet und gehasst, weil er so **anders** war, so wird er plötzlich gehasst und gefürchtet, weil er so **ähnlich** ist[163]: Dann nämlich, wenn diese Ähnlichkeit so stark ist, dass sich auch die Berufs-

und Gewerbestruktur der Fremden nicht länger radikal von der der Umgebung unterscheidet. In dieser Phase der Assimilation des Fremden ist der Moment gekommen, in dem der Fremde vor allem dadurch Furcht einflößt, dass er ein gefährlicher Konkurrent geworden ist oder zu werden droht. Dies wird dadurch verstärkt, dass Mitglieder von Gruppen, die in einer aufwärts gerichteten Bewegung sozialer Mobilität begriffen sind, im Allgemeinen mehr Arbeitsstunden einsetzen und mehr Interesse an der Arbeit aufbringen. Dadurch wird der soziale und berufliche Aufstieg umso sichtbarer und proportional bedrohlicher.

Diese Problematik wurde bezüglich der Position der Juden in Deutschland in den ersten Jahren nach der definitiven Niederlage Napoleons leider recht deutlich. Wenn auch nach 1815 viele Vergünstigungen für die Juden wieder rückgängig gemacht wurden, so waren deren berufliche Möglichkeiten in dieser Phase der ersten Reaktion doch wesentlich größer als vor der Revolution.[164] So behielt in jenen Teilen Preußens, die auch nach der schmachvollen Niederlage 1806/07 preußisch geblieben waren, das Edikt von 1812 seine Gültigkeit. Dieses hatte auch die Juden in die 1810/11 erlassene Gewerbefreiheit mit einbezogen. Damit hatten sie also Zugang zu allen Gewerben, die zuvor den Mitgliedern der Zünfte und Gilden vorbehalten gewesen waren. Das bedeutete trotz aller Beschränkungen und Schikanen einen großen Schritt – nicht nur für die Juden, sondern auch für die Gesellschaft im Allgemeinen: einen Anfang der Entwicklung von einer ständisch-feudalen Gesellschaft hin zu einer bürgerlich-kapitalistischen.

Die Juden reagierten positiv und aktiv auf diese neuen Möglichkeiten. So wurde z. B. schon 1813 unter Mitwirkung von Joseph Mendelssohn, dem ältesten Sohn von Moses Mendelssohn und Mitbegründer des Bankhauses Mendelssohn & Co., die *„Gesellschaft zur Beförderung der Industrie unter den Bewohnern der Königl. Preußischen Staaten jüdischer Religion"* gegründet. Die Einleitung zu den Statuten der Gesellschaft ist durchaus interessant. Dort heißt es:

„Jetzt, wo so ein gerechter, als menschenfreundlicher Landesfürst die Fesseln gelöst hat, welche der Ausbildung unserer Kräfte und Faehigkeiten unnatuerliche Schranken setzten; jetzt [...] ist es Zeit, uns dieser Wohltat wuerdig zu zeigen, und das herrschende Vorurtheil, als haetten wir eine ausschließende Neigung zum Handel, mit Gemeinsinn und Beharrlichkeit muthig zu besiegen. [...] Von der Wichtigkeit

[diese neuen Möglichkeiten treu und redlich zu erfüllen] *innig überzeugt, haben Endesunterzeichnete sich verbunden eine Anstalt zu errichten, deren Zweck dahin gehen soll, unvermögende junge Leute zu Handwerkern und zum Ackerbau anzuführen, sie bei geschickten Meistern, wo es erforderlich ist, vermittels Praemien, in die Lehre zu geben, und ueberhaupt den Geist der Industrie durch Unterstützung und Aufmunterung aller Art unter den juedischen Religions-Genossen im Preußischen Staate so viel als moeglich zu beleben, zu befoerdern und zu erhalten.*"[165]

Die Möglichkeiten, die den Juden auf diese Weise geboten wurden, am Aufbau einer bürgerlich-kapitalistischen Gesellschaft mitzuwirken, wurden also von Anfang an bewusst gefördert und genutzt – und das gewiss nicht nur in Preußen. Wie wir sehen werden, hatten die Juden in späteren Jahrzehnten einen immer größeren Anteil an dieser einschneidenden Veränderung. Um einen Eindruck davon zu vermitteln, wie schnell diese Veränderungen vor sich gingen, zunächst noch ein paar Zahlen über Bayern, die das, worüber wir hiernach berichten werden, die so genannten Hep-Hep-Verfolgungen, verdeutlichen sollen: In Bayern stieg der Prozentsatz der Juden, die ausgebildete Handwerker waren oder in der Landwirtschaft arbeiteten, von 7,7 % (1822) auf über 33 % (1842).[166] Die Zahl der Juden in diesen Erwerbszweigen nahm in diesen zwanzig Jahren also um mehr als das Vierfache zu. Ein derartig schnelles Wachstum konnte nicht unbemerkt vor sich gehen.

Die Hep-Hep-Verfolgungen des Jahres 1819

Wir haben oben gezeigt, dass der Antijudaismus vor allem eine Sache der vaterländischen romantischen Intellektuellen wie Hamann, Fichte und vieler anderer war. Gleichermaßen wurde er aber auch von den stark chauvinistisch angehauchten Studenten getragen, vor allem von jenen, die einer schlagenden Verbindung angehörten. Umso auffälliger ist es, dass – wie Jacob Katz in seiner Monografie über diese so genannten Hep-Hep-Krawalle[167] ausführt – nirgends Studenten aktiv an den Gewaltakten gegen Juden beteiligt waren, trotz ihrer durchaus antijüdischen Gefühle. Wie Katz weiter bemerkt,

„*... fehlte ihnen [zur Teilnahme] jeder unmittelbare Beweggrund, da sie von der wirtschaftlichen Konkurrenz unberührt waren. Antijüdische Gedankengänge wirkten bei den Studenten auf ihrer spezifischen Ebene, im Kampf um die Aufnahme von Juden in die Burschenschaften.*"[168]

Die Hep-Hep-Krawalle waren wohl die ersten Symptome des Übergangs zu der genannten neuen Art des Judenhasses. Von nun an sollte die Angst vor Konkurrenz in Gewerbe und Berufsleben eine immer wichtigere Motivation für antijüdische Gefühle sein.

Die Unruhen begannen am 2. August 1819 in Würzburg. Von dort breiteten sich die Angriffe auf andere Städte und Dörfer Bayerns aus, weiter nach Württemberg und Baden auf Frankfurt und auf rheinische Städte und im Norden bis nach Hamburg und Danzig. Man überfiel jüdische Läden und zerstörte sie; Juden wurden misshandelt. Dies alles war begleitet von dem Ausruf „Hep-Hep, Jud' verreck!" – ein Ausruf, dessen Ursprung und Bedeutung auch heute noch umstritten sind. Obwohl hier und da auch wieder alte theologische Beschuldigungen hervorgeholt wurden – wie zum Beispiel in Danzig die Beschuldigung, die Juden seien die Mörder Gottes – muss dies wohl mehr als Rückfall in alte Archetypen angesehen werden denn als wirklicher Grund für diese Ausschreitungen. Katz zitiert hier den preußischen Beamten, der mit der Untersuchung der Danziger Vorgänge beauftragt war:

„*... dass auch der sogenannte christliche Aufhetzer nicht verheimlichen konnte, was der wirkliche Beweggrund seines Schreiens war, nämlich Brotneid und die Angst, die Juden könnten sich der Erwerbsquellen ihrer Konkurrenten bemächtigen.*"[169]

Auch andere Gruppen als die Handwerker beobachteten das Eindringen der Juden in die sie umgebende Gesellschaft mit gemischten Gefühlen. Dieser rasch zunehmende Kontakt in Kombination mit dem oftmals etwas zu deutlich gezeigten Wohlstand störte auch manchen Adligen. Wie im Mittelalter konnten Kriege wie die gegen Napoleon und die Friedrichs des Großen nur deshalb so intensiv und ausdauernd geführt werden, weil man sich des Geldes und der Güter sicher war, die nur die Juden zuverlässig, schnell und in ausreichendem Maße beschaffen konnten. Dass dadurch zahlreiche jüdische Lieferanten in kurzer Zeit zu sehr wohlhabenden Leuten wurden, liegt in der Natur der Dinge.

Die negativen Gefühle, die hierdurch bei manchem Mitglied der bis dahin wie selbstverständlich herrschenden Klasse hervorgerufen wurden, treten deutlich in einem Brief des preußischen Generals von Gneisenau an den Marschall von Blücher vom Juli 1818 zutage. Er schreibt, wie bei Poliakov zitiert wird:

„Es ist die Krankheit, ja die Wut des Zeitalters, alles Alte umzuwerfen und eine neue Gesetzgebung einzuführen. Dadurch und durch die Zeitläufe wird der Adel zu Grunde gerichtet, und an seine Stelle werden Juden und Lieferanten treten und künftighin unsere Pairs [ein französischer Adelstitel, Anm. H.G.M.] des Reiches werden. Dieser Judenunfug empört mein Innerstes, so wie die Schlechtigkeit des Zeitalters, wo man nur denjenigen achtet, der Aufwand machen und große Mahlzeiten geben kann, die man von ihm annimmt, sei er auch übrigens noch so verworfen ..."[170]

Interessant ist hierzu Poliakovs Kommentar:

„Nichts ist kennzeichnender als die von dem alten Soldaten vorgenommene Unterscheidung zwischen namentlich bezeichneten ‚Juden' und den namenlosen christlichen ‚Lieferanten', die beide miteinander den jüdischen Skandal der beginnenden industriellen Revolution bewirkten."[171]

Mir ist noch eine andere Sache aufgefallen, nämlich die Vermischung von Neid und Scham: Neid auf den Aufwand, den mancher Jude sich leisten kann, und Scham darüber, dass man ihre Einladung zu einem festlichen und üppigen Mahl annimmt, – ein teuflisches Gemisch von Gefühlen, das leicht gefährlich werden konnte und es letztlich auch wurde. Die Aufregung und die Angst um das Eindringen von Juden in die Gesellschaft wurde nicht nur von vielen Handwerkern und Adligen empfunden, sondern auch von Universitätsprofessoren mit großem Argwohn beobachtet.

Neue Angriffe auf das Judentum von intellektueller Seite

Die Aufklärung hatte versucht, die Religion in Übereinstimmung mit der modernen Philosophie zu bringen. Moses Mendelssohn ist hierfür ein gutes Beispiel. Inzwischen war, wie wir gesehen haben, die Gegenbewegung in Schwung gekommen, eine Bewegung, die romantisch und eher antirationalistisch ausgerichtet war und die sich vor allem auf historische Betrachtungen berief, also auf Geschichte und Geschichten, das Letzte auch im wörtlichen Sinn. Die Geschichte eines Volkes, seine Sprache und seine Geschichten waren schon für Herder einige der wichtigsten Elemente, die einen Volkscharakter bestimmen. Im Gegensatz dazu stand, dass traditionell – und bei den meisten Juden auch noch bis Anfang der 20er Jahre des 19. Jahrhunderts – das Judentum als direkt von Gott selbst gegeben und seit dem Ursprung und durch diesen Ursprung als unveränderlich galt. Als solche hatte also die Lehre des Judentums keine Geschichte. Träfe das zu, dann hätte, im Herderschen Sinn, das Judentum wohl auch kaum Charakter. Obendrein wären dann jegliche Änderungen in der Lehre auch unerhörte Neuerungen und deshalb wohl kaum zu akzeptieren. Wenn man jedoch hätte beweisen können, dass es Veränderungen und Neuerungen im Judentum schon immer gegeben hatte, hätte die Autorität der Rabbiner und damit ihr starrsinniges Festhalten am Althergebrachten untergraben werden können.

Zum Althergebrachten gehörte natürlich auch der Mythos von den Juden als dem von Gott auserwählten Volk, einem Volk, das sich als eine Nation verstand und sich nach der Rückkehr nach Jerusalem sehnte. Das passte selbstverständlich schlecht in eine Umgebung, in der deutscher Nationalismus und deutsche Volkstümelei immer weiter aufblühten und wo nichts weniger erwünscht war als eine Nation in der Nation, vor allem wenn es eine so fremde, in ihren Riten und Gebräuchen oft orientalisch anmutende wie die jüdische war.

Die Zahl der Schriften gegen und für die Juden im Zeitraum von 1815 bis 1850 wird dann auch von Jersch Wenzel[172] auf etwa 2500 geschätzt. In unserem Zusammenhang sind natürlich in erster Linie die antijüdischen Schriften von Bedeutung, die nicht von frustrierten kleinen Schreiberlingen, sondern von angesehenen Universitätsprofessoren verfasst wurden. Allen voran steht wohl der extrem nationalistische, aber eben auch sehr gelehrte Professor der Philosophie wie auch der Physik, Jacob Friedrich

Fries, ein Schüler Fichtes. Er hatte Lehrstühle an verschiedenen Universitäten, so in Jena und Heidelberg inne und wurde unter anderem dadurch berühmt und berüchtigt, dass er als einziger Professor im Jahre 1817 auf dem ebenfalls berüchtigten Wartburgfest eine Rede hielt. Es handelt sich bei diesem Fest um ein von extrem vaterländischen schlagenden Studentenverbindungen organisiertes Ereignis, bei dem man sowohl den Sieg über Napoleon feierte als auch des Beginns der Reformation im Jahre 1517 gedachte. Bei dieser Gelegenheit wurden aber auch Bücher verbrannt, die den Studenten zu liberal waren.

Im Jahre 1816 veröffentlichte Fries eine grobe antijüdische Schrift unter dem Titel *Ueber die Gefährdung des Wohlstandes und Charakters der Deutschen durch die Juden*. In dieser Schrift bestätigte er einerseits eine Analyse des wohl weniger bekannten aber gleichfalls antijüdischen Professors der Geschichte in Berlin Christian Friedrich Ruehs, der sich den Ansichten des großen Aufklärers Christian Konrad Wilhelm Dohm widersetzte. Letzterer hatte, wie wir schon sahen, behauptet, dass eventuell vorhandene schlechte Eigenschaften der Juden von den Beschränkungen hervorgerufen worden sind, denen sie unterworfen waren. Hier war Fries völlig anderer Meinung. Er behauptete, dass die Juden sich aus Trotz anständiger und ehrenvoller Beschäftigung entzögen. Er bemerkte auch, dass die Juden viel zu große Nähe zu den Fürsten hielten, was soweit es Hofjuden betraf, einen wahren Kern enthält. Weiter behauptete er, dass der größte Hass gegen sie jedoch von den einfachen Leuten herrühre, die sich von ihnen ausgebeutet fühlten. Er sah nur zwei Lösungen für diese Probleme: entweder die totale und vollständige Assimilierung der Juden inklusive deren Übertritt zum Christentum, oder, als Alternative, die vollständige Vertreibung der Juden aus Deutschland. Die vollständige Assimilierung, das heißt das Aufgeben jeglicher Verbindung zum Judentum, wurde schließlich durch das in der zweiten Hälfte des 19. Jahrhunderts entstehende Rassendenken und durch das spätere Aufgreifen dieses Denkens durch die Nationalsozialisten weitgehend unmöglich. Die zweite „Lösung", die vollständige Emigration, scheiterte an der Weigerung praktisch aller Länder der Welt, mehr als nur eine Handvoll Juden aufzunehmen.

Eine weitere Tatsache, die Fries den Juden vorwarf, betraf die oben bereits erwähnte Bereicherung an den Napoleonischen Kriegen und an denen Friedrichs des Großen. Hier zeigen sich aufs Neue die immer stärker werdenden ökonomischen Motive für den Antijudaismus.

Nach den für die Juden hoffnungsvollen Jahren nach der Französischen Revolution bedeuteten all diese Rückfälle in alte Vorurteile – sei es oftmals auch in neuer Verpackung – für viele eine große Enttäuschung. Die kritischen Signale von handgreiflicher wie auch von eher intellektueller Seite riefen nunmehr öffentliche Reaktionen aus dem jüdischem Lager hervor.

Reaktionen von jüdischer Seite auf Angriffe der Antisemiten

Wissenschaft des Judentums

Jene Juden, die inzwischen durch ein abgeschlossenes Universitätsstudium genügend Selbstbewusstsein und Selbstvertrauen erworben hatten, wollten sich diesen Angriffen zur Wehr setzen. Michael A. Meyer schreibt dazu: Die jungen Männer, die 1819 in Berlin den *Verein für Cultur und Wissenschaft der Juden* bildeten, wandten sich

„... dem Studium der jüdischen Vergangenheit zu in der persönlichen Absicht, eine Quintessenz des Judentums ausfindig zu machen mit der sie sich identifizieren konnten. [...] Den Glauben an das für sich bestehende Judentum, das ihnen vermittelt worden war, hatten sie verloren; nun suchten sie geradezu verzweifelt nach einer jüdischen Identität, die es wert wäre, gegen die fortdauernde Feindseligkeit von außen bewahrt zu werden."[173]

Das wichtigste und repräsentativ hervortretende Mitglied dieser Gruppe war Leopold Zunz. In den Zeilen, die er 1819 schrieb, finden wir meines Erachtens den Einfluss Herderscher Ideen:

„Die heutigen Juden theoretisch oder auch juristisch, theologisch, ökonomisch kennen, heißt, sie einseitig kennen; in den Geist können nur gegebene Ideen einführen und die Kenntnis der Sitten und des Willens. [...] Um also das alte Brauchbare, das veraltete Schädliche, das neue Wünschenswerte zu kennen und zu sondern, müssen wir besonnen zu dem Studium des Volkes und seiner Geschichte schreiten, der politischen wie der moralischen."[174]

Im Jahre 1822 wurde Zunz zum Herausgeber des ersten modernen, wissenschaftlichen jüdischen Periodikums, der *„Zeitschrift für die Wissenschaft des Judentums"*. Obwohl diese Zeitschrift nur in drei Ausgaben erschien, darf man die Bedeutung von Zunz für die Modernisierung des Judentums zu Beginn des 19. Jahrhunderts nicht unterschätzen. Vor allem sein Buch *„Die gottesdienstlichen Vorträge der Juden, historisch entwickelt"*, das 1832 erschien, gilt noch immer als eine Pionierarbeit der von ihm mitbegründeten Wissenschaft des Judentums. Was ihn weiter bewegte, ist auch der Vorrede zu diesem Buch zu entnehmen:

„Es ist endlich Zeit, dass den Juden in Europa, insonderheit in Deutschland, Recht und Freiheit statt der Rechte und der Freiheiten gewährt werde. [...] Mit der bürgerlichen Hintansetzung der Juden steht die Vernachlässigung Jüdischer Wissenschaft im Zusammenhange. Durch größere geistige Kultur und gründlichere Kenntnis ihrer eigenen Angelegenheiten, würden nicht allein die juden [sic!] eine höhere Stufe der Anerkennung, als des Rechts errungen haben: auch so manche Missgriffe der Gesetzgebung, so manches Vorurtheil gegen jüdisches Alterthum, so manche Verurtheilung neuer Bestrebungen ist eine unmittelbare Folge des verlassenen Zustandes in welchem seit etwa 70 Jahren, namentlich in Deutschland, sich jüdische Literatur und Wissenschaft des Judenthums sich befinden. [...] Gesetzgeber und Gelehrte – von dem Pöbel unter den Autoren schweige ich – mussten den Autoritäten des 17. Säculums: Eisenmenger[175], Schudt, Buxtorf u.a. bettelhaft nachtreten ..."[176]

Im Hinblick auf einen großen, wenn auch antijüdischen Gelehrten wie Eisenmenger ist das hier folgende Zitat aus Zunz' Hauptwerk von Bedeutung.[177] Es zeigt nämlich, wo der schwache Punkt in Eisenmengers Angriff liegt, oder vielleicht sollten wir heute sagen, damals lag. Diese gesonderte Bemerkung über den Unterschied zwischen früher und heute werden wir unten erläutern.

Zunz berichtet, dass ab dem ersten Drittel des dritten Jahrhunderts der Gebrauch von Übersetzungen der heiligen Schriften in der damaligen Volkssprache, dem Aramäischen, empfohlen wurde, weil zu wenige Juden noch genügend Kenntnisse des Althebräischen hatten. Er schreibt dann weiter:

> *„… nicht bloß die Sprache der heiligen Bücher, auch ihr Inhalt erheischte Erläuterung. Mehr als jedes andere Werk des Alterthums fordert ein heiliges Gesetzbuch, dessen Missverstand zeitliches und ewiges Verderben bringt, die Hülfe der Auslegung, zumal wenn, wie dies bei dem Pentateuch der Fall war, neue Verhältnisse des Staats- und Privatlebens Rechte und Begriffe modificieren. Nicht bloß, dass bei dem Verlust der Selbständigkeit vieles unausführbar wurde, sondern es ist ohne Zweifel manches niemals dem Buchstaben nach zur Ausführung gekommen; z. B. dass der König stets die Gesetzrolle bei sich haben müsse, dass eine abtrünnige Stadt gänzlich zerstört, ein ungehorsamer Sohn gesteinigt werde; dahin gehören auch die Flucht vor dem Bluträcher, die körperliche Bestrafung der beigebrachten Verletzungen [...] usw."*[178]

Diesen Text halte ich aus sehr unterschiedlichen und sogar gegensätzlichen Gründen für wichtig. Zum einen offenbart er die Schwachstelle von Eisenmengers antijüdischem Angriff, auch wenn die von ihm gebrauchten Texte durchaus Wahrheiten enthalten. Die mildernden Interpretationen, auf die Zunz mit den dazu gehörigen Talmudtexten hinweist, sind von Eisenmenger allerdings unterschlagen worden, weshalb seine Kritik schwerlich als ein völlig wahres Bild bezeichnet werden kann. Dies gilt vor allem für den Zeitraum nach dem ersten Drittel des 19. Jahrhunderts. In den folgenden Jahrzehnten wurden nämlich vor allem durch die Reformrabbiner mit wachsendem Nachdruck die universalistischen, ethischen Prinzipien des Judentums ins Zentrum der jüdischen Lehre gestellt und als das Wesen des Judentums angesehen. Das heißt auch, dass immer expliziter von xenophoben und barbarischen Texten Abstand genommen wurde. Das ist aber nur die eine Seite. Die andere ist weniger erfreulich, denn sie zeigt, dass – solange derartige Texte nicht radikal eliminiert werden, was bei heiligen Texten allerdings per definitionem sehr schwierig, wenn nicht gar unmöglich ist – diese auch von anderer Seite missbraucht werden können. Hier muss man an die heutzutage so in den Vordergrund tretenden fundamentalistischen und radikalen israelischen Siedler denken, die sich im besetzten palästinensischen Gebiet ganze Städte bauen lassen, um von dort aus die Palästinenser zu tyrannisieren, ihre Olivenhaine zu vernichten, sie zu demütigen und zu ermorden. Wenn sie daraufhin von vernünftigen jüdischen Israelis, die es zum Glück auch gibt, angesprochen werden, verteidigen sie sich mit Texten, die denen, die Eisenmenger so beanstandet hatte, sehr ähnlich sind. In dieser Hinsicht schöpfen also offenkundige Antisemiten wie fundamentalistische radikale Zionisten aus derselben Quelle.

Beginn der eigentlichen religiösen Reform des Judentums

Wie wir oben gesehen haben, bestanden trotz der nach Napoleon einsetzenden Reaktion viele der von ihm eingeführten Freiheiten fort, so dass die Juden in vielen Teilen Deutschlands das Gefühl hatten, dicht an der Schwelle eines wirklichen Dazugehörens zu stehen. Wenn auch viele Berufswege, namentlich der der Beamten, noch kaum für sie offen standen, war durch die Gewerbefreiheit und die Möglichkeiten, an den Universitäten deutsche (europäische) Bildung zu erwerben, nun ein völlig anderes Leben möglich als noch am Ende des 18. Jahrhunderts. Aus dieser Zeit, 1793, stammt ein Werk Immanuel Kants mit dem Titel *Die Religion innerhalb der Grenzen der bloßen Vernunft*, in dem er sich sehr kritisch über das Judentum äußert. Er geht so weit, dem Judentum den Status einer Religion abzusprechen und ihm vorzuwerfen, dass das, was im Judentum gute Taten genannt wird, nur Äußerlichkeiten sind, hinter denen jedoch keine entsprechende innere Haltung steht, und dass das Judentum deshalb keine Ethik enthält. Er schreibt:

„Der jüdische Glaube ist, seiner ursprünglichen Einrichtung nach, ein Inbegriff bloß statutarischer Gesetze, auf welchen eine Staatsverfassung gegründet war; denn welche moralische Zusätze entweder damals schon, oder auch in der Folge ihm angehängt worden sind, die sind schlechterdings nicht zum Judentum, als einem solchen gehörig. Das letztere ist eigentlich gar keine Religion."[179]

Er erläutert weiter, dass alle Gebote im Judentum

„... bloß äußere [Hervorhebung im Original] *Handlungen betreffen und obzwar die zehn Gebote auch, ohne dass sie öffentlich gegeben sein möchten, schon als ethische vor der Vernunft gelten, so sind sie in jener Gesetzgebung gar nicht mit der Forderung an die moralische Gesinnung in Befolgung derselben (worin nachher das Christentum das Hauptwerk setzte), gegeben, sondern schlechterdings nur auf die äußere Beobachtung gerichtet worden ..."*[180]

Dem wird dann zugefügt, dass

"... alle Folgen aus der Erfüllung oder Übertretung dieser Gebote, alle Belohnung oder Bestrafung nur auf solche eingeschränkt werden, welche in dieser Welt jedermann zugeteilt werden können, [...] Da nun ohne Glauben an ein künftiges Leben gar keine Religion gedacht werden kann, so enthält das Judentum als ein solches in seiner Reinigkeit genommen gar keinen Religionsglauben. [...] Es ist also gewiss absichtlich geschehen, dass der Gesetzgeber dieses Volkes, ob er gleich als Gott selbst vorgestellt wird, doch nicht die mindeste Rücksicht auf das künftige Leben habe nehmen wollen, welches anzeigt: dass er nur ein politisches, nicht ein ethisches gemeines Wesen habe gründen wollen."[181]

Es müssen unter anderem diese Texte des epochemachenden Philosophen gewesen sein, die im Jahre 1842 die erste Gruppe von gebildeten Juden in Frankfurt zusammenbrachte, die sich *Der Verein der Reformfreunde* nannte. Wie W. Gunther Plaut[182] meint, entwickelte man gerade in Frankfurt radikale Reformideen, weil dort durch die Existenz der modernen jüdischen Schule „*Das Philantropin*", eine relativ große Anhäufung von Juden mit westlicher Bildung, bestand. Eine ähnliche Anhäufung gab es natürlich in Berlin, wo entsprechende Initiativen drei Jahre später folgten. Die Prinzipienerklärung der Frankfurter Gruppe liest sich zum Teil wie eine Antwort auf Kants oben zitierte Kritik:

„In unseren Tagen ist die Kluft zwischen der inneren Wahrheit des Judentums und seiner äußeren Form besonders akut geworden. Viele derjenigen Juden, die die intellektuelle Kultur unserer Zeit in sich aufgenommen haben, sind davon überzeugt, dass die meisten praktischen Vorschriften auf einer von Menschen gemachten und durch die damalige Zeit bedingten Basis beruhen. Sie behaupten zu Recht, dass diese äußere Form zum größten Teil ohne Bedeutung ist – ja, sogar einer reinen Religion unwürdig und sie finden den inneren Gehalt der göttlichen Wahrheit [...] in den Schätzen der Weisheit, die schon, ganz alleine, so viele große Geister aller Nationen von ihrer Wahrheit überzeugt haben."[183]

In der letzten Version ihrer Prinzipienerklärung kulminierte die Position dieser wohl sehr radikalen Gruppe, die auch nur drei Jahre bestand, in drei grundlegenden Aussagen. Die Erste davon muss eigentlich als völlig inhaltslos betrachtet werden – man kann sie darum auch einfach als dumm bezeichnen –, weil sie die möglichen Veränderungen des Judentums als unbegrenzt ansieht. Sie lautet:

„1. Wir sind davon überzeugt, dass im Mosaismus die Möglichkeiten enthalten sind für unbegrenzten Fortschritt."

Die zwei anderen dagegen sind sinnvoll und bezeichnend dafür, in welche Richtung sich der radikale Flügel der Reform auch an anderen Orten bewegen würde. Sie lauten:

„2. Die Sammlung von unterschiedlichen Meinungen, Ausführungen und Vorschriften, die man den Talmud nennt, haben für uns keinerlei bindende Kraft, weder in dogmatischer wie auch praktischer Hinsicht.

3. Ein Messias, der die Juden in das Land Palästina zurückführen wird, wird von uns weder erwartet noch erwünscht. Wir kennen kein anderes Vaterland als das, dem wir zugehören, durch Geburt oder Bürgerrecht."[184]

Interessant ist in diesem Zusammenhang, dass in Frankfurt 1843 ein Reformrabbiner berufen wurde, Leopold Stein, der zwar viel konservativer als die Reformfreunde war, aber doch auch modern. Er ging so weit, dass er das berüchtigte tägliche Gebet, in dem ein Mann Gott dafür dankt, dass er nicht als Frau geboren wurde, aus dem Gebetbuch streichen ließ.[185]

Wenn auch dieser Frankfurter Gruppe kein langes Leben beschieden war, so fand sie doch ein großes Echo in einer ähnlichen Berliner Gruppe.[186] Aus dieser sollte die bis zu ihrem erzwungenen Ende unter Hitler blühende jüdische Reformgemeinde entstehen. Im April 1845 schickten dreißig gebildete und moderne Juden einen Aufruf in die jüdische Welt, am Aufbau einer neuen Form des Judentums mitzuwirken. Es ist gewiss bedeutungsvoll, dass von diesen dreißig Unterzeichnern des Aufrufs mehr als ein Drittel den Doktortitel führten. Der Aufruf trug den Titel *„An* *unsere deutschen Glaubensbrüder"*. Er enthielt unter anderem die folgenden Zeilen:

"Seitdem der politische Druck im deutschen Vaterland von unseren Schultern genommen, [...] seitdem wir in Bildung und Sitte ganz in das Leben der Gegenwart eingetreten, hat die religiöse Befriedigung mehr und mehr aufgehört. [...] Unsere Religion hielt unveränderlich fest an den Formen und Vorschriften, in denen sie uns seit Jahrhunderten vererbt worden; unsere Überzeugung und unsere Empfindungen aber, unsere innere [Hervorhebung im Original] *Religion, der Glaube unseres Herzens ist nicht mehr in Einklang mit dieser Gestaltung.*"[187]

Das wirkt tatsächlich wie ein Echo des Frankfurter Textes und ebenso wie eine direkte Antwort auf den Kantschen Vorwurf. Der Text des Aufrufs enthält unter anderem noch die folgenden Zeilen:

"... inzwischen hat sich die überwiegende Mehrheit der Gebildeten tatsächlich losgesagt von dem größten Teil unserer religiösen Vorschriften, [...] Das alte rabbinische Judentum mit seiner festen Basis hat keine Basis mehr in uns. [...] Wir wollen uns der Zustimmung unserer deutschen Glaubensgenossen versichern und mit diesen gemeinsam eine Synode berufen, um diejenige Gestaltung des Judentums festzustellen, die dem Leben unserer Zeit und der Empfindung unseres Herzens entspricht."[188]

Alle diese Gedanken wurden konsolidiert durch die Berufung Dr. Samuel Holdheims zum Rabbiner der Berliner Reformgemeinde im Jahre 1847. Obwohl er einen orthodoxen Hintergrund hatte, entwickelte er sich zunehmend zum Vorkämpfer einer radikalen Reform des Judentums.[189] So sprach er dem Talmud jegliche Gültigkeit für die heutige Zeit ab. Allein die Bibel selbst sei auch für die aktuelle Zeit noch von Wert, jedoch auch dies nur unter einem wichtigen Vorbehalt: Seiner Meinung nach hatte Gott durch das Verlorengehen des eigenen jüdischen Reiches gezeigt, dass damit die zivilen und rituellen Gesetze ihre Gültigkeit verlieren sollten. Nur die religiösen und die ethischen Gesetze seien in der heutigen Zeit noch gültig. Ein wichtiges Gebiet, auf dem diese Auffassung weitreichende Folgen hatte, war das von Ehe und Scheidung. Traditionell hatte die Frau im Judentum eine untergeordnete Rolle. Holdheim löste dieses Problem, indem er die juristischen Fragen von Ehe und Scheidung gänzlich dem Staat überlassen wollte. Für ihn waren in seiner Zeit juristische Fragen nichts, was mit Religion zu tun hatte: Sie waren für ihn Sache des Staates. Wie schon von Kant beanstandet, war auch für Holdheim die eigentliche Religion nicht eine Sache von rituellen Taten, sondern von Glaube, Gefühl und moralischen Verpflichtungen. Er betonte immer wieder, dass es auf Innerlichkeit und nicht auf externe Rituale ankomme. All diese Feststellungen sind meiner Meinung nach im Hinblick auf die heutige Stellung der Muslime in unserer Gesellschaft von aktuellem Wert. Holdheim war gewiss ein mutiger und klarer Denker.

In diesem Zusammenhang ist es interessant, dass in Deutschland sogar eine recht gründlich erneuerte Form des orthodoxen Judentums entstand, die sogenannte Neo-Orthodoxie von Rabbiner Samson Raphael Hirsch. Er kann als das Beispiel eines orthodoxen Juden, der dem Ideal von Moses Mendelssohn am nächsten kam, charakterisiert werden.[190] Hirsch erkannte dem Pentateuch und den Psalmen höhere Bedeutung zu als dem Talmud. Er schaffte sogar wichtige Gebete ab, die wegen ihrer Formulierungen zu falschen und für die Juden negativen Interpretationen durch die Umgebung Anlass geben könnten. Auch er akzentuierte den ethischen, universalistischen Inhalt des Judentums und betrachtete die Messiaserwartung und damit die Rückkehr nach Zion als eine Sache, die allein in Gottes Hand lag und die keinesfalls durch menschliches Eingreifen herbeigeführt werden durfte. In seinem Denken war man Bürger des Landes, in dem man wohnte, und das ohne die geringste Ambivalenz.

Politisch-publizistische Bemühungen

Unter den Publizisten, die sich schon vor der Revolution im Jahr 1848 für die vollständige gesetzliche Emanzipation der Juden einsetzten, war Gabriel Riesser (1806–1863) wohl der weitaus prominenteste. Wir werden ihm noch als Abgeordnetem und brillantem Redner im Frankfurter alldeutschen Volksparlament begegnen, in dem er es zeitweise sogar zum zweiten Vizepräsidenten brachte.[191] Für Riesser, dessen Großvater noch ein streng orthodoxer Rabbiner war, galt das „Jude-Sein" als reine Religionszugehörigkeit und absolut nicht als etwas, das mit Nationalität zu tun hatte. Er wollte im wörtlichen Sinn nichts anders werden als deutscher Staatsbürger jüdischen Glaubens. Hierbei setzte er sich nach Kräften vor allem dafür ein, für die Juden in Deutschland die vollwertige Staatsbürgerschaft mit allen Rechten und Pflichten zu erringen. Die Art und Weise, wie er selbst in den Tagen des Vormärz behandelt worden war, verdeutlicht, welche Erlebnisse ihn dazu antrieben.

Er hatte 1826 an der Universität von Heidelberg den Grad eines Dr. jur. erlangt und dafür sogar das höchste Prädikat verliehen bekommen – summa cum laude. Das also war schon möglich. Eine Stelle als Privatdozent wurde ihm aber trotzdem verwehrt. Auch konnte er einige Jahre später keine Zulassung als Anwalt in Hamburg erhalten, wenn er sich nicht taufen ließ.[192] Er empfand dies, wie sehr viele deutsche Juden vor und nach ihm, als würdelos und demütigend und beschloss, sein nicht geringes Talent als Publizist, Redner und Jurist für die Vorantreibung der Emanzipation der Juden einzusetzen. Riesser betonte,

„,... dass die Juden sich nicht länger als Nation empfänden, dass ihre einzige Heimat Deutschland sei.' Ganz und gar neuartig war, dass Riesser als Deutscher zu Deutschen sprach, unter Berufung auf Werte, die die Juden zu den ihren gemacht hatten."[193]

Er drückte aus, was ihn antrieb, für die Emanzipation zu kämpfen, aber das nur unter Erhaltung seiner Selbstachtung und Würde. Er schreibt:

„Wir wollen dem Deutschen Vaterland angehören [...] willig werden wir ihm Alles opfern – nur Glauben und Treue, Wahrheit und Ehre nicht; denn Deutschlands Helden und Deutschlands Weise haben uns nicht gelehrt, dass man durch solche Opfer ein Deutscher wird."[194]

Auf eine andere Art bemühte sich der in ganz Deutschland berühmt und populär gewordene Autor Berthold Auerbach (1812–1888) um die Emanzipation der Juden. Was das Wesen des Judentums betrifft, so waren seine Ideen denen Riessers sehr ähnlich, wenn nicht gar gleich. Wie dieser war Auerbach der Meinung, dass „Jude-Sein" ausschließlich eine Religionszugehörigkeit und bestimmt keine nationale Identität bedeutete. Auch er war ein glühender deutscher Patriot. Seinen großen Ruhm als Erfolgsautor verdankt er seinen Schwarzwälder Dorfgeschichten, die seit 1843 erschienen.

Der radikale Weg des Übertritts zum Christentum

Neben den oben beschriebenen Bestrebungen, vollwertiger Staatsbürger zu werden und dabei gleichzeitig die eigene jüdische Identität zu bewahren, gab es auch einen viel radikaleren Weg, die Staatsbürgerschaft zu erlangen: die Taufe. Im Text über Riesser haben wir lesen können, warum dieser Weg zur Staatsbürgerschaft nicht sehr beliebt war. Die Argumente dagegen sind verbunden mit Selbstachtung und Würde. Es handelte sich also um einen hohen Preis, selbst wenn man in Betracht zieht, dass das, was man dafür erhielt, ebenfalls sehr wertvoll sein konnte. Wenn man begabt und ehrgeizig war, wurde einem die Chance geboten, diese Begabungen vollständig in einer oft glänzenden Karriere zu entfalten. Im gesamten 19. Jahrhundert machten etwa 30.000 Juden von der Möglichkeit der Taufe Gebrauch – eine Zahl, die noch an Bedeutung gewinnt, wenn man bedenkt, dass im Jahre 1875 etwa 530.000 Juden in Deutschland lebten. Es waren also weniger als etwa sechs Prozent der jüdischen Bevölkerung, die diesen Weg wählten.[195] Betrachtet man die Zahlen für Berlin, so fällt auf, dass die höchste Zahl der Übertritte zum Christentum zwischen 1819 und 1846 vorliegt.[196]

Wenn wir uns nun willkürlich einige Personen herausgreifen, die sich taufen ließen und danach wichtige Karrieren durchlaufen haben, dann fallen die Taufdaten in die genannte Periode. Wir nennen zunächst die Namen und die Daten der Taufen und befassen uns dann kurz mit den einzelnen Personen. Auf diese Weise will ich illustrieren, wie unterschiedlich man mit einem einschneidenden Ereignis wie einer Taufe umgehen kann – für einige nach einem bewusst gelebten Leben als Jude.

- Eduard Gans, getauft 1825, Jurist und Politiker;
- Friedrich Julius Stahl (Julius Jolson), getauft 1819, Professor der Rechte und konservativer Politiker;
- Eduard von Simson, getauft 1823, Jurist und Politiker;
- Heinrich Heine, getauft 1825, Dichter, literarischer und politischer Publizist.

Jede dieser Personen ist so interessant, dass sie eine ganze Biografie verdient. Wir müssen uns jedoch mit kurzen Andeutungen begnügen.

Eduard Gans stammte aus einer Familie von Hofjuden. Er gehörte zu jener kleinen Gruppe, die im Jahre 1819 den *Verein für Cultur und Wissenschaft der Juden* gründete. Trotz dieses zunächst sehr positiven Engagements für das moderne Judentum trat er 1825 zum Christentum über – wohl nicht aus Überzeugung, sondern um der Karriere willen. Laut eines königlichen Beschlusses von 1822 waren Juden explizit von der Möglichkeit ausgeschlossen, eine Anstellung als Dozent an einer preußischen Universität zu erhalten. Gans soll gesagt haben: „*Der Staat verlangt ja nur ein Lippenbekenntnis von mir.*"[197] Er wurde Professor der Rechtsphilosophie und später Dekan der juristischen Fakultät. Sein unvollendetes Hauptwerk trägt den Titel *Das Erbrecht in weltgeschichtlicher Entwicklung*.

Friedrich Julius Stahl, obwohl vom Fach her Gans sehr ähnlich – er sollte später an der Universität dessen Nachfolger werden –, war aus völlig anderem Holz geschnitzt. Als Sohn eines Viehhändlers kam er aus einem streng orthodoxen jüdischen Elternhaus in Bayern. Schon als 17-Jähriger konvertierte er zum Protestantismus und wurde neben seiner akademischen Laufbahn in den 1850er Jahren zu einem der einflussreichen Politiker Preußens. Bemerkenswert ist dabei, dass er ausgerechnet Führer der Konservativen im Herrenhaus zu Berlin (der ersten Kammer des preußischen Landtages) wurde. Als solcher entwickelte er sich zum Theoretiker des orthodoxen Protestantismus und verfocht eine Staatslehre auf christlicher Grundlage, also ein Königtum von Gottes Gnaden.[198] In dem christlichen Staat nach dem Schnitte Stahls hatten Juden in der Verwaltung keinen Platz, zumindest solange sie nicht getauft waren. Golo Mann beurteilt den preußischen Oberkirchenrat Stahl nicht sehr positiv. Er schreibt über ihn:

"Stahl fand in den meisten Haltungen etwas Wahres, Halbwahrheiten, die er zu einer höheren Gesamtwahrheit zusammenzufassen suchte. Dies schien ihm verwirklicht in der preußischen Monarchie. Sie war nicht absolut, das war gut; auch nicht parlamentarisch, das war auch gut. [...] Sie war beschränkt durch Tradition, Sitte, christlichen Glauben. [...] [Stahl schrieb selbst:] *‚Es ist unsere politische und unsere religiöse Stellung nicht von einander zu trennen; man kann nicht konservativ im Staat und destruktiv in der Kirche sein – nicht zugleich für die Ordnung, die von Gott ist, und gegen den Glauben, der von Gott ist. [...] [Es] gibt nur zwei Pole der Parteistellung – der eine: für Thron und Altar ungetrennt – der andere: für die Revolution.'"*[199]

Dem heutigen Leser dieser Worte fällt ohne weiteres auf, wie ähnlich dieses polare Denken – „entweder für oder gegen" – dem ist, was man heutzutage aus den Vereinigten Staaten hört. Das wird zu Recht als **neokonservativ** bezeichnet. Bemerkenswert ist natürlich, dass ein ehemaliger Jude, der als 17-Jähriger den Übergang zum Christentum wohl bewusst vollzogen hat, so konservativ, so orthodox und betont protestantisch geworden ist. Ich bin geneigt, in dieser Haltung das Phänomen zu erkennen, das man in der Psychologie mit Überkompensation bezeichnet.

Eine glänzende Karriere in der Politik und in der Rechtswissenschaft erlebte auch *Martin Eduard von Simson*. Er stammte aus der Familie eines jüdischen Kaufmanns und Wechselmaklers in Königsberg und wurde bereits als 13-Jähriger evangelisch getauft. Er studierte Jura in Königsberg, Berlin, Bonn und Paris und wurde 1836, im Alter von 26 Jahren, Professor für Römisches Recht in Königsberg, wo er gleichzeitig auch als Richter tätig war. Als Politiker mit liberalen Ideen wurde er Abgeordneter des alldeutschen Volksparlaments in Frankfurt, und im Dezember 1848 dessen Präsident. Von der Vielzahl der ehrenvollen Positionen, die er im Laufe seines Lebens innehatte, wollen wir hier nur die wichtigsten nennen: Von 1871 bis 1874 war er Reichstagspräsident, von 1879 bis 1891 Präsident des Obersten Reichsgerichts in Leipzig, 1888 wurde er in den Adelsstand erhoben.

Wir haben hier kurz die erfolgreichen Karrieren dreier Juristen skizziert, von denen zwei auch in der Politik sehr erfolgreich waren; drei intelligente und ehrgeizige Männer, die sich haben taufen lassen und denen es dadurch möglich war, schon vor der zweiten Emanzipation in Positionen mit besten Aussichten auf beruflichen Erfolg aufzusteigen. Ich bin geneigt, ihren Erfolg in beiden Sparten, der juristischen wie auch der politischen, mit ihrem aus dem Judentum erhaltenen soziokulturellen Erbe in Verbindung zu bringen. Alle drei zeigen eine eigene Art, mit der durchaus nicht einfachen Transformation vom Juden zum Christen umzugehen. Friedrich Julius Stahl ging in seiner Überkompensation sehr weit – so weit, dass er nichtgetauften Juden den Zugang zur bürgerlichen Gesellschaft missgönnte. Die äußerst erfolgreiche Karriere Simsons, der die Position des gewählten Präsidenten vieler wichtiger Gremien innehatte, zeigt wohl, dass er sich als schon in jungen Jahren getaufter Jude wohlfühlte. Ohne die Ausstrahlung deutlicher innerer Harmonie wird man wohl kaum so oft von einer Gruppe wichtiger Personen zum Vorsitzenden gewählt. Auch Eduard Gans, der als ordentlicher Professor und Gelehrter an einer großen Universität Dekan der juristischen Fakultät wurde, muss trotz seiner deutlich stärkeren Bindung an das Judentum in Kombination mit ansehnlicher Relativierung seines Christentums ebenfalls einen gewissen inneren Frieden erreicht haben, denn wie gesagt: Wer große Unsicherheit durch Unfrieden mit sich selbst ausstrahlt, wird von seinen Kollegen nicht zu ihrem Wortführer gewählt werden.

Gänzlich anders verhält es sich mit dem letzten Beispiel unserer kleinen Gruppe, mit dem großen Dichter und Publizisten *Heinrich Heine*. Es ist bemerkenswert, dass dieser im Jahre 1821, als er nach Berlin kam, dem *Verein für Cultur und Wissenschaft der Juden* beitrat. So tief war er dem Judentum noch verbunden. Dort lernte er auch den damaligen Vorsitzenden Eduard Gans kennen und schätzen. Von ihm und den anderen beiden oben genannten Getauften unterscheidet Heine sich dadurch, dass er seine mehrfach gespaltene Seele offen zeigte und sich durch diese Ambivalenz inspirieren ließ. Das ist natürlich das Privileg des freien Künstlers.

Eine erste Ambivalenz betrifft seine Haltung gegenüber jenen Juden, die sich haben taufen lassen, wobei er sich selbst in seinem Spott keineswegs ausspart. So war er zutiefst enttäuscht, dass sein Freund Gans sich im Jahre 1825 taufen ließ. Er schrieb aus diesem Anlass ein Gedicht mit dem Titel *Einem Abtrünnigen*, das er allerdings nicht veröffentlicht hat und dessen bitterer Inhalt ihn auch nicht daran hinderte, sich selbst nur wenige Monate später taufen zu lassen. Zwei der drei Strophen lauten:

„Und du bist zu Kreuz gekrochen
Zu dem Kreuz, das du verachtest,
Das du noch vor wenigen Wochen
In den Staub zu treten dachtest!

O, das tut das viele Lesen
Jener Schlegel, Haller, Burke
Gestern noch ein Held gewesen
Ist man heute schon ein Schurke."[200]

Heine beschreibt hier also in Gedichtform, was wir oben schon von Gabriel Riesser in Prosa haben lesen können: Die Taufe bringt den Verlust der Würde und Selbstachtung mit sich. Dass der Dichter den bitteren Text des Gedichtes durchaus auch auf sich selbst bezieht, ergibt sich aus einem Fragment aus Heines *Die Bäder von Lucca*. Darin schreibt er im Namen des von ihm sehr geschätzten Dichter August Graf von Platen einen fiktiven Text, in dem er zugleich den Grafen und sich selbst lächerlich macht:

„Noch weit schlimmer geht es dem ‚getauften Heine'. Ja, ja, du irrst dich nicht, lieber Leser. Das bin ich, den er meint, und im König Ödipus kannst du lesen, wie ich ein wahrer Jude bin, wie ich, wenn ich eine Stunde Liebeslieder geschrieben, gleich darauf mich niedersetze und Dukaten beschneide, wie ich am Sabbath mit langbärtigen Mauscheln zusammenhocke und den Talmud singe, wie ich in der Osternacht einen unmündigen Christen schlachte und aus Malice immer einen unglücklichen Schriftsteller dazu wähle. – Nein lieber Leser, ich will dich nicht belügen, solche gut ausgemalten Bilder stehen nicht im König Ödipus, und dass sie nicht darin stehen, das nur ist der Fehler, den ich tadle."[201]

Wie der heutige Leser dieser Zeilen sieht, sind in diesem Text gleich mehrere doppelte Böden enthalten. Es wird auf jeden Fall deutlich, dass Heine, bei allem Spott für andere, sich selbst dabei nicht ausspart.

Eine ähnliche Spaltung seines Geistes ergab sich aus seiner Hassliebe zu den beiden Völkern, mit denen er sich – wieder je nach augenblicklicher Stimmung – eng verbunden fühlte: dem deutschen und dem französischen. Ein Beispiel dieser Spaltung liefert er in dem Gedicht *Abschied von Paris*:

„Ade Paris, du theure Stadt
Wir müssen heute scheiden
Ich lasse dich im Überfluss
Von Wonne und von Freuden.

Das deutsche Herz in meiner Brust
Ist plötzlich krank geworden
Der einzige Arzt, der es heilen kann
Der wohnt daheim im Norden.
[...]
Ich sehne mich nach Tabaksqualm,
Hofräten und Nachtwächtern,
Nach Plattdeutsch, Schwarzbrot, Grobheit gar,
Nach blonden Predigerstöchtern.
[...]
Die lechzende Qual, sie treibt mich fort
Von meinem süßesten Glücke –
Muss wieder athmen deutsche Luft
Damit ich nicht ersticke.
[...]
Vor Ende des Jahres bin ich zurück
Aus Deutschland, und ich denke
Auch ganz genesen, ich kaufe dir dann
Die schönsten Neujahrsgeschenke."[202]

Eine weitere typische Eigenschaft Heines war seine unglaubliche Sensibilität für die Langzeitbedeutung der Ereignisse seiner Epoche. In dieser Weitsicht hat er an mehreren Stellen seiner Werke Aussagen und Behauptungen aufgestellt, die man ohne große Übertreibung als Prophezeiungen betrachten kann. Wir haben schon im 3. Kapitel auf sein Gedicht *Die Wahlesel* verwiesen, wo er anfangs die Sehnsucht der meisten Esel nach einem absoluten Regenten beschreibt. Er spottet dann auf seine Weise über das Germanentum vieler Nationalisten einerseits und über den Judenhass so mancher seiner Landsleute andererseits. Seine Taufe hindert ihn nicht daran, sich darüber zu empören:

„Als einer jedoch die Kandidatur
Des Rosses empfahl, mit Zeter
Ein Alt-Langohr in die Rede ihm fuhr
Und schrie: ‚Du bist ein Verräter'!
[...]
Du stammst vom Zebra vielleicht, die Haut,
Sie ist gestreift zebräisch.
Auch deiner Stimme näselnder Laut
Klingt ziemlich ägyptisch-hebräisch.

Und wärst du kein Fremdling, so bist Du doch nur
Verstandesesel, ein kalter;
Du kennst nicht die Tiefen der Eselsnatur,
Dir klingt nicht ihr mystischer Psalter."[203]

Diese Gabe, die wirkliche Bedeutung der Ereignisse seiner Zeit vorauszuahnen oder gar zu prophezeien, ist durchaus nicht auf seine Poesie beschränkt. Auch in seinem philosophiegeschichtlichen Werk *Zur Geschichte der Religion und Philosophie in Deutschland* schreibt er unter anderem:

„… so wird der Naturphilosoph dadurch furchtbar sein, dass er mit den ursprünglichen Gewalten der Natur in Verbindung tritt [...] und dass alsdann in ihm jene Kampflust erwacht, die wir bei den alten Deutschen finden, und die nicht kämpft um zu zernichten, noch um zu siegen, sondern bloß um zu kämpfen. Das Christenthum – und das ist sein schönstes Verdienst – hat jene brutale germanische Kampflust einigermaßen besänftigt, konnte sie jedoch nicht zerstören, und wenn einst der zähmende Talisman, das Kreuz, zerbricht, dann rasselt wieder empor die Wildheit der alten Kämpfer, die unsinnige Berserkerwut, wovon die nordischen Dichter so Viel singen und sagen. [...] Die alten steinernen Götter erheben sich dann aus dem verschollenen Schutt und reiben sich den tausendjährigen Staub aus den Augen, und Thor mit dem Riesenhammer springt endlich empor und zerschlägt die gothischen Dome. Wenn ihr dann das Gepolter und Geklirre hört,

hütet euch, ihr Nachbarskinder, ihr Franzosen, und mischt euch nicht in die Geschäfte, die wir zu Hause in Deutschland vollbringen. [...] Lächelt nicht über den Phantasten, der im Reich der Erscheinungen dieselbe Revolution erwartet, die im Gebiet des Geistes stattgefunden. Der Gedanke geht der Tat voraus wie der Blitz dem Donner. Der deutsche Donner ist freilich auch ein Deutscher und ist nicht sehr gelenkig, und kommt langsam herangerollt; aber kommen wird er, und wenn ihr es einst krachen hört wie es noch niemals in der Weltgeschichte gekracht hat, so wisst: der deutsche Donner hat endlich sein Ziel erreicht. Bei diesem Geräusch werden die Adler aus der Luft tot niederfallen und die Löwen in der fernste Wüste Afrikas werden die Schwänze einkneifen und sich in ihren königlichen Höhlen verkriechen. Es wird ein Stück aufgeführt werden in Deutschland, wogegen die französische Revolution nur wie eine harmlose Idylle erscheinen möchte."[204]

Ich habe den obigen Text wie auch das Gedicht *Die Wahlesel* hier zitiert, um zu illustrieren, warum ich Heine gewisse prophetische Gaben zuschreibe. Das Gedicht zeigt aber auch Heines Spottlust, die, hauptsächlich in Bezug auf Glaubensdinge angewandt, von nicht wenigen als verletzend empfunden wurde. Vor allem kann er, als überzeugter Jünger der Aufklärung, keinen religiösen Glauben ganz ernst nehmen. Das beschreibt er so treffend in den letzten Worten seines Gedichts *Disputation*[205], in dem er von einem vom spanischen König organisierten, Wortstreit zwischen einem Rabbi und einem Mönch erzählt. Am Ende dieser Disputation fragt der König seine Gemahlin, was sie nun davon hielte, und sie antwortet:

*„Welcher Recht hat, weiß ich nicht –
Doch es will mich schier bedünken,
Dass der Rabbi und der Mönch,
Dass sie alle Beide stinken."*

Vor diesem deutlichen Schluss, der beide Glaubensrichtungen relativiert, kann Heine es aber nicht lassen, sich als aufgeklärter Rationalist vor allem von den dogmatischen Lehrsätzen des Christentums zu distanzieren – trotz Taufe. So lässt er den Rabbi im Laufe der Disputation sagen:

„Die Dreieinigkeitsdoktrin
Kann für unsre Leut' nicht passen,
Die mit Regula-de-tri
Sich von Jugend auf befassen.

Dass in deinem Gotte drei,
Drei Personen sind enthalten,
Ist bescheiden noch,
Sechstausend Götter gab es bei den Alten."

Die von ihm vorhergesehene Kritik am Sarkasmus dieses spöttischen Textes über die von vielen sehr ernst genommene Sache des Glaubens hat Heine in der oben als letzte zitierten Strophe aus dem Gedicht *Die Wahlesel* schon selbst parodiert.

Neben den genannten Ambivalenzen in Heines Seele besteht eine weitere: die zwischen Judentum und Deutschtum. Diese sollte auch für die folgenden Generationen deutscher Juden charakteristisch werden. Während Heine sich in vielen Situationen immer noch den Juden nahe fühlte, waren andererseits viele seiner Gedichte so urdeutsch, dass z. B. *Die Loreley*[206] in meiner Jugend sogar unter den Nationalsozialisten in Lese- und Liederbüchern stand – mit dem Vermerk „Dichter unbekannt". Dass man das Gedicht aus dem Kanon der deutschen Kultur hätte eliminieren können, war selbst für die Nationalsozialisten undenkbar! Einige charakteristische Zeilen lauten:

„Ich weiß nicht, was soll es bedeuten,
Dass ich so traurig bin;
Ein Märchen aus alten Zeiten,
Das kommt mir nicht aus dem Sinn.

Die Luft ist kühl und es dunkelt,
Und ruhig fließt der Rhein.
Der Gipfel des Berges funkelt
Im Abendsonnenschein."

Die zweite Emanzipation

Folgen der „Revolution" in Deutschland

Am 24. Februar 1848 stürzen Studenten und Arbeiter, unterstützt von der Nationalgarde, den „Bürgerkönig" Louis Philippe in Paris. Es gärte erneut in Europa und wieder kam die Unruhe aus Frankreich. Sie hatte im Januar in Sizilien und Süditalien begonnen und war dann über Paris nach Deutschland hinübergeweht. Die sogenannte Märzrevolution begann, wie Golo Mann schreibt:

„Ein Sturm von Versammlungen, Straßenkundgebungen, Delegationen, getragen vom Bürgertum, gestärkt und vorwärts getrieben von den kleinen Leuten, Bauern, Handwerkern, Arbeitern, brachte während der ersten Märzwochen die Führer der liberalen Opposition an die Spitze der Regierungen in Baden, Württemberg, Bayern, in Darmstadt, Nassau, Kassel, Sachsen, Hannover. Es waren überall dieselben Forderungen: [...] Freiheit der Presse und der Versammlungen, Bewaffnung des Volkes oder Bürgerwehr, Geschworenengerichte, Reform des Wahlrechts, wo es eines gab, Mitarbeit am Aufbau eines Deutschen Bundesstaates, all das wurde zugesagt, süddeutsche Parlamentarier, die sich in Heidelberg trafen, gingen so weit, auf eigene Faust die Einberufung einer deutschen Nationalversammlung in Frankfurt am Main zu beschließen, ‚im Interesse des Schutzes des gesamten deutschen Vaterlandes und der Throne', wie es in ihrem Aufruf hieß. [...] Das März-Erlebnis – so nannte man das später – sollte niemandem wehe tun. Jubel, Verbrüderung, Versöhnung mit Fürsten, die ihren Irrtum einsahen, Fahnen, Fackeln, Triumphpforten – das war die Stimmung. [...] Die März-Errungenschaften waren einem momentanen Nervenzusammenbruch der Herrschenden zu danken, nicht ihrer entscheidenden Niederlage. Noch mehr: Die Sieger selbst wünschten eine solche Niederlage nicht. Man wollte keine Revolution im Sinne der Französischen. [...] man wollte sich die Freiheit von der traditionellen Autorität bewilligen lassen."[207]

Ein widersprüchlicher Anfang

1848 war für die Juden ein Jahr voller Widersprüche. Brenner bemerkt dazu:

"Erstmals traten jüdische Politiker als gewählte Repräsentanten auf überregionaler Ebene ins Rampenlicht der Öffentlichkeit, und endlich fielen die gesetzlichen Schranken, die bis dahin sowohl ihre staats- als auch ihre lokalbürgerlichen Rechte bestimmt hatten."[208]

Während die jüdische Bevölkerung diese neuen Möglichkeiten natürlich begrüßte, wurde die Freude darüber bald stark gedämpft. Schon ab Februar kam es in vielen, vor allem ländlichen Gebieten, zu Ausschreitungen gegen Juden. Wie Brenner weiter ausführt, waren dies

"... nicht die einzigen gewaltsamen Unruhen der Revolutionswirren. Neben den Barrikadenkämpfen in den Städten kam es zu Agrarrevolten der ländlichen Bevölkerung gegen die Obrigkeit, die ihre Ursachen in den Missernten der Jahre 1845 und 1846 und der dadurch entstandenen Not der Landbevölkerung hatten."[209]

Brenner weist darauf hin, dass neben allgemeinen Anlässen zur Unruhe auch

"... spezifisch antijüdische Aspekte eine Rolle spielten, die neben den traditionellen religiösen und wirtschaftlichen Motiven insbesondere aus der lokal-bürgerlichen Gleichstellung der Juden erwuchs. Denn gerade im ländlichen und kleinstädtischen Milieu formierte sich teilweise erheblicher Widerstand gegen den sozialen Aufstieg und die zunehmende gesellschaftliche Akzeptanz der Juden wie auch gegen ihren Eintritt in die öffentliche politische Tätigkeit."[210]

Dieser Eintritt war tatsächlich ein wichtiger erster Schritt, denn neben den erwähnten Ausschreitungen gegen Juden gab es ihnen gegenüber auch viele positive Signale. Verhältnismäßig viele Juden waren an den Kämpfen der Revolutionäre gegen die Obrigkeit beteiligt. Wie Brenner berichtet, lag sowohl in Wien als auch in Berlin die Zahl der jüdischen Gefallenen dieser Revolutionskämpfe wesentlich höher, als es ihrem Anteil an der Gesamtbevölkerung entsprochen hätte.[211] Auch wirkten in beiden Städten bei den Begräbnissen dieser Gefallenen Rabbiner und christliche Geistliche gemeinsam. Michael A. Meyer beschreibt die Zusammenarbeit wie folgt: *"Es war ein ungewöhnliches – und oft erinnertes – Beispiel gegenseitiger religiöser*

Anerkennung."²¹² Auch gewöhnliche Bürger waren in diesen aufregenden Tagen keineswegs nur von Hass und Gewalt gegen die Juden beseelt. Auch das Gegenteil war der Fall. So beschreibt Brenner, dass anlässlich der Wahlen für die deutsche Nationalversammlung und nach dem Abgeben ihrer Stimmen Juden mit ihren nicht-jüdischen Mitbürgern zusammen in den Wirtshäusern noch etwas tranken.²¹³ Dieser Geist der Zusammengehörigkeit spricht auch aus einem Gedicht in einer lokalen Zeitung in Horb mit dem folgenden ermutigenden Text:

„Christ oder Jud!
Ob wir zu Gott oder Jehova flehen,
Ob zu der Kirch, zur Synagog wir gehen,
Wenn nur den Menschen wir im Mensch erkannt,
Dann haben wir das gleiche Vaterland
Dann fließt in uns dasselbe Blut,
Dann ist es eins,
*Christ oder Jud!"*²¹⁴

Juden in der Politik

Am 18. Mai 1848 begannen die Sitzungen der Nationalversammlung. Dieser Versammlung gehörten auch vier jüdische Abgeordnete an. Den prominentesten unter ihnen, Gabriel Riesser, den Rechtsgelehrten und Vorkämpfer der Emanzipation haben wir bereits vorgestellt. Wie Dubnow beschreibt, behielt er bei aller Redekunst und bei seinem allgemeinen politischen Engagement doch auch immer die speziellen Interessen der Gruppe der Juden im Auge.²¹⁵ Er betrachtete sie stets als zu emanzipierende deutsche Staatsbürger. Das wurde ihm allerdings nicht immer leicht gemacht. Während der Punkt *Durch das religiöse Bekenntnis wird der Genuss der bürgerlichen und staatsbürgerlichen Rechte weder bedingt noch beschränkt* zur Diskussion stand, wurde dazu (von einem Herrn Mohl) folgender Zusatz vorgeschlagen:

*„Die eigentümlichen Verhältnisse des israelitischen Volksstammes sind Gegenstand besonderer Gesetzgebung und können vom Reiche geordnet werden [...]"*²¹⁶

Dies wurde mit dem Argument begründet:

„Die Juden gehören der deutschen Nation nicht an, weil sie einen eigenen Volksstamm bilden, dessen Mitglieder sich mit den Deutschen nicht vermischen; sie treiben Wucher auf dem Lande und richten die Bauern zu Grunde."[217]

Darauf antwortete Riesser, wie wir ihn schon haben kennenlernen dürfen, intelligent und würdevoll:

„Ich nehme das Recht in Anspruch, vor Ihnen aufzutreten im Namen [...] einer unterdrückten Klasse, der ich angehöre durch die Geburt [...] und durch das Prinzip der Ehre, das mich hat verschmähen lassen, durch einen Religionswechsel schnöde versagte Rechte zu erwerben."[218]

Er führt dann weiter aus, wie unlogisch der besagte Zusatz ist, weil dort Minoritäten, die nicht einmal der deutschen Sprache mächtig sind, Rechte bekommen würden, die den Juden, die Deutsch als ihre Muttersprache haben, versagt werden. Weiter weist er darauf hin, dass bis vor kurzem gemischte Ehen von beiden Seiten verhindert wurden und dass sie im Augenblick zwar erlaubt sind, jedoch unter der intoleranten Bedingung, dass die daraus hervorkommenden Kinder Christen werden. Bei genügend Toleranz erwarte er ein Ende der Stammestrennung. Über den Wucher sagte er, dass dieser durch ein allgemeines Gesetz verboten werden müsse. Zum Schluss kommt er noch einmal auf seinen Hauptpunkt zurück:

„Ich selbst habe unter den Bedingungen der tiefsten Bedrückung gelebt, und ich hätte bis vor kurzem in meiner Vaterstadt nicht das Amt eines Nachtwächters erhalten können. Ich darf es als ein Werk, ich möchte sagen als ein Wunder des Rechts und der Freiheit betrachten, dass ich befugt bin, hier die hohe Sache der Gerechtigkeit und der Gleichheit zu verteidigen, ohne zum Christentum übergegangen zu sein."[219]

Es ist angebracht, an dieser Stelle ein Stück aus dem Kommentar des Historikers Simon Dubnow zu zitieren. Dabei muss bemerkt werden, dass dieser zwar ein überzeugter Zionist war, aber gleichzeitig ein sehr der Wahrheit verpflichteter Gelehrter:

„Riesser, der sich in der Werkstätte, in der an der Erneuerung Deutschlands gearbeitet wurde, befand, war in diesen Honigmonden der deutschen Freiheit viel mehr Deutscher als Jude. Er war der typische Vertreter der Generation, die das Gespenst der jüdischen Nationalität von sich wies. [...] Die Mehrheit des Frankfurter Parlaments begrüßte Riessers Rede, die durchaus der liberal-patriotischen Stimmung des Moments entsprach, mit stürmischem Applaus und der Antrag Mohls wurde verworfen. In den im Frühjahr 1849 veröffentlichten „Grundrechten des deutschen Volkes" [...] waren die volle Gleichberechtigung für die Bekenner aller Konfessionen [...] festgesetzt. Infolge der politischen Reibereien zwischen den wichtigsten deutschen Bundesstaaten wurde die Deklaration des Frankfurter Parlaments nicht zu einer Reichsverfassung erhoben."[220]

Das Parlament nahm im Juni 1849 ein tragisches Ende, als die beginnende Reaktion die verbliebenen Abgeordneten mit Bajonetten auseinander trieb.

Wirtschaftliche Entwicklungen

Mit den Worten Sachars kann man sagen, dass, *„wenn auch die politische Revolution schmählich gescheitert sein möge, die industrielle Revolution unaufhörlich weiterging."*[221] Für die Juden hatte das einschneidende Folgen: Noch 1848 musste etwa die Hälfte der deutsch-jüdischen Bevölkerung zu den Armen gezählt werden. Nur 15 bis 30 % hatten bürgerlich gesicherte Existenzen, die den mittleren oder oberen Steuerklassen zugerechnet wurden.[222] Innerhalb einer Generation veränderte sich das Bild komplett. Für die Juden vollzog sich in Deutschland ein wirtschaftlicher Aufstieg, wie er, gemessen an Geschwindigkeit und Umfang, wohl nur selten vorkommt. So galten 1871 völlig andere Zahlen für die Beschreibung der wirtschaftlichen Situation der Juden: Über 60 % der deutschen Juden gehörten nun den oberen und mittleren Steuerklassen an, während – je nach Region – nur 5 bis 25 % der deutschen Juden zu den Armen und am Rande der Gesellschaft Lebenden zählten.[223]

Es stellt sich die Frage, wie dieser schnelle sozioökonomische Aufstieg möglich war. Welche historische Kraft war hier der treibende Faktor, der eine so beeindruckende Veränderung bewirkte? Es liegt nahe, erneut an eine Synergie von Kräften zu denken. Diese ergibt sich daraus, dass der sich zu dieser Zeit wahrlich explosiv entwickelnde Kapitalismus sämtliche Kapitalquellen benötigte und gleichzeitig die alte, zum soziokulturellen Erbe der Juden gehörende Funktion des Geldhandels und des Bankgeschäfts zahlreichen Juden die Gelegenheit bot, sich an der stürmischen Entwicklung des Kapitalismus stimulierend zu beteiligen.

Im Abschnitt *Die erste Reaktion* haben wir beschrieben, wie Deutschland in den ersten zwei Jahrzehnten nach Napoleon wirtschaftlich noch weit hinter England und Frankreich zurücklag. Das sollte sich in den darauffolgenden vierzig Jahren in rasantem Tempo ändern. Vor allem der Bau und die Inbetriebnahme von Eisenbahnen waren erste Auslöser des folgenden Wachstums. Arthur Prinz beschreibt das deutlich:

„… bei weitem der stärkste Anstoß, der das Tempo der deutschen Wirtschaft beschleunigte, kam vom Eisenbahnbau, der innerhalb weniger Jahrzehnte das Land aus einem wirtschaftlich rückständigen, überwiegend agrarischen Gebiet in eine in voller kapitalistischer Entwickelung begriffene, nur von England wesentlich übertroffene Wirtschaftsmacht verwandelte."[224]

Deutschland nahm 1835, zehn Jahre nach England, seine erste Eisenbahnstrecke von 6 km Länge in Betrieb. Zehn Jahre später waren es schon 2.300 km und nach weiteren zwanzig Jahren existierte im Deutschen Bund ein Schienennetz mit einer Gesamtlänge von 15.000 km. Was dies alles nach sich zog, wird von Prinz ausführlich berichtet. Er nennt die Folgen für die Förderung und Produktion von Kohle und Eisen, kurzum für das Entstehen der deutschen Schwerindustrie und die dafür notwendige Migration der unterbeschäftigten Landbevölkerung ins Ruhrgebiet. Die Eisenbahnen und neu gebaute Kanäle ermöglichten einen schnelleren, umfangreicheren und dadurch billigeren Warentransport, was wiederum dazu führte, dass die Zahl der Transaktionen im Handel und Zahlungsverkehr anstieg. Auch die sogenannte Leichtindustrie, vor allem die süddeutsche Textilindustrie, wuchs sprunghaft.[225] Zwischen 1846 und 1861 stieg in Bayern, Baden und Württemberg die Zahl der verwendeten Spindeln insgesamt von 16.300 auf 38.900 – das ist ein Wachstum um den Faktor 2,4 in 15 Jahren. Auch die Goldfunde in Kalifornien und Australien machten sich ab 1851 in

Deutschland bemerkbar, denn die Banken konnten nun über mehr Kapital verfügen. Infolge dieser Veränderungen entwickelte sich in den Städten einerseits sehr schnell eine klassenbewusste Arbeiterschaft. Andererseits wurden jetzt auch von anderen als dem grundbesitzenden Adel, der bis dahin beinahe ausschließlich die bevorzugte Klasse dargestellt hatte, ansehnliche Reichtümer angehäuft. Die einzige Berufsgruppe, der es schlechter ging als zuvor, waren die Handwerker. Der Anteil der vom Handwerk lebenden Personen an der preußischen Gesamtbevölkerung fiel von 16,52 % im Jahr 1849 auf 14,87 % im Jahr 1861. Der Handel hingegen blühte. Durch den leichteren und billigeren Transport konnte sich eine sich selbst verstärkende Spirale von niedrigeren Preisen und höheren Umsätzen entwickeln. Es war aber nicht nur der Warenhandel, der so aufblühte, auch der Geld- und Kredithandel wuchs in ansehnlichem Tempo. Die Zahl der in diesem Erwerbszweig tätigen Personen stieg in Preußen in den zwölf Jahren zwischen 1846 und 1858 um 60 % auf 1.747 und überstieg in den folgenden vierzig Jahren das Zehnfache dieser Zahl (1895: 17.896).

Wir haben die Frage aufgeworfen, wie sich in der Sozial- und Einkommensstruktur der deutschen Juden ein so rascher Wandel vollziehen konnte, der ihre wirtschaftliche Struktur und gesellschaftliche Position bis zum bitteren Ende weitgehend bestimmt hat. Die eine Hälfte der Antwort, nämlich die große Veränderung der Volkswirtschaft in Richtung Industriekapitalismus, haben wir in knapper Form schon gegeben. Die andere Hälfte – warum dies gerade für die Juden so bedeutende Konsequenzen mit sich brachte – identifiziert Prinz als etwas, das dem von uns in Kapitel 4 beschriebenen soziokulturellen Erbe sehr ähnlich ist, weshalb er hier zitiert werden soll:

„Dass die eben umrissene Strukturwandlung der deutschen Wirtschaft den Juden günstig war, liegt auf der Hand: brachte sie doch die stärksten Erweiterungen gerade auf den Gebieten, mit denen sie seit Jahrhunderten vertraut waren und auf denen sie besondere Fähigkeiten entwickelt hatten, nämlich dem Geld- und Warenhandel. Dennoch wäre ihr überaus schneller, ja phänomenaler Aufstieg in dem Menschenalter vor der Reichsgründung kaum denkbar gewesen, wäre nicht hinzugekommen, dass Deutschlands Durchbruch zum Kapitalismus zu einer Zeit erfolgte, in der das Bürgertum nur wenige Männer hervorgebracht hatte, die durch Wagemut, Gewinnstreben und kaufmän-

nische Vorbildung zum kapitalistischen Unternehmer qualifiziert waren. Grund dafür waren die Armut und Rückständigkeit des Landes und vor allem die lange Periode der Bevormundung durch die Bürokratie des absoluten Fürstenstaates."[226]

Dass diese Behauptung wohl viel Wahres enthält, zeigt sich auch in dem Buch *Unternehmer in der deutschen Industrialisierung* von Jürgen Kocka, der die Rolle der Juden, sogar das Wort „Juden" überhaupt nicht erwähnt, der aber im Abschnitt *Unternehmer mit kaufmännischem Hintergrund* schreibt:

„Konzentriert man sich zunächst auf die zahlenmäßig ohnehin stark überwiegende Gruppe der selbständigen Unternehmensgründer […] so wird man die Gruppe der Kaufleute und Verleger[227], die häufig (bis etwa um 1850) zugleich Bank- und Speditionsgeschäfte erledigten, als jene Gruppe ansehen müssen, aus der […] die für die frühe wirtschaftliche Entwicklung wichtigsten Unternehmer hervorgingen. […] Die Tatsache, dass es sich meist um Verleger und Kaufleute mit Erfahrung im Garn- und Tuchhandel, nicht aber um irgendwelche Kaufleute handelte, weist auf die große Bedeutung von fachspezifischen Kenntnissen und Fähigkeiten für diesen Zusammenhang zwischen Händlern und entstehender Textilindustrie hin."[228]

Die Juden waren zu dieser Zeit am Handel mit Textilien verhältnismäßig stark beteiligt, wie die Zahlen illustrieren, die über die Berufsstruktur der Juden in den Städten Aachen und Düsseldorf vorliegen.[229] Für Aachen lauten die Prozentsätze der erwerbstätigen Juden, die sich als Textilhändler betätigten, für die Jahre 1855, 1865, 1874 und 1910 jeweils 4,84 %, 13,85 %, 15,79 % und 0,38 %. In Düsseldorf lag dieser Prozentsatz im Jahre 1856 gar bei 26,51 % und ging im Jahre 1909 auf 0,29 % zurück.

Die zweite Reaktion

Neue Begründungen für Antijudaismus[230]: Geisteswissenschaften

Wie im Abschnitt „Die erste Reaktion" gezeigt, veränderte sich die Rechtfertigung für antijüdische Ressentiments schon um die Jahrhundertwende, auch – oder sogar gerade – in gebildeten Schichten. Da die Kirche an Einfluss verloren hatte, wurden immer häufiger biologisch begründete Rechtfertigungen anstelle der theologischen Argumente angeführt. Obwohl die Theologie mit ihren alten Vorurteilen und Archetypen noch immer einen gewissen Anteil am Antijudaismus hatte, entsprach es um die Mitte des 19. Jahrhunderts dem Zeitgeist, seine Vorurteile gegenüber den Juden zunehmend auf neue Wissenschaften zu stützen.

Da wir heute wissen, zu welch unerhörten und nie zuvor dagewesenen Folgen dieser neu begründete Judenhass führte, verlege ich den Anfang der zweiten Reaktion, den Dubnow auf 1881 ansetzt, um einige Jahrzehnte zurück. Es muss jedoch angemerkt werden, dass auch Dubnow im Kapitel *Die zweite Emanzipation* einen Abschnitt über *Die Reaktion der fünfziger Jahre* einfügt. In Bezug auf die Frage, was alles zu einer historischen Kraft werden kann, müssen wir außerdem zu folgendem Schluss kommen: Wie in Kapitel 5 bereits angesprochen, wurde die Naturwissenschaft im 16. und 17. Jahrhundert zu einer wichtigen, ja geradezu weltbewegenden historischen Kraft. Im 19. Jahrhundert zeigte sich nun, dass auch neue Entwicklungen auf dem Gebiet der Geisteswissenschaften, sogar oder gerade dann, wenn der wirkliche wissenschaftliche Inhalt beinahe vergessen oder gar zu einem Mythos degeneriert ist, eine einflussreiche historische Kraft hervorbringen können.

Neue Wissenschaften gab es um die Mitte des 19. Jahrhunderts genug. Zunächst die Biologie, die durch Carl von Linné (1707–1778) bereits im 18. Jahrhundert zum ersten Mal zu einer systematischen Wissenschaft wurde. In unserem Zusammenhang geht es dabei nicht so sehr um die unglaubliche Leistung auf dem Gebiet der Pflanzensystematik, sondern um die Anwendung dieser Systematik auf die Säugetiere, also deren Charakterisierung durch Gattung und Arten. In diesem Zusammenhang wurde zum ersten Mal auf die Verwandtschaft zwischen Affe und Mensch hingewiesen, die beide der Gattung der Primaten zugerechnet wurden. Es folgte Darwins wichtige Reise zwischen 1831 und 1836. Die Beobachtungen dieser langen Reise verarbeitete er in seinem 1859 erschienenen, weltbewegenden Buch *On the Origin of Species by Means of Natural Selection, or the Preservation of Favoured Races in the Struggle for Life* (deutsch: *Über die Entstehung der Arten durch natürliche Zuchtwahl oder die Erhaltung der begünstigten Rassen im Kampfe ums Dasein*). Die Evolutionstheorie trat damit in die Öffentlichkeit.

Eine weitere neue Wissenschaft, die zwischen Biologie und Medizin einerseits und, wie wir sehen werden, leider auch in der Psychologie anderseits angesiedelt ist, entstand ebenfalls im ausgehenden 18. Jahrhundert. Es handelt sich um die biologische Anthropologie. Der Begründer dieser neuen Wissenschaft war der Mediziner Johann Friedrich Blumenbach (1752–1840), der schon 1775 eine Doktorarbeit *Über die natürlichen Varietäten der Menschheit* geschrieben hat. In ihr teilte Blumenbach erstmals die Menschheit in fünf verschiedene Rassen ein: die kaukasische oder weiße, die mongolische oder gelbe, die malayische oder braune, die der Neger oder die schwarze und die der Eingeborenen Amerikas, die rote. Blumenbach war auch der erste, der durch genaue Messungen verschiedene Schädeltypen feststellen wollte. Leider richtete er hiermit unbewusst viel Unheil an, denn er meinte, mit den Schädeltypen, die er festgestellt zu haben glaubte, auch Urteile über die psychologischen Eigenschaften der untersuchten Menschen fällen zu können. In dieser Vermischung anatomischer Unterschiede mit psychologischen und gar charakterlichen Eigenschaften waren ihm aber schon Voltaire und Graf Georges Louis Leclerc de Buffon vorangegangen.[231] Im Jahre 1930 schrieb der jüdische Anthropologe, Soziologe und Ökonom Arthur Ruppin:

„Beispielsweise waren im 19. Jahrhundert manche Anthropologen davon überzeugt, dass der Form des Schädels ein entscheidender Einfluss auf die Entwicklung des Gehirns und auf die Begabung zukomme. Nur langsam hat sich die Anthropologie von diesen Vorstellungen befreit. Es ist sehr wahrscheinlich geworden, dass die äußeren Merkmale der menschlichen Gestalt gar keinen direkten Einfluss auf die geistigen Anlagen haben."[232]

Die Entdeckung des „Ariers"

Eine weitere neue Wissenschaft, die großen Einfluss auf unser Thema hatte, ist die sogenannte „Indogermanistik", ein Ausdruck, der zuerst 1861/62 von dem Sprachforscher August Schleicher gebraucht wurde. Weil diese an sich völlig wertfreie, objektive und wirklich schöne Wissenschaft so missverstanden und so missbraucht worden ist, müssen wir uns hier näher mit ihr befassen.[233] Schon 1767 stellte James Parsons die Ähnlichkeit zahlreicher Wörter in so verschiedenen wie den keltischen, romanischen und slawischen, aber auch den indischen und persischen Sprachen fest, und zwar in wie auch zwischen diesen Gruppen. Er vermochte jedoch überhaupt keine Ähnlichkeit mit Wörtern aus den Sprachen Türkisch, Hebräisch, Malayisch oder Chinesisch nachzuweisen. James Parsons kann aufgrund dessen als einer der Entdecker der indoeuropäischen Sprachfamilie angesehen werden. 1786 wies Sir William Jones auf den Reichtum und die Schönheit der altindischen Sprache Sanskrit hin, die ebenso wie das Persische auch zu dieser Gruppe gehört.[234] Die Entdeckung der indo-iranisch-europäischen Sprachfamilie wurde durch Rasmus Rask (1787–1832) zu einer systematischen modernen Sprachwissenschaft erweitert, indem er die Ähnlichkeiten in ein größeres System einpasste. Dies gelang ihm durch Hinweise auf regelmäßige Klangverschiebungsgesetzmäßigkeiten, wie zum Beispiel die Verschiebung vom [g] im Griechischen zum [k] im Germanischen oder die Verschiebung vom [f] im Griechischen zum [b] im Germanischen. So wird *phrater* „Familienmitglied" im Griechischen zu *brother* im Englischen oder *Bruder* im Deutschen und das Griechische *agros* wird zum *akr* im Altnorwegischen oder zum *Acker* im Deutschen. Die auf diese Weise durchaus objektiv bewiesene Ähnlichkeit der so verschiedenen Sprachen der indoeuropäischen Sprachfamilie führte selbstverständlich zu der Frage nach dem Ursprung dieser erstaunlichen Ähnlichkeit. Es ist nachzuvollziehen, dass man eine indoeuropäische Ursprache postulierte, aus der alle anderen Sprachen der Gruppe hervorgegangen sein sollten. Da aber Sprachen nun einmal von Völkern gesprochen werden und ein wichtiger Bestandteil der Kultur eines Volkes sind, war der Weg von einer indoeuropäischen Ursprache zu einem indoeuropäischen Urvolk, von dem die ganze Entwicklung ausgegangen sein musste, nicht weit. In der zweiten Hälfte des 19. Jahrhunderts, einer Zeit, in der der Nationalismus überall in Europa einen äußerst hohen Stellenwert genoss, gelangen wir mit der Feststellung, dass die objektive Wissenschaft der Philologie die Idee eines indoeuropäischen Urvolks vorschlägt, auf ein Gebiet, in dem starke Gefühle die Ratio übertrumpfen.

An dieser Stelle soll noch einmal aus Poliakovs Geschichte des Antisemitismus zitiert werden. Über die Gefühlselemente, die nun über rein wissenschaftliche Entwicklungen in unseren Bericht eindringen, sagt er unter anderem Folgendes:

„Aus welchen tiefer liegenden Gründen hat sich das Europa des 19. Jahrhunderts in einer so unerhörten Weise für eine indo-persische Abstammung entschieden?"[235]

Er führt dann aus, dass die Frage „Woher komme ich?" immer nur das Vorspiel ist zum „Wer bin ich?" Und geht dann weiter:

„Bei diesem Punkt stießen sich die seit Menschengedenken vorhandenen Traditionen der europäischen Völker Jahrhunderte lang an der Lehre der Kirche, die zwar in diesem Zusammenhang recht ungenau war, aber trotzdem an dieser Stelle diesen Völkern eine vage jüdische Abstammung zuschrieb, in dem Sinn, dass sie das ganze Menschengeschlecht auf das ursprüngliche Paar Adam und Eva zurückgehen ließ; dies äußerte sich aber auch noch darin, dass sie dem Hebräischen den Rang der universalen Ursprache, die noch vor der babylonischen Sprachverwirrung vorhanden gewesen sei, einräumte."[236]

Welche Bedeutung der Entdeckung einer vergessenen Vergangenheit beigemessen wurde und welche Gefühle dies hervorrief, wird lebendig beschrieben von einem der großen Sanskritforscher, F. Max Müller, der sich vor allem mit der alten religiösen Literatur der Inder, den Veden, beschäftigte:

*„... wir müssen lernen, aus der Geschichte des ganzen Menschengeschlechts Schlüsse zu ziehen über unsere eigene Geschichte. Und genauso, wie wir beim Zurückblicken auf unsere persönlichen Ergebnisse gerne bei den frühen Kapiteln unserer Kindheit verweilen, um dort den Schlüssel für so manches Rätsel in unserem späteren Leben zu finden, so ist es auch für den Historiker ganz natürlich, mit intensivstem Interesse die paar Überbleibsel zu studieren, die für ihn übrig geblieben sind aus der Kindheit der Menschenrasse. [...] Da die Sprache der Veda, das Sanskrit, die älteste Form der heutigen englischen Sprache ist (Sanskrit und Englisch sind nur Varietäten derselben Sprache), so enthalten die dort niedergelegten Gedanken und Gefühle in Wirklichkeit die ersten Wurzeln und Keime des intellektuellen Wachstums, welches unsere Generation, durch eine ungebrochene Kette mit den Ahnen der **arischen Rasse** [Hervorhebung H.G.M.] verbindet."*[237]

Hier steht nun explizit der Begriff, aus dem nach nur wenigen Jahrzehnten eine der gefährlichsten, vernichtenden, historischen Kräfte heranwachsen würde. Wenn schon allein der Ausdruck „arische Rasse" der reinste Unsinn ist – was Müller selbst an anderer Stelle feststellt, wie wir noch sehen werden –, so wird die Gefährlichkeit dieses Ausdrucks besonders dadurch verstärkt, dass er diese Rasse, die es gar nicht gibt, einige Zeilen später der semitischen „Rasse" gegenüberstellt.

„... wir sind von unserer Natur her arisch, indoeuropäisch, nicht semitisch, unsere geistige Heimat liegt in Indien, Persien, Griechenland, Italien, Deutschland; nicht in Mesopotamien, Ägypten oder Palästina. Dies ist eine Tatsache, die wir immer wieder deutlich im Auge behalten müssen, um die Wichtigkeit, die sie für uns hat, verstehen zu können; vor allem nach einem Zwischenraum von mehr als 3000 Jahren und nach so vielen Veränderungen in unserer Sprache, unseren Gedanken und der Religion."[238]

Wenn er auch nicht so negativ über die Semiten urteilt wie sein Vorgänger Christian Lassen, den wir weiter unten zitieren werden, so spricht doch aus der Gegenüberstellung „arisch – semitisch" das schon von Poliakov zitierte Unbehagen über die jüdische Abstammung und die Sehnsucht nach einem eigenen arischen Ursprung. Durch verworrenes Denken und fehlende Disziplin im Gebrauch der Termini hat F. Max Müller also trotz großer Verdienste für die Sanskritologie und für die Religionswissenschaft einen sehr negativen Einfluss ausgeübt. Wie Poliakov[239] und Mallory[240] erwähnen, war es vor allem Müller, der sich für die Bezeichnung der indoeuropäischen Sprachfamilie als „arische Sprachfamilie" einsetzte. Rückblickend betrachtet, hat er dadurch einen großen Beitrag zu dem Missbrauch geleistet, der mit den Begriffen „arisch" und „Arier" in den 1930er Jahren getrieben werden sollte. Spät, zu spät, hat er das selbst erkannt und 1888 vergebens versucht, diesen Missbrauch mit den folgenden Worten zu verhindern:

„... ich habe immer wieder erklärt, dass wenn ich ‚Arier' sage, dann damit weder Blut und Knochen noch Haar und Schädel meine; ich meine damit ganz einfach die Leute, die eine arische Sprache sprechen, [...] in diesem und nur in diesem Sinn behaupte ich sogar, dass

die schwärzesten Hindus ein früheres Stadium der arischen Sprache und des arischen Denkens repräsentieren als die blondesten Skandinavier. [...] für mich ist ein Ethnologe, der von arischer Rasse, arischem Blut, arischen Augen und Haaren spricht, ein ebenso großer Sünder wie ein Linguist, der von einem dolichocephalischen Wörterbuch oder von brachycephalischer Grammatik spricht."[241] [Übersetzung H.G.M.]

Die Tragik dieses Sprachgelehrten wird natürlich schon dadurch deutlich, dass er in diesem Zitat genau den Fehler macht, den er anderen vorwirft, denn ein Mensch, wie schwarz- oder weißhäutig er auch immer sei, kann nie eine Sprache *repräsentieren*. Er hätte natürlich schreiben müssen, dass die schwarzhäutigsten Hindus eine Sprache sprechen, die der arischen Ursprache näher steht als die Sprache der blonden und blauäugigen Skandinavier. Es ist bezeichnend, dass Müller selbst 1865 den Ausdruck „arische Rasse" gebraucht hat,[242] den er hier nun zutiefst tadelt. Die Verwirrung des Denkens, die Vermischung verschiedener Wissenschaften, die fehlende Disziplin im Gebrauch der Terminologie und obendrein die von der Spätromantik beeinflussten Gefühle verleihen Müllers Werk die erwähnte Tragik.

Woher kommen nun aber die Bezeichnungen „arisch" und „Arier"? Wir haben bereits erwähnt, dass die auf den ersten Blick sehr verschiedenen Sprachen wie zum Beispiel Keltisch, Deutsch oder Russisch bei näherer Betrachtung der indoiranischen oder indoeuropäischen Sprachfamilie angehören. Eine ähnliche Korrespondenz zwischen diesen und anderen Sprachen wie zum Beispiel dem Hebräischen oder Arabischen, den sogenannten semitischen Sprachen, ist jedoch nicht herzustellen. Wohl um den uralten Ursprung der indoeuropäischen Sprachfamilie anzudeuten, wurde eine dritte Bezeichnung eingeführt, die von einer ausgestorben alten iranischen Sprache, dem Avestanischen, abgeleitet ist. Mallory gibt an, dass die Bezeichnung „arisch" von einer abgewandelten Form der Bezeichnung des Landes Iran in dieser Sprache herrührt, die wohl *aryanam* hieß.[243] Der Untertitel des oben zitierten Buches von Müller von 1888 heißt dann auch *The home of the Aryas*, (deutsch: *Die Heimat der Arier)* – eine Bezeichnung, die nicht zwingend wissenschaftlich falsch ist, wenn man darunter die **verschiedenen** Völker und Rassen versteht, die eine arische Sprache gesprochen haben. Der Begriff „Arier" war allerdings schon deshalb gefährlich, weil er eigentlich die Existenz einer arischen Rasse implizierte.

Müller war weder der Einzige noch der Erste, der auf dem Gebiet der Sprachforschung hervortretenden Gelehrten, die neben ihren Verdiensten für die Forschung auch zu wissenschaftlichen Fehlschlüssen neigten. Schon 1847, also deutlich vor Müller, hatte Christian Lassen, ein anderer Pionier auf diesem Gebiet, in seiner *Indischen Altertumskunde* unter anderem das Folgende geschrieben:

„*... im Hintergrunde der ganzen Entwicklung des indischen Geistes [...] liegt die ursprüngliche geistige Anlage des **arischen** Volkes. [...] Denn nur wenige Völker der Erde sind dieser höheren Befähigung selbstständiger Bildung teilhaftig; von Völkern anderer Rasse sind es nur die Chinesen und Ägypter, von der kaukasischen nur die Semiten und Indogermanen. Die Letzten sind aber ohne Zweifel die am höchsten begabten. [...] Die Geschichte bezeugt, dass die Semiten nicht das harmonische Gleichmaß aller Seelenkräfte besitzen, durch welche die Germanen hervorragen. Das Gemüt und mit ihm die Leidenschaft, die besondere Persönlichkeit mit energischem Willen und scharfem Verstande waltet bei dem Semiten vor; er kann die Beziehung der Welt zum Menschen überhaupt von der zu dem eigenen Ich nicht trennen, er kann den Gedanken nicht in reiner Objektivität dem Geiste vorstellen; seine Anschauungsweise ist subjektiv und egoistisch.*"[244]

Leider muss man auch bei Lassen feststellen, dass das, was er den Semiten vorwirft – subjektive und egoistische Anschauungsweisen – vor allem auf ihn selbst zutrifft. So schreibt er:

„*Die arischen Inder beurkunden durch ihre Sprache eine ursprüngliche und innige Verwandtschaft mit den jetzt sogenannten indogermanischen Völkern; [...] Sie gehören wie alle die sprachverwandten Völker, zur kaukasischen Rasse, wenn wir diese Einteilung gelten lassen; die Indogermanen gehören sonst alle zu den weißen Völkern, die oben als arisch bezeichneten Inder sind zum Teil sehr schwarz. [...] die Arischen Inder gehören zur kaukasischen Rasse vermöge ihrer Sprache und ihres physischen Typus; ihre dunklere Hautfarbe erreicht nicht einen solchen Grad von Schwärze, dass wir sie nicht aus Einwirkungen klimatischer Einflüsse herleiten könnten.*"[245]

Der subjektive Wunsch Lassens, dass die dunkelhäutigen Arier doch nicht zu schwarz sein mögen, verdunkeln sein Denkvermögen in offensichtlich gehörigem Maße.

Zum Schluss soll noch ein dritter Sprachgelehrter genannt werden, der französische Semitologe Ernest Renan, der wie Egon Friedell behauptet[246], vielleicht mehr Romancier denn Gelehrter war. Aus diesem Grund wurde er aber, vor allem nach dem Erscheinen seines Buches *Das Leben Jesu* im Jahre 1863, von einem viel größeren Publikum gelesen. Er hat gewiss viel dazu beigetragen, dass die Vorurteile gegen die Juden aufgrund rassischer Veranlagung weit verbreitet wurden. Ich zitiere Renan hier aus einer Rezension seines 1858 erschienenen Buches *Histoire Générale et Système Comparé des Langues Semitique* (deutsch: *Allgemeine Geschichte und vergleichendes System der semitischen Sprachen*), in der F. Max Müller den französischen Originaltext wiedergibt:

„*Außer der Überlegenheit seines religiösen Kultes hat das jüdische Volk* [Renan gebrauchte hier das Wort ‚peuple', Anm. H.G.M.] *auf keinem anderen Gebiet eine solche Position; es ist eines der Völker der Antike, die die geringste Veranlagung für die Wissenschaften und für die Philosophie haben; es nimmt weder in der Politik noch auf militärischem Gebiet eine bedeutende Position ein. Seine Institutionen sind ausschließlich konservativ; die Propheten, die ihre Begabung am besten zeigen, sind ganz wesentlich reaktionäre Menschen, die sich immer nur für ein althergebrachtes Ideal einsetzen.*"[247] [Übersetzung H.G.M.]

Wie wir sehen werden, sollte es nicht sehr lange dauern, bis man den Juden vorwarf, dass sie sich in den Wissenschaften viel zu prägnant hervortun. Schon Müller bemerkte in seiner Rezension zu Renans Werk:

„*Man kann sich diese grobe Skizze des semitischen Charakters nicht ansehen, ohne zu bemerken, wie viele Punkte sie enthält, die zu Zweifel und Diskussion Anlass geben.*"[248]

Was ich mit den ausführlichen Zitaten aus den Werken von Sprachgelehrten, von denen mindestens zwei auf ihrem eigentlichen Gebiet Großes geleistet haben, zeigen wollte, ist, wie sehr das rassische Denken vermischt mit alten Vorurteilen gegen Juden und Semiten gerade von dieser intellektuellen Elite bereits Besitz ergriffen hatte. Man versuchte krampfhaft, eine arische Rasse zu konstruieren, obgleich die großen ethnischen Unterschiede der indischen Völker dies gar nicht zulassen. Ebenso wenig ist es möglich, alle Juden in der Welt pauschal einer semitischen Rasse zuzuordnen. Es gibt semitische Sprachen aber kein semitisches Volk; und ganz gewiss sind das nicht die Juden – jedenfalls nicht mehr, seitdem sie kein eigenes Land mehr hatten. Ihre Gene sind durch zweitausend Jahren Zerstreuung in viele Teile der Welt unterschiedlicher als die der meisten wirklichen Völker. Das heißt also, dass die Aussage, dass die Juden ein Volk wären, wie es die Zionisten behaupten, ein reiner Mythos ist. Nicht nur, dass sie seit zweitausend Jahren kein eigenes Land mehr hatten, sie hatten auch keine gemeinsame Sprache mehr, jedenfalls keine, die über den Gebrauch in religiösen Dingen hinausging. Das Einzige, was die europäischen Juden teilten, war ihr soziokulturelles Erbe.

Wie verwirrend dies alles ist und wie verwirrt die damaligen wie auch die heutigen Gelehrten von diesem Problemkreis sind, soll kurz daran illustriert werden, was Jakob Katz über Renan schreibt:

„… Renan gebrauchte das Wort Rasse freimütig und er war tatsächlich der erste Autor, der diesen Begriff als allgemeingültiges Erklärungskonzept für historische Phänomene verwendete. Ohne sich der schwerwiegenden Folgen seines Handelns bewusst zu sein, führte er den Begriff der Rasse im Zusammenhang mit den Juden ein."[249]
[Übersetzung H.G.M.]

Wie wir oben sahen, war ihm Lassen jedoch im Zusammenhang mit dem Gebrauch der Begriffe „arisch" und „arische Rasse", die ebenso unsinnig sind wie die der „jüdischen Rasse" oder der „semitischen Rasse", zuvorgekommen. Dass die genannten Gelehrten viel Verwirrung und unsauberes Denken hinterlassen haben, haben wir schon bemerkt. Dass dieselben Leute aber zuweilen auch sahen, wie man mit diesen Begriffen tatsächlich umgehen muss, zeigt das folgende Zitat von Renan aus dem Jahre 1883. Vielleicht erklärt es auch, warum dieser Autor in Poliakovs Standardwerk über den Antisemitismus nicht vorkommt:

„Man stützt sich zu Gunsten der ethnischen Einheit der Juden auch auf die Ähnlichkeit ihrer Sitten und Gewohnheiten. Jedes Mal, wenn

*man Personen **gleichviel welcher Rasse** zusammentut und sie zu einem Leben im Getto zwingt, wird man dasselbe Ergebnis erlangen. Es gibt, wenn man sich so ausdrücken darf, eine Psychologie der religiösen Minderheit und diese **Psychologie ist von der Rasse unabhängig**. Die Lage der Protestanten in einem Land, wo der Protestantismus in der Minderheit ist, wie in Frankreich, hat viel Analoges mit derjenigen der Juden, weil die Protestanten während eines sehr langen Zeitraums genötigt waren, unter sich zu leben und ihnen, wie den Juden, eine Menge Dinge verboten war. Es entstehen solcher Weise **Ähnlichkeiten, die nicht von der Rasse herrühren, sondern das Ergebnis gewisser Analogien der Lage sind**. Ein abgeschlossenes Leben unter unausgesetzten Belästigungen und Verboten, das Leben sozusagen in einem Pferch, erzeugt überall, **auf die Rasse kommt's hierbei nicht an**, dieselben Zustände. [...] Wie die Juden haben die Protestanten weder Handwerker noch Bauern; man hat sie verhindert, solche zu haben."*[250] [Hervorhebungen H.G.M.]

Aus diesem Zitat wird deutlich, dass sich Renan der Bedeutung dessen, was ich hier oben das soziokulturelle Erbe genannt habe, bewusst war. Es ist ebenfalls klar, dass Renan wusste, wie genetisch unterschiedlich die Juden sind und dass der Begriff einer jüdischen Rasse deshalb unsinnig ist. So schreibt er weiter:

„... dabei habe ich aber auch die Überzeugung, dass in der Gesamtheit der jüdischen Bevölkerung, wie sie heutzutage existiert, ein bedeutender Zuschuss nichtjüdischen Blutes vorhanden ist; und zwar in dem Grade, dass diese Rasse, [...] stark von fremdem Blut durchtränkt ist."[251]

Er meint, dass dies vor allem daher rührt, dass in der frühchristlichen Zeit viele Mitglieder unterschiedlicher Völker zum Judentum übergetreten sind. Dies, wie auch die Vergewaltigungen späterer Zeit, die in der christlichen Welt aufgrund der Paria-Stellung der Juden und den damit einhergehenden Ausschreitungen gegen sie wiederholt vorkamen, sind wichtige Gründe dafür, dass sehr viel ungarische Juden ungarisch aussehen, während deutsche Juden eher deutsch aussehen. Wie Renan schreibt: *„Meine Ansicht ist, dass es nicht einen jüdischen Typus, sondern dass es jüdische Typen gibt."*[252]

Aus all diesen Äußerungen lässt sich schlussfolgern, dass Renan viele Aspekte typisch jüdischer Eigenschaften durchaus richtig sieht, dass er aber wie viele seiner Kollegen zu leichtfertig in seiner Wortwahl ist und trotz seiner oft richtigen Erkenntnisse doch auch hier und da den falschen Ausdruck „jüdische Rasse" gebraucht.

Kräfteschema 5: Die Juden nach der Emanzipation

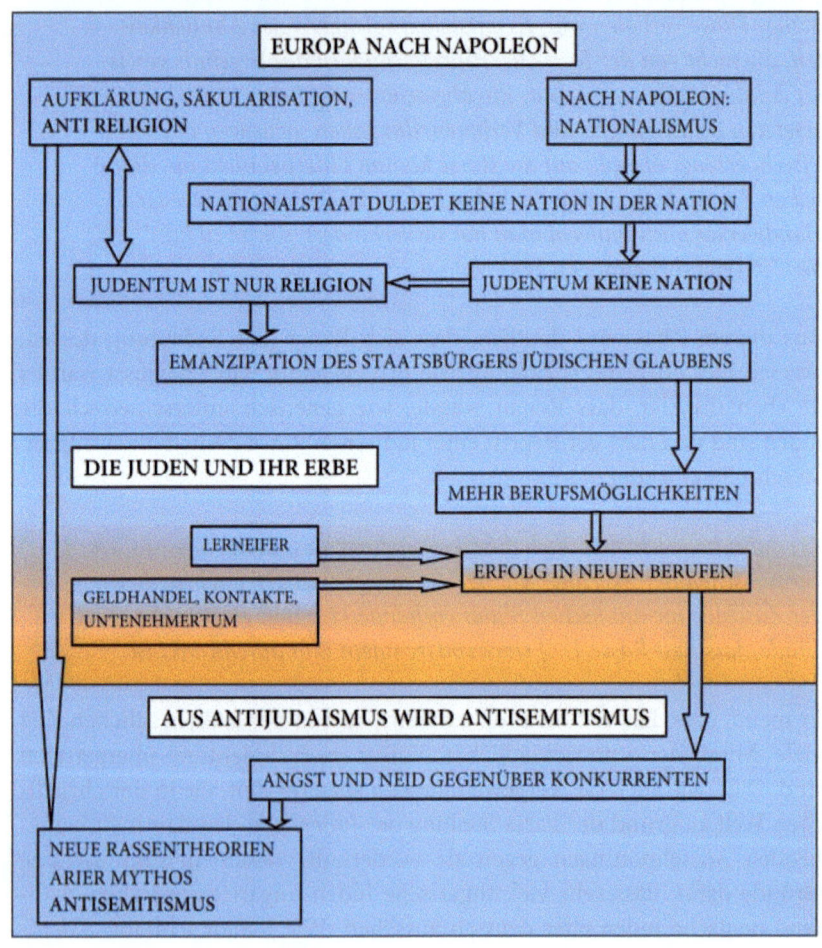

Im oberen Block wird dargestellt, wie die Juden durch zwei wichtige Veränderungen in der europäischen Welt gewissermaßen in eine Zwickmühle geraten sind. Zum einen war durch die Aufklärung und durch die Französische Revolution alles in Misskredit geraten, was die Religion oder den Klerus betraf. Da die Juden im bis dahin gültigen Weltbild eine Gruppe anderer Religion waren, die Religion aber nun nicht mehr eine der höchstrespektierten Kategorien darstellte, wurden die Juden nunmehr von vielen als Obskuranten betrachtet, die der Aufklärung negativ gegenüberstanden. Die zweite Veränderung hängt mit den Eroberungen Napoleons zusammen, die zur Besatzung verschiedener europäischer Länder geführt hatten. Nach dem Ende der napoleonischen Ära blieb überall in Europa eine neue Intensität nationalistischer Gefühle zurück. Der aufblühende Nationalismus erleichterte es den Juden nicht unbedingt sich darauf zu berufen, ebenfalls ein eigenständiges Volk zu sein. Es blieb ihnen kaum etwas anderes übrig, als ihre staatsbürgerliche Loyalität zu dem Land, in dem sie lebten, zu betonen. Im Übrigen taten sie ihr Bestes, ihren Glauben zu modernisieren.

Im mittleren Block wird gezeigt, wie das Erbe den Juden durch Lernbegierde und durch ihren Zugang zu finanziellen Mitteln schnelle Erfolge in neu zugänglichen Berufen verschaffte. Diese Erfolge führten, wie im unteren Block angedeutet, bei ihren nichtjüdischen Konkurrenten zu Neid und Angst. Der lange Pfeil ganz links im Schema symbolisiert den Bedeutungsverlust der theologischen Untermauerung des Antijudaismus. An ihre Stelle traten zunehmend pseudowissenschaftliche Argumente, die aus Fehlinterpretationen neuer Erkenntnisse der Biologie und Philologie gewonnen wurden, so z. B. die Rassentheorie und der Arier-Mythos. Dieser letzte Punkt wird im Kräfteschema *Vom Antijudaismus zum Antisemitismus* ausführlicher dargestellt.

Kräfteschema 6: Vom Antijudaismus zum Antisemitismus

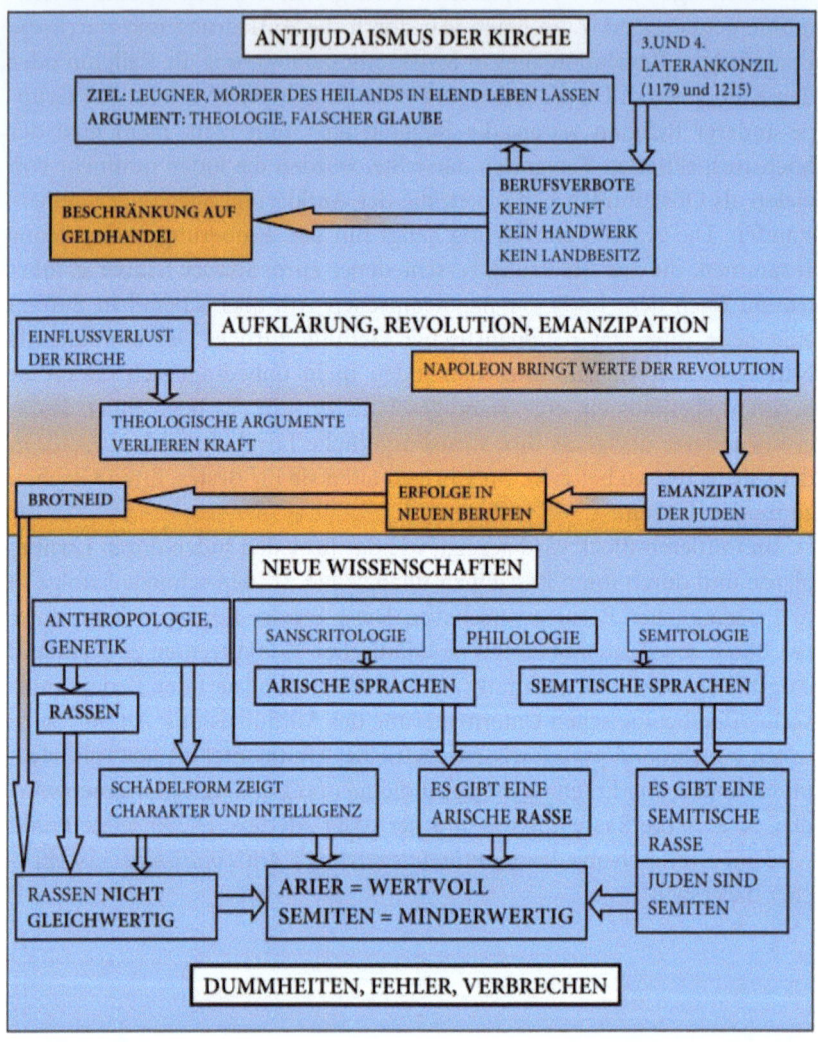

Dieses Kräfteschema ist zweifelsohne von größter Wichtigkeit, allerdings auch ziemlich kompliziert. Es besteht aus vier großen Blöcken. Der oberste stellt den spätmittelalterlichen Antijudaismus der Kirche dar. Der zweite Block repräsentiert den Weg hin zu Aufklärung, Revolution und Emanzipation. Die unteren beiden Blöcke sind den neuen Wissenschaften gewidmet, nämlich der Anthropologie und Genetik einerseits und der Philologie anderseits. Der dritte Block von oben zeigt die wirklichen Errungenschaften dieser neuen Wissenschaften. Der untere Block stellt dem die Dummheiten, Fehler und gar Verbrechen gegenüber, die im Namen dieser neuen Wissenschaften begangen worden sind.

Wir wollen hier vor allem die unteren beiden Teile dieses Schemas erläutern. Im Block *Neue Wissenschaften* stehen links oben die Anthropologie und die Genetik, die die Einteilung der Menschen in verschiedene Rassen und die Erblichkeit ihrer spezifischen Merkmale entdeckt und beschrieben haben. Als eine dieser erblichen äußerlichen Eigenschaften wurde die Schädelform erkannt, von der jedoch zu Unrecht angenommen wurde, dass sie Aussagen über Charakter und Intelligenz erlauben würde. Aus der tatsächlichen Verschiedenartigkeit der Rassen wurde dann durch Dummheit und verbrecherische Fehler geschlussfolgert, dass die Rassen nicht gleichwertig wären.

Neben dem Block *Anthropologie und Genetik* befindet sich der Block *Philologie*. Zwei Teilbereiche dieses Gebietes sind für uns wichtig: das der arischen oder indoeuropäischen Sprachen und das der semitischen Sprachen. Aus den wunderbaren und erstaunlichen Entdeckungen der arischen Sprachfamilie wurden plötzlich und absolut unwissenschaftlich ein arischer Mensch und eine arische Rasse hervorgezaubert. Ebenso wurde aus der realen semitischen Sprachfamilie das Bestehen einer semitischen Rasse abgeleitet, der die Juden – genetisch vermischter als jede andere Gruppe mit einem gemeinschaftlichen soziokulturellen Erbe – zugeordnet wurden. Schließlich wurde postuliert, dass Arier wertvoll und Semiten minderwertig sind.

9 Beschränkungen und letztlich Sieg der Gleichberechtigung

Die Jahre nach der Revolution von 1848 bis zur Gründung des neuen Deutschen Reiches durch Bismarck im Jahre 1871 bieten aus mehreren Gründen ein komplexes Bild. Einerseits werden in den einzelnen Staaten verschiedene den Juden gewährte Rechte in unterschiedlichem Umfang zurückgenommen. Vielerorts versucht man also, die Emanzipation der Juden zurückzudrängen. Anderseits schreitet der beginnende Kapitalismus unaufhaltsam voran, was wiederum zu einer Liberalisierung der Wirtschaft zwingt. Diese Liberalisierung führt ihrerseits mancherorts zu der Einsicht, dass die Juden in einer liberaleren Gesellschaft eine wichtige Rolle spielen könnten – selbstverständlich aus denselben Gründen wie schon oft in der Geschichte: durch ihren Zugang zu benötigtem Kapital und zu Materialien und Gütern aus dem Ausland sowie durch ihr unkonventionelles Unternehmertum. Wir wollen diese komplexe Situation durch einige Beispiele erläutern.[253]

Die feudale und konservative Junkerpartei trat wieder in den Vordergrund, die *„Grundrechte des Deutschen Volkes"*, die im Frankfurter Paulskirchenparlament beschlossen worden waren, wurden im August 1851 wieder aufgehoben. In Preußen kehrte man zum alten Dreiklassenwahlrecht zurück, das den Konservativen und „Gemäßigten" eine Stimmenmehrheit sicherte. Die Chancen für jüdische Abgeordnete, die Interessen ihrer Wähler durchzusetzen, wurden dadurch natürlich stark eingeschränkt. Außerdem wurde aufs Neue die Notwendigkeit eines „christlichen" Staats angesprochen. Im Herrenhaus des Landtages war es ausgerechnet der getaufte Jude Stahl, der sich zu einem fanatischen christlichen Konservativen entwickelt hatte und nun dafür eiferte, dass die christliche Religion in allen staatlichen Einrichtungen vorherrschen solle. Dies führte dazu, dass im Januar 1850 der folgende Artikel in die neubearbeitete Verfassung eingefügt wurde:

„... die christliche Religion wird bei denjenigen Einrichtungen des Staates, welche mit der Religionsübung im Zusammenhang stehen,

unbeschadet der in Artikel 12 gewährleisteten Religionsfreiheit, zu Grunde gelegt."[254]

Dieser Artikel konnte nach Belieben so ausgelegt werden, dass die meisten Ämter und Berufe für Juden nicht zugänglich waren. So konnten sie weder Richter, noch Rechtsanwalt oder Lehrer an öffentlichen Schulen werden. Dubnow beschreibt die Situation treffend:

„Als im Jahre 1852 im reaktionären Herrenhaus der Antrag eingebracht wurde, den ‚unangenehmen' Artikel 12 der Verfassung (von der Gleichheit) in dem Sinne zu korrigieren, dass der Zutritt ins Parlament und zu den Staatsämtern von der Zugehörigkeit zur christlichen Religion abhängig gemacht werde, antwortete die Regierung, dass dies ‚noch nicht zeitgemäß' sei, dass aber die Juden auf dem Verwaltungswege sowieso von den Staatsämtern fern gehalten würden. […] warum sollte man sich durch eine Änderung der Verfassung kompromittieren, wenn man sie durch ‚Auslegungen' und auf dem ‚Verwaltungswege' in einen toten Buchstaben verwandeln konnte."[255]

Als nach den Wahlen 1856 die Partei der Klerikalen und Junker im preußischen Landtag an Gewicht gewonnen hatte, versuchte man noch einmal, den Gleichberechtigungsartikel 12 der Verfassung aufzuheben. Aus diesem Grund richteten – auf Initiative des Herausgebers der *Allgemeinen Zeitung des Judentums* Ludwig Philippson – etwa 300 jüdische Gemeinden Briefe an das Abgeordnetenhaus, eine Aktion, an der sich auch zahlreiche Christen beteiligten und die schließlich dazu führte, dass im März 1856 der schändliche Antrag von einer übergroßen Mehrheit abgelehnt wurde.

Wie bereits erwähnt, gestaltete sich die Situation in den Einzelstaaten unterschiedlich. So lieferte z. B. das Großherzogtum Baden ein äußerst positives Beispiel. Der liberale Minister Lamey schrieb 1860 an Großherzog Friedrich:

„Die ganze Anlage unserer staatlichen Zustände verträgt es nicht mehr, dass eine Klasse von Untertanen um eines so wenig zutreffenden Merkmals willens, wie der äußerliche Glauben es ist, von einer Reihe rechtlicher Befugnisse ausgeschlossen bleibt."[256]

Die Erfordernisse der liberalen Wirtschaftspolitik und die positive Rolle, die die Juden in einer solchen Wirtschaftsordnung spielen konnten, waren für die intelligenteren und weitsichtigeren Politiker und Beamten jener Zeit nicht länger vereinbar mit kleinlichen, beschränkenden Maßnahmen gegenüber dieser so aktiven und aufgeschlossenen Bevölkerungsgruppe. So wurde ihnen letztlich 1862 in Baden die Gleichberechtigung gewährt. Zwei Jahre später folgte das Königreich Württemberg und 1869 der Norddeutsche Bund, das heißt fast alle deutschen Staaten nördlich der Mainlinie. 1871 wurden die Juden schließlich im ganzen Deutschen Reich zu gleichberechtigten Staatsbürgern.

Industrielle Revolution und Reichsgründung

Das Zusammentreffen zweier historischer Kräfte gewaltigen Ausmaßes hatte entsprechend große Folgen für Europa und zog einschneidende Veränderungen nach sich. Das ist einerseits das Ende der Kleinstaaterei durch die Gründung des Deutschen Reiches, wodurch ein großer, zusammenhängender Markt in Mitteleuropa entstand, und andererseits die industrielle Revolution, die sich in rasanter Geschwindigkeit entwickelte. Dieses an sich schon explosive Gemisch wurde noch gefährlicher, als 1871 eine unvorstellbar große Geldmenge hinzukam: die französischen Reparationszahlungen aus dem verlorenen Krieg. Golo Mann beschreibt diese Situation sehr eindrucksvoll:

„Der Staat, autoritär im Politischen, aber liberal im Wirtschaftlichen, gibt dem Kapitalismus, was er haben will: Aktien- und Wechselrecht, einheitliche Handelsgesetzgebung, Konzentration der Banknotenausgabe, Vereinfachung des Münzwesens, der Maße und Gewichte. Dann wirken die Milliarden der französischen Entschädigung wie eine aufpeitschende Droge im Blut der deutschen Volkswirtschaft. Tolle Erwerbsgier erfasst breite Schichten des Bürgertums und der Aristokratie. Es sind die Gründerjahre 1871 bis 1874, während derer nicht weniger als 857 Aktiengesellschaften mit einem Kapital von über 4 Milliarden Mark begründet wurden und viele schwindelhafte Gründungen darunter. Dem folgte ein Aschermittwoch der Zusammenbrüche, eine Periode des harten wirtschaftlichen Existenzkampfes. [...] Es ist das

Zeitalter der Großbanken. [...] In keinem anderen Land, sagen uns die Fachleute, besitzen einige wenige Großbanken einen so entscheidenden Einfluss auf die Steuerung der Wirtschaft wie in Deutschland; dergestalt, dass schließlich beide Machtbereiche, Industrie und Finanz wie zu einem einzigen werden."[257]

In den sechs Jahrzehnten vor 1895 hatte eine unglaubliche Urbanisierung Deutschlands stattgefunden. Um 1830 hatten 80 % der Bevölkerung auf dem Land und von der Landwirtschaft gelebt. 1895 galt dies nur noch für weniger als 30 % der Deutschen.

An dem damit zusammenhängenden wirtschaftlichen Wachstum nahmen die Juden einen überdurchschnittlich großen Anteil: Durch Unternehmertum und großen Einsatz trugen sie überproportional zum Wachstum bei. Ihr Wohlstand lag dementsprechend über dem Durchschnitt der Gesamtbevölkerung. Ein Beispiel möge dies verdeutlichen: Im Jahre 1874 hatten in der Stadt Breslau zwei bis drei Prozent der Einwohner ein Einkommen von mehr als 2000 Talern, für die Juden dieser Stadt galt zum selben Zeitpunkt, dass 15 Prozent über ein Einkommen dieser Größenordnung verfügten.[258]

In Übereinstimmung mit dem, was wir in Kapitel 4 über das soziokulturelle Erbe im Bezug auf den jüdischen Lerneifer gesagt haben, lag auch um diese Zeit die Zahl der jüdischen Schüler und Studenten an Gymnasien, Hochschulen und Universitäten überproportional hoch. So waren um 1880 acht Prozent der deutschen Studentenschaft jüdischer Herkunft, während die Juden in Deutschland nie mehr als 1,25 % der Bevölkerung ausmachten. Ähnliche Verhältnisse gelten für den Gymnasialbesuch. Um 1885 waren zehn Prozent der Schüler des Bielefelder Gymnasiums jüdisch, während zu dieser Zeit nur 1,8 % der Bielefelder Bevölkerung Juden waren. Noch eindrucksvollere Zahlen zu diesem Bildungsdrang, ja vielleicht sollte man sagen, zu dieser Bildungswut der jüdischen Bevölkerung liefert Prinz: Er vermeldet, dass im Jahre 1879 in Berlin 0,51 % der dort lebenden Protestanten eine Staatsschule besuchten und 0,22 % der Berliner Katholiken, aber 3,5 % der in Berlin lebenden Juden.[259] Für Oberschlesien gelten die entsprechenden Zahlen 0,81 % der Protestanten, 0,19 % der Katholiken und gar 4,23 % der Juden. Der überdurchschnittliche Wohlstand und der Lerneifer begünstigten sich gegenseitig, da zu jener Zeit die höheren Schulen und natürlich noch mehr die Universitäten den Eltern der Studenten nicht unbeträchtliche finanzielle Bürden auferlegten. Die genossene Ausbildung erhöhte aber selbstverständlich die Wahrscheinlichkeit, ein hohes Einkommen zu erreichen und so das Studium der eigenen Kinder finanzieren zu können.

Es wirkten hier tatsächlich viele Kräfte zusammen, die den Juden in diesen Jahren einen außergewöhnlich schnellen Aufstieg ermöglichten. Einige der wichtigsten werden wie hier aufzählen.

Kapital

Das schnelle Wirtschaftswachstum verschlang große Mengen an Kapital für die Errichtung neuer Industrien. Die Bankgeschäfte lagen schon seit alters her hauptsächlich in jüdischen Händen. Bei der Beurteilung der Situation darf man natürlich nicht übersehen, dass die Ursache dafür in den Berufsverboten aus der Zeit vor der Emanzipation lag. Prinz schreibt dazu:

„Die führenden jüdischen Bankiers entstammten Familien, die seit Generationen – in einzelnen Fällen seit dem Dreißigjährigen Krieg – mit dem Finanzwesen eng verbunden waren. Zum Teil waren dies die Familien früherer Hofjuden, in deren Kreisen Eheschließungen in der Regel eng mit der Geschäftspolitik verbunden waren, was zur Erhaltung oder Mehrung der Vermögen sowie zum Ausbau der Beziehungen beitrug."[260]

Neben der Heiratspolitik spielte auch der Kinderreichtum eine große Rolle, da er es den Bankiers ermöglichte, ihre Kinder in verschiedene Länder zu schicken und auf diese Weise internationale Verbindungen aufzubauen und zu pflegen. Da die rasante Entwicklung des neuen Kapitalismus in der zweiten Hälfte des 19. Jahrhunderts zum ersten Mal in der Geschichte auftrat, gab es, wie Prinz weiter ausführt,

„... keine wirksamen gesetzlichen Regelungen des Aktienwesens. So konnten die geschäftigen Gründer dem Publikum goldene Berge an Dividenden versprechen, auf die gar keine Aussicht bestand. [...] Der Sieg und die Reichsgründung, die französischen Milliarden und die Annektion von Elsass-Lothringen hatten eine Welle des Optimismus erzeugt. [...] Eine Mischung von Unwissenheit und Geldgier bei

Millionen an sich rechtschaffener und bescheidener Menschen schuf für Spekulanten, Hochstapler und Betrüger einzigartige Chancen."[261]

Naturwissenschaft und Technik

Naturwissenschaft und Technik durchliefen in der zweiten Hälfte des 19. Jahrhunderts ebenfalls eine schnelle Entwicklung, deren Geschwindigkeit und Bedeutung sich vor allem nach 1871 noch verstärkten. Neue Erfindungen, für deren serienmäßige Produktion Fabriken gebaut werden mussten, gaben dem Kapital, also den Banken, die Gelegenheit, ihr Geld nutzbringend anzulegen. So entstanden völlig neue Industriezweige. Es soll an dieser Stelle nicht die Geschichte von Naturwissenschaft und Technik während der letzten drei Jahrzehnte des 19. Jahrhunderts dargestellt werden. Ich möchte nur kurz einige der neuen Aktivitäten nennen:

Etwa bis zum Ende des 19. Jahrhunderts lieferten in erster Linie stetig verbesserte Dampfmaschinen mechanische Energie, die die neuen Fabriken benötigten. Um 1900 hatte man schließlich **Dampfturbinen** so weit entwickelt, dass sie die benötigte mechanische Energie auf viel effizientere Weise lieferten. Im Jahre 1867 präsentierte Siemens auf der Pariser Weltausstellung die ersten **Dynamos**, die schließlich die direkte **Elektrifizierung** der Welt ermöglichten – ein Prozess, der durch die Entwicklung von **Elektromotoren** in der Mitte der 1880er Jahre und durch die Erfindung und Weiterentwicklung der **Glühlampe** um etwa dieselbe Zeit stimuliert wurde. Auch die **elektrochemische Industrie**, die für die Veredelung von Metallen durch Vernickeln, Versilbern usw. gebraucht wurde, konnte dadurch entstehen. Fortschritte in der Wissenschaft der Chemie führten zur Entstehung neuer **chemischer Industriebetriebe**. Neue Produkte wie der **Kunstdünger** bewirkten wiederum Ertragssteigerungen in der Landwirtschaft. Andere Erfindungen und Entdeckungen wirkten sich ebenfalls positiv auf die verschiedenen Industriezweige und damit auch auf das Leben der Menschen aus, so die Synthese von **Farbstoffen** auf die **Textilindustrie** und die Entwicklung von **Arzneimitteln** auf die Volksgesundheit. Schließlich darf nicht vergessen werden, dass auf der Pariser Weltausstellung von 1887 der erste Ottomotor, das heißt der erste Verbrennungsmotor und Prototyp unseres heutigen **Benzinmotors**, vorgestellt wurde. Zehn Jahre später folgte der erste **Dieselmotor**.

Die Fülle neuer Möglichkeiten und die von Hochstaplern und Schwindlern versprochenen Gewinnaussichten sorgten für eine fieberhafte Atmosphäre. So wurden auch viele Kleinsparer verführt, zum ersten Mal in ihrem Leben Aktien zu kaufen. Die Spekulationsblase platzte am 28. Oktober 1873, als die Kurse an der Berliner Börse in freiem Fall stürzten.

Börsenkrach und neuer, virulenter Antijudaismus

Dieser wirtschaftlichen Zusammenbruch markierte den Beginn einer wirtschaftlichen Krise, die bis zur Mitte der 1890er Jahre andauerte. Erst danach erholte sich die Wirtschaft bis zum Beginn des Ersten Weltkrieges gründlich.[262] Neben den Schwindeleien, die die Börsenkurse über alle Maßen in die Höhe getrieben hatten, war auch der Widerspruch zwischen Überproduktion und mangelnder Kaufkraft der vielen schlecht bezahlten Arbeiter verantwortlich für diese ökonomische Depression. Da sowohl bei den Banken als auch an der Börse und in vielen neuen Industriebetrieben besonders viele Juden in zum Teil verantwortungsvollen Positionen beschäftigt waren, erwuchs aus der Wirtschaftskrise ein neuer Antijudaismus. Ein Grund dafür liegt sicher in der starken und zum Teil verheerenden Schädigung vieler kleiner (und auch großer) Leute durch den Börsenkrach und die Wirtschaftskrise.

Hier soll nun nicht die Geschichte des Antijudaismus oder – wie dieses Phänomen von etwa dieser Zeit an genannt wurde – des Antisemitismus wiedergegeben werden. Unser Hauptinteresse liegt vielmehr auf den verschiedenen historischen Kräften, die zu diesen Entwicklungen beigetragen haben. Neid auf den neuen Reichtum der Juden und die bei vielen von ihnen vorhandene Neigung, diesen Reichtum auch zu zeigen, spielten diesbezüglich eine wichtige Rolle. Darüber hinaus verursachte bei vielen kleinen Geschäftsleuten und Handwerkern die auf diese Weise sichtbare industrielle und moderne wirtschaftliche Macht Existenzängste, die von Phantasien über die Weltmacht der Juden begleitet wurde.

Populäre Judenhetzer aus dem Journalismus

Otto Glagau, der erste Autor, mit dem wir uns hier befassen müssen, war publizistisch so geschickt, dass seine Ideen über den schädlichen Einfluss der Juden auf die wirtschaftlichen Gegebenheiten von Anfang an eine außerordentlich weite Verbreitung fanden. Es gelang ihm, eine lange Artikelserie über dieses Thema in der größten Wochenzeitschrift jener Zeit „Die Gartenlaube" unterzubringen. Diese Serie begann im August 1874 und erreichte durch die 400.000 Abonnenten dieser Zeitschrift etwa zwei Millionen Leser. Im Vorwort zu dem Buch, das einige Jahre später aus dieser Artikelreihe entstand, werden viele der wichtigsten Themen und Motive erwähnt. Neben seinem Judenhass geht es ihm um einen ganz allgemeinen Angriff auf die moderne kapitalistische Welt, die sich zu jener Zeit in rasender Geschwindigkeit entwickelte. Er träumte offenbar von der ruhigen „guten alten Zeit", in der nicht Freiheit, sondern Sicherheit und Ordnung das Leben bestimmten.

„Die große ‚liberale Partei'[...] mühte sich fortan weniger um die politische als um die wirtschaftliche oder eigentlich – manchesterliche[263] Freiheit, welche Handwerk und Industrie, Handel und Spekulationen von jeder gesetzlichen Schranke befreit, an Stelle der staatlichen Aufsicht die freie Konkurrenz setzt und dem Kapital jede Willkür gönnt. Statt Einer Freiheit erhielten wir jetzt eine Menge von Freiheiten; so die Theater-Freiheit, die Wucher-Freiheit und vor allem – die Aktien-Freiheit und die Börsen-Freiheit. Die manchesterlichen Freiheiten stürzten wie ein Platzregen auf uns nieder, ließen uns gar nicht zur Besinnung kommen und haben uns arg in die Tinte geführt. [...] die Gewerbefreiheit schädigte das Handwerk und zerrieb den Handwerkerstand indem sie Pfuscherei und Stümperei begünstigte, indem sie den unreifen Gesellen oder Lehrling selbständig machte, dagegen den Meister zu einem Lohn- oder Fabrikarbeiter herabsinken ließ. Die Wucher-Freiheit privilegierte die „Halsabschneider", Pfandleiher und Rückkaufshändler [...], die Aktien-Freiheit endlich – die schlimmste von allen – inaugurierte die berüchtigte Gründer- und Schwindleraera, setzte die große Börsenorgie ins Werk, wo man in der frechsten Weise das ganze Volk ausplünderte [...] Die ‚liberalen' Gesetzgeber in unseren Parlamenten sind vorwiegend Manchesterleute, und sie arbeiten in Verbindung mit der liberalen Presse hauptsächlich im Interesse des Kapitals und Erwerbs."[264]

Man bemerke hier die – wenn auch raffiniert unterschwellige – Anspielung auf die Zusammenarbeit zwischen Politik, Kapitalismus und Presse, wobei man bedenken muss, dass auch im Journalismus überproportional viele Juden beschäftigt beziehungsweise verantwortlich waren. Diesen neuen Judenhass, oder besser gesagt: diese neue Angst vor den Juden fasst Glagau schließlich am Ende seines Vorworts zusammen. Die dort gewählten Worte zeigen deutlich, dass die früher vorherrschende Angst vor dem Fremden in eine neue Angst vor einer neuen Macht umgeschlagen ist:

*„Nicht länger dürfen wir's dulden, dass die Juden sich überall in den Vordergrund, an die Spitze drängen, überall die Führung, das große Wort an sich reißen. Sie schieben uns Christen stets beiseite, sie drücken uns an die Wand, sie benehmen uns die Luft und den Atem. Sie führen tatsächlich die Herrschaft über uns; sie besitzen eine gefährliche Übermacht und sie üben einen höchst unheilvollen Einfluss. [...] Die ganze Weltgeschichte kennt kein zweites Beispiel, dass eine heimatloses Volk, eine **physisch wie psychisch entschieden degenerierte Rasse**, bloß durch List und Schlauheit, durch Wucher und Schacher, über den Erdkreis gebietet. **Von den Juden können wir lernen.** Vom getauften Minister bis zum polnischen Schnorrer bilden sie eine einzige Kette; machen sie, fest geschlossen, bei jeder Gelegenheit Front gegen die Christen."*[265] [Hervorhebungen H.G.M.]

Die Hervorhebungen illustrieren die Bezeichnung der Juden als Rasse und die durch Angst hervorgerufene Verwirrung in Glagaus Denken: Er bezeichnet die Juden zwar als degenerierte Rasse, meint aber gleichzeitig, von ihnen lernen zu müssen. Diese Ambivalenz ist typisch für die neue Art des Judenhasses. Wir finden sie auch explizit bei Wilhelm Marr, dem nächsten Autor, der hier vorgestellt werden soll. Marr veröffentlichte 1879 zwei Broschüren: In der einen, *Der Sieg des Judentums über das Germanentum*, geht er davon aus, dass die Juden den Streit mit den Germanen schon gewonnen haben. Das Besondere an Marr ist allerdings, dass seine Ambivalenz soweit reicht, dass er den Juden durchaus gewisse Verdienste um Deutschland zugesteht. Er schreibt:

„Es lässt sich durchaus nicht leugnen, dass der abstrakte, geldindustrielle und Schachergeist der Juden zum Emporblühen des Handels und der Industrie in Deutschland viel beigetragen hat."[266]

Nach Ausführungen über die deutsche Kleinstaaterei vor Bismarck und die dadurch bedingte Rückständigkeit gegenüber manch anderem europäischen Staat heißt es weiter:

„In dieses wirre, täppisch-germanische Element drang das glatte, listige, elastische Judentum ein; mit seinen ganzen realistischen Begabungen intellektuell, das heißt was die Intelligenz der Schlauheit betrifft, wohl geeignet, auf das Germanentum hinabzublicken, den monarchischen, ritterlichen, deutschen Tolpatsch zähmend, in dem es seinen schlechten Leidenschaften behülflich war."[267]

Er identifiziert sehr deutlich Juden mit Geld, indem er behauptet: *„Jude und Geldmensch [sind] identisch."*[268] Außerdem vertritt er die Meinung, dass die Juden durch die Emanzipation die Macht, die sie schon vorher errungen hatten, konsolidieren konnten:

„Was das Judentum längst errungen hatte, die Herrschaft des jüdischen Realismus auf Kosten alles Ideellen, das sollte nicht nur sichergestellt, das sollte ins Unendliche ausgebreitet werden. Und dazu bedurfte das Judentum der gleichberechtigten politischen Teilnahme an der Gesetzgebung und Verwaltung desselben Staates, den es theokratisch negierte. […] Bedingungslos trat die jüdische Fremdherrschaft in das staatlich germanische Element ein. Ich gebrauchte wiederholt das Wort Fremdherrschaft; aber ist denn ein Volk, welches alljährlich unter anderem die rituellen albernen Phrasen wiederholt: ‚auf Wiedersehen im nächsten Jahr in Jerusalem', etwa kein fremdes Volk?"[269]

Die Ambivalenz Marrs, die sich auch darin äußert, dass drei seiner vier Ehefrauen jüdischer Herkunft waren, beziehungsweise darin, dass er selbst in jungen Jahren eine linker Revolutionär gewesen war, der die Emanzipation der Juden befürwortet hatte, geht aus dem folgenden von Hohn geprägten Zitat hervor, das auch die andere Seite seiner Einstellung zu den Juden zeigt:

„Die bärenhäutige germanische Indolenz, der germanische Geiz, der germanische bequeme teutonische Phrasenhochmut ist schuld daran, dass es soweit gekommen ist, dass das flinke, kluge Israel zu entschei-

den hat, was man reden soll und was nicht. Ich bitte euch, scheltet mir die Juden nicht! Ihr wählt die Fremdherrschaften in eure Parlamente, ihr macht sie zu Gesetzgebern und Richtern, ihr macht sie zu Diktatoren der Staatsfinanzsysteme, ihr habt ihnen die Presse überantwortet, weil ihr mehr Geschmack an der blendenden Frivolität findet als am sittlichen Ernst, was wollt ihr denn eigentlich? Das jüdische Volk wuchert mit seinen Talenten und ihr seid geschlagen, wie das ganz in der Ordnung ist und wie ihr es tausendfach verdient habt. [...] Wir sind so festgefahren in der Verjudung, dass uns nichts mehr retten kann und dass eine brutale antijüdische Explosion den Zusammenfall der verjudeten Gesellschaft nur verzögert, nicht aber hindert."[270]

In einer zweiten Broschüre *Vom jüdischen Kriegsschauplatz* führt Marr eine fatale Neuerung ein. Er gebraucht hier wohl zum ersten Mal den Ausdruck *Semitismus*, ein Wort, das kurz danach, als Marr mit geringem Erfolg die sogenannte *Antisemitenliga* errichtete, durch das Präfix „anti-" zu einem der giftigsten Begriffe der Weltgeschichte überhaupt werden sollte. Auch hier tritt Marrs Ambivalenz zutage: Einerseits lobt er die tüchtigen jüdischen Ärzte und zollt der großen volkswirtschaftlichen Bedeutung der Juden im Abendland Anerkennung. Andererseits sagt er auch:

„Das nächste Resultat [einer Verjagung, H.G.M.] der Juden ist ein gewaltiger, sozialpolitischer Rückstoß, den das Abendland erduldet. Der asiatische freche Luxus verschwindet, mit ihm ein großer Teil der abendländischen Industrie. Die Folge, und zwar die nächste, rasche Folge dieses Rückstoßes ist die, dass der Industriearbeiter von der ungesund gewordenen, nur spekulativen Industrie zum Landbau zurückkehrt, dass unsere ganzen Sitten einfacher und uns angemessener werden."[271]

Weiter aber folgt eigentlich nur Negatives über die Juden, so z. B.:

„Die Pest der affichierten Reklame, welche fast alle Zeitungen ergriffen hat, ist ein Produkt der jüdischen Journalistik. [...] es ist meine wahrhaftig innigste Überzeugung, dass wir Germanen – wenn auch nicht von heute auf morgen – an der Verjudung der Gesellschaft zu Grunde gehen."[272]

Bei Marr wird das Hoffnungslose dieser Situation deutlich formuliert, denn er schreibt das Betragen der Juden nicht mehr ihrem Willen zu, sondern ihrer Wesensart:

„Was 30 Jahre der Emanzipation erreicht haben, das Tonangeben des Judentums auf allen Gebieten des Lebens, das sehen, hören, lesen und fühlen wir alle. Vom Abstreifen religiöser Vorurteile darf hier nicht die Rede sein, wo es sich um die Rasse handelt und die Verschiedenheit im Blute liegt."[273]

Hier ist also der alte, kirchlich und xenophob fundierte Antijudaismus vollständig in den neuen, rassisch fundierten Antisemitismus umgeschlagen. Bevor wir uns anderen Dingen zuwenden, wollen wir noch zwei Kuriosa zu Marr anführen. Zunächst seine Bemerkung über jüdische Frauen, die interessant ist, weil er mit ihnen persönliche Erfahrungen verband, die aber auch auf eine mögliche Wurzel des Phänomens des Antisemitismus im Unterbewusstsein hinweist. Über jüdische Frauen sagt Marr: *„Das jüdische Weib ist – wie auch die biblische Geschichte scharf betont – weniger spröde als das Weib anderer Völker."*[274]
Überall in der Literatur finden sich Beschreibungen von blendend schönen Jüdinnen. Das Fremde in ihnen und die Ausstrahlung dessen, was Marr als *„weniger spröde"* bezeichnet, könnte auf den – potenziellen – Antisemiten sexuell verführend wirken. Dies wird mit großer Wahrscheinlichkeit Schuldgefühle verursachen, vor allem, wenn der Betreffende verheiratet ist. Aber auch sonst kann eine solche sexuelle Anziehung angesichts der herrschenden puritanisch-christlichen Moral leicht zu Schuldgefühlen führen. Diese können dann ebenso leicht auf jene projiziert werden, von der die Ausstrahlung ausgeht. Der Weg bis zur Überzeugung, dass in dieser Frau etwas teuflisch Verführerisches steckt, und die Ausweitung dieser Zuschreibung auf ihre ganze Sippe ist nicht sehr weit. Die den Juden oft zugeschriebenen diabolischen Eigenschaften können also auch von dieser unbewussten Quelle herrühren.

Zum Schluss noch ein bemerkenswertes historisches Kuriosum: ein Plädoyer Marrs für einen Judenstaat in Palästina 17 Jahre bevor Theodor Herzl diese Idee befürwortete. Marr verkündet es, nachdem er seine Bewunderung für das Rassebewusstsein der Juden ausgesprochen hat:

„Entweder wir fügen uns in den kulturgeschichtlichen Prozess unserer Verjudung, wie ich es in meiner Schrift getan habe – eine Resignation, die aber auch ein Verbrechen in den Augen der fanatischen Eigenart Israels war! – oder wir machen die Fehler unserer Vorfahren wieder gut und erobern den Juden ihr Vaterland zurück. [...] Voilà! – da habt ihr eure Heimat, euer Vaterland wieder. Kultiviert es. Ihr könnt in Palästina Orthodoxe, Reformjuden, Indifferente, Konfessionslose sein. Zeigt eure Arbeitskraft, Kapitalien habt ihr ja mehr als genug, um diese Arbeitskraft zu poussieren. Ein ganzes sozialpolitisches Schema nehmt ihr mit euch aus dem von euch unterjochten Abendlande. Wendet es auf euch an! Ihr seid so hoch talentiert durch Schlauheit und Rührigkeit alles zu erobern, dass die ganze orientalische Frage in keine besseren Hände gelegt werden kann als in die eurigen. Schafft dann die selbstständige semitische Kultur, ohne unsere Fronarbeit. Erobert Asien, eure Heimat, wie ihr uns erobert habt."[275]

Judenhetzer aus der intellektuellen Oberschicht

Glagau und Marr haben dem Judenhass, den wir von nun an zu Recht Antisemitismus nennen dürfen, eine neue Form gegeben. Das Hauptargument liegt nun stärker auf Neid sowie auf Angst vor Konkurrenz und um die eigene Existenz als auf Angst vor dem Fremden und den theologischen Argumenten der vergangenen Jahrhunderte. Nicht, dass die theologischen Argumente völlig vergessen worden wären, doch die neuen Argumente rückten in den Vordergrund. Obwohl Marr im Oktober 1879 den Versuch unternahm, seinen Ideen auch politische Kraft zu verleihen, und zu diesem Zweck die Antisemitenliga errichtete, deren erklärtes Ziel es war *„... das deutsche Vaterland vor der vollständigen Verjudung zu bewahren ..."*[276], war er damit wenig erfolgreich. Die Ideen Marrs und Glagaus waren so tief in das Bewusstsein vieler Bürger eingedrungen, dass nur eine geringe Anzahl anerkannter Intellektueller nötig war, um diese antisemitischen Ideen „gesellschaftsfähig" zu machen, so dass sie nicht länger als unanständig galten und letztlich auch politisch wirksam wurden. Die erste dieser Persönlichkeiten ist Heinrich von Treitschke, Professor der Geschichte an der Berliner Universität und ein in Deutschland hochgeschätzter Historiker. Ein heutiger Fachkollege schreibt über ihn: *„... als Historiker* *und als Demagoge von Rang predigte er vom Katheder herab und man kann seinen Einfluss kaum hoch genug veranschlagen."*[277] Von Treitschke schrieb Ende August 1879 einen Brief an Emil Hermann, den ehemaligen Präsidenten des evangelischen Oberkirchenrates in Preußen. Er kündigt darin an, dass er anlässlich des Erscheinens des 11. Bandes von Heinrich Grätz' Werk *Geschichte der Juden* eine Reaktion darauf veröffentlichen werde, in der er „... *den Einbruch des Judentums in das deutsche Leben ...*"[278] kritisieren wird. Er führt weiter aus:

„*Wie ein Naturlaut bricht heute der Hass gegen dies fremde Wesen, das die Vormundschaft über unsere Presse und öffentliche Meinung an sich gerissen hat, aus hunderttausend germanischen Herzen und es ist sehr schwer darüber zu schreiben, denn sagt man ein Wort zu viel, so schadet man nur."*[279]

Im November 1879 veröffentlicht von Treitschke einen Aufsatz, der den sogenannten *Berliner Antisemitismusstreit* auslöste. Viele seiner Ansichten haben wir schon bei Marr und Glagau kennen gelernt. Der Unterschied zu ihen liegt darin, dass die Standpunkte diesmal von einem anerkannten und geschätzten Historiker aufgeschrieben werden. Hier einige charakteristische Aussagen von Treitschkes:

„... *wir wollen nicht, dass auf die Jahrtausende germanischer Gesittung ein Zeitalter deutsch-jüdischer Mischkultur folge. [...] dass in neuester Zeit ein gefährlicher Geist der Überhebung in jüdischen Kreisen erwacht ist, dass die Einwirkung des Judentums auf unser nationales Leben, die in früheren Tagen manches Gute schuf, sich neuerdings vielfach schädlich zeigt. Man lese die Geschichte der Juden von Grätz, welche fanatische Wut gegen den ‚Erbfeind', das Christentum, welcher Todhass gerade wider die reinsten und mächtigsten Vertreter germanischen Wesens von Luther bis herab auf Goethe und Fichte! Und welche hohle, beleidigende Selbstüberschätzung! [...] unbestreitbar hat das Semitentum an dem Lug und Trug, an der frechen Gier des Gründer-Un-Wesens einen großen Anteil, eine schwere Mitschuld an jenem schnöden Materialismus unserer Tage, der jede Arbeit nur noch als Geschäft betrachtet und die alte gemütliche Arbeitsfreudigkeit unseres Volkes zu ersticken droht; in tausenden deutschen Dörfern sitzt der Jude, der seine Nachbarn wuchernd auskauft. [...] Am gefährlichsten aber wird das unbillige Übergewicht des Judentums in der Tagespresse – eine verhängnisvolle Folge unserer engherzigen alten Gesetze, die den Israeliten den Zutritt zu den meisten gelehrten Berufen versagte. Zehn Jahre lang wurde die öffentliche Meinung in vielen deutschen Städten zumeist durch jüdische Federn ‚gemacht'; es war ein Unglück für die liberale Partei und einer der Gründe ihres Verfalls, dass gerade ihre Presse dem Judentum einen viel zu großen Spielraum gewährte. [...] was jüdische Journalisten in Schmähungen und Witzeleien gegen das Christentum leisten, ist schlechthin empörend, und solche Lästerungen werden unserem Volke in seiner Sprache als allerneueste Errungenschaften ‚deutscher' Aufklärung feilgeboten!"*[280]

Wir sehen, dass bei von Treitschke (neben den auch bei Marr auftretenden Themen) das Christentum und die jüdische Haltung gegenüber dieser Religion wieder eine Rolle spielen. Schließlich trifft er eine Aussage, die wörtlich im schlimmsten Sinne in die Geschichte eingehen würde:

„*... bis in die Kreise höchster Bildung hinauf, unter Männern, die jeden Gedanken kirchlicher Unduldsamkeit oder nationalen Hochmuts mit Abscheu von sich weisen würden, ertönt es heute wie aus einem Munde: Die Juden sind unser Unglück!"*[281]

Ein anderer, der in großem Maße zur gesellschaftlichen Akzeptanz des Antisemitismus beitrug, war der Hofprediger Adolf Stöcker. Da er durch sein Amt sowohl den Hof als auch die protestantische Kirche repräsentierte, hatten seine Äußerungen entsprechend viel Gewicht und Einfluss. Er, der aus sehr einfachen Verhältnissen stammte, versuchte, die Arbeiterschaft vom Sozialismus, dessen Ideen großen Einfluss auf sie hatte, abzubringen. Er hatte also große und ausgesprochen politische Ambitionen, die er 1878 zunächst durch die Gründung der Christlich-Sozialen Arbeiterpartei zu verwirklichen suchte. Von Anfang an gehörte auch ein ausgeprägter Antisemitismus zu seinem Parteiprogramm. Vielleicht müsste man in Bezug auf Stöcker den früher gebrauchten Terminus „Antijudaismus" wieder einführen, da er neben allen neuen Klagen über Juden auch der christlich-theologischen Argumentation wieder mehr Raum gab. Schon im September 1879 hielt er einen Vortrag über „*Unsere Forderungen an das moderne*

Judentum". Da es ihm jedoch nicht gelang, Arbeiter für seine Ideen zu gewinnen, transformierte er die Partei 1881 in die Christlich-Soziale Partei, die ähnliche politische Ziele anstrebte, aber auf den kleinbürgerlichen Mittelstand ausgerichtet war. Sie ging später in der Deutsch-Nationalen Volkspartei auf. Beinahe altmodisch klingen seine Worte aus einer Rede von 1879:

„[Juden können] durch aufrichtige Bekehrung die unsrigen werden. [...] dem Christentum setzten sie ihren starren Gesetzeskultus oder ihre Christenfeindschaft entgegen. Wir können sie darum nicht verurteilen; solange sie Juden sind, können sie nicht anders."[282]

Es wäre jedoch falsch anzunehmen, dass neben diesen alten, antijüdischen Elementen die neuen, antisemitischen Gedanken fortan verschwunden wären:

„Die Juden sind und bleiben ein Volk im Volke, ein Staat im Staat, ein Stamm für sich unter einer fremden Rasse. Alle Einwanderer gehen zuletzt in dem Volke auf, unter welchem sie wohnen; die Juden nicht. Dem germanischen Wesen setzen sie ihr ungebrochenes Semitentum [...] entgegen. [...] wenn wir heute einen Kampf gegen den Schmutz in Wort und Bild zu führen haben, wenn unser modernes Theater in Ehebruch und Zoten ertrinkt, wenn in der Kunst das Perverse und Stümperhafte sich breit macht, wenn dem Reichsgesetz zuwider die öffentlichen Häuser florieren und der Mädchenhandel blüht, wenn in der Politik die kritische Besserwisserei, die Zersetzung und Dekomposition der positiven Arbeit dem Staatsmann das Leben schwer machen – wohin ihr fasst, ihr werdet den Juden fassen."[283]

Erwiderungen auf von Treitschkes Thesen

Namentlich die antisemitischen Veröffentlichungen von Treitschkes erregten soviel Aufsehen und eine so große Anzahl von Reaktionen – sowohl von jüdischer Seite wie auch von nichtjüdischen Intellektuellen und Prominenten –, dass daraus ein dickes Buch unter dem Titel *Der Berliner Antisemitismusstreit 1879 bis 1881* entstand. Selbstverständlich müssen wir uns in der Wiedergabe auf ein Minimum beschränken. Eine kleine Auswahl Zitate soll jedoch zeigen, dass z. B. Seligmann Meyer, der Herausgeber der *Jüdischen Presse*, genug Scharfsinn und Geist besaß, um selbstbewusst, aber doch maßvoll den Äußerungen von Treitschkes entgegenzutreten. Wo von Treitschke der germanischen Kultur eine deutsch-jüdische „*Mischkultur*" gegenüberstellt, bemerkt Meyer, dass es überhaupt keine reine Kulturen gäbe und dass die Kultur in Deutschland außerordentlich gemischt sei:

„*... denn was sollte man von einer Kultur denken, in welche die jüdische Religion und Moral, die klassische Weltanschauung, die römisch-rechtlichen und römisch-staatlichen Begriffe und Institutionen, hellenische, romanische und englische Poesie und Literatur, italienische Kunst und Musik, französischer Geschmack und Gesellschaftston in so breiten Strömen sich ergossen haben; ...*"[284]

Aufgrund der Bemerkung von Treitschkes, das Christentum und das klassische Altertum seien die Quellen deutscher Kultur, antwortete Meyer:

„*Nun dann, wenn, wie von Treitschke meint, diese christlichen Grundsätze einen wesentlichen Bestandteil der deutschen Kultur bilden, dann ist das Judentum, dann ist jüdisches und am meisten positiv-jüdisches Wesen dem Deutschtum verwandt und innewohnend, denn all diese ethischen Sätze hätten nicht nach Deutschland kommen können, wenn nicht das Judentum gewesen wäre, dem sie das Christentum entlehnt hat.*"[285]

Lehrreich ist eine Passage von Meyer, in der er auf eine andere Aussage von Treitschkes reagiert, worin dieser sich darüber beklagt, dass ein Jude es wagt, Kritik am Christentum zu äußern. Paradoxerweise zitiert Meyer hier August Rohling, einen der berüchtigtsten Antisemiten überhaupt, Professor der katholischen Theologie und Verfasser der Schrift *Der Talmudjude*, der in diesem Zitat in einer Weise auf Protestanten schimpft, wie es, nach Meyer, noch nie ein Jude öffentlich getan hat. Rohling schreibt in seinem Buch *Der Antichrist* von 1875:

„*... wohin der Protestantismus seinen Fuß setzt, verdorrt das Gras, geistige Leere, Verwilderung der Sitten, schauerliche Trostlosigkeit der Herzen sind seine Früchte; ein Protestant, der nach Luthers Rezepten* *lebt, ist ein Ungeheuer; Vandalismus und Protestantismus sind identische Begriffe!"*²⁸⁶

Außerdem ist bemerkenswert, dass im November 1880 70 Berliner Notabeln, darunter Berühmtheiten wie der große Historiker Professor Theodor Mommsen, der berühmte Erfinder, Industrielle und Ingenieur Werner von Siemens, und der bedeutende Pathologe Professor Rudolf Virchow, sich den Behauptungen und von Treitschkes Aussagen entgegenstellen – unter anderem mit den Worten:

*„In unerwarteter und tief beschämender Weise wird jetzt an verschiedenen Orten, zumal den größten Städten des Reichs, der Rassenhass und der Fanatismus des Mittelalters wieder ins Leben gerufen und gegen unsere jüdischen Mitbürger gerichtet. Vergessen wird, wie viele derselben durch Fleiß und Begabung in Gewerbe und Handel, in Kunst und Wissenschaft dem Vaterlande Nutzen und Ehren gebracht haben."*²⁸⁷

Mit einem nicht zu übersehenden Seitenhieb auf von Treitschke und den antisemitischen Hofprediger Stöcker schreiben sie weiter:

*„An dem Vermächtnis Lessings rütteln Männer, die auf der Kanzel und dem Katheder verkünden sollten, dass unsere Kultur die Isolierung desjenigen Stammes überwunden hat, welcher einst der Welt die Verehrung des einzigen Gottes gab."*²⁸⁸

Wieder Beunruhigung der Juden durch neue Wissenschaft

Wir haben bereits darauf hingewiesen, dass zu Beginn der zweiten Hälfte des 19. Jahrhunderts neue Wissenschaften wie die Sanskritologie und bestimmte biologische Wissenschaften die Eigenarten der Juden von der Rasse her erklären wollten. Zu diesem Zweck versuchten sie, einen scharfen Gegensatz zwischen einem rassisch bestimmten Juden, den es nicht gab, und einem rassisch bestimmten Arier, den es ebenso wenig gab, zu konstruieren. In den letzten zwei Jahrzehnten des 19. Jahrhunderts erblühte eine neue Wissenschaft, die Assyrologie, und eine andere, die Semitologie, das heißt die Erforschung der semitischen Sprachen, wurde wiederentdeckt. Schon vor der Mitte des 19. Jahrhunderts hatten stil- und sprachkritische Studien plausibel nachgewiesen, dass das Alte Testament von verschiedenen Autoren zu verschiedenen Zeiten aufgeschrieben worden ist. Dies stand natürlich in dramatischem Gegensatz zur Überzeugung orthodoxer Christen und erst recht zu der orthodoxer Juden, dass das Alte Testament – jedenfalls die fünf Bücher Mose – Moses in einem Male von Gott diktiert oder zumindest von ihm direkt eingegeben worden sind.[289] Eine erneute Entzauberung der Welt! Große Verbreitung verschaffte diesen Ideen der vielseitige und höchst gelehrte Semitologe Julius Wellhausen.[290] Schon in seinem 1878 erschienenen Werk *Geschichte Israels I* zeigt er auf überzeugende Weise, welche Texte zu welcher Zeit entstanden sind, und fällt auf der Grundlage dieser Analyse Urteile über das Wesen des Judentums. Dabei gelangt er zu der Überzeugung, dass die strengen Gesetzesregeln eines jüdischen Lebens die letzte Entwicklung im Judentum darstellen. Er verleiht diesem Urteil durch eine Gegenüberstellung mit dem, was seiner Meinung nach das Wesen des Christentums ausmacht, besondere Wirkung; eine Gegenüberstellung der beiden Glaubensrichtungen, die er in seinen nach der Jahrhundertwende erschienenen Werken über das Neue Testament weiter ausgearbeitet hat. Er stellt jüdische, starre Gesetzlichkeit einer vom Christentum geforderten, zutiefst seelisch erlebten, sauberen Liebe gegenüber und vertritt damit eine sehr einflussreiche Meinung. Diese Urteile über Judentum und Christentum wurden von neuen Erkenntnissen auf dem Gebiet der Assyrologie unterstützt. Aus der Entzifferung babylonischer Keilschriftdokumente hatte sich ergeben, dass viele Geschichten aus dem Alten Testament wie zum Beispiel die Schöpfung, der Sündenfall und die Sintflut in Babylon schon vor dem Auftritt der Juden auf der Weltbühne bekannt waren. Auch durch diese unerwarteten Funde wurde die Autorität des Alten Testaments stark geschwächt. Der am meisten hervortretende Gelehrte, der diese neuen Einsichten wirkungsvoll verbreitete, war Friedrich Delitzsch. Er erregte mit seinen Vorlesungen unter dem Titel *Babel und Bibel* viel Aufsehen.[291] Wie es Michael Meyer beschreibt, leistete Delitzsch „... *einen weiteren Beitrag zur Entheiligung des Alten Testaments.*"[292] Wie viele seiner Kollegen aus der Sanskritologie einige Jahrzehnte zuvor, beschränkte sich auch Delitzsch nicht auf sein Fach, sondern nutzte dessen Erkenntnisse auch als Basis, von der aus er sich auch zu Fragen aus anderen Gebieten äußerte, in diesem Fall aus der Theologie. Meyer formuliert dazu treffend: „*Delitzsch zog es weitgehend vor, nicht auf Yaveh zu vertrauen, sondern nur auf den Gott des Neuen Testaments, den Gott von Jesus.*"[293] Dass in diesem Klima noch ein Mann auftauchen musste, der all die Anschuldigungen und Herabsetzungen des Judentums gegenüber dem Christentum noch einmal aus rein theologischer Sicht wiederholte, ist kaum verwunderlich. Denn die alten Urteile, Vorurteile und Anschuldigungen der Kirche waren keineswegs vergessen, sie waren durch die Säkularisierung nur ein wenig in den Hintergrund gerückt, konnten aber mithilfe dieser neuen Wissenschaften wieder herausgeputzt und erneut in Stellung gebracht werden. Die prominenteste Persönlichkeit von größter Autorität war in dieser Hinsicht Adolf von Harnack, der mit seinem im Jahre 1900 erschienenen Buch *Das Wesen des Christentums* großes Aufsehen erregte. Da die Charakterisierungen der beiden Glaubensformen im Wesentlichen übereinstimmten – jüdische Gesetzesform und Formalismus gegenüber christlicher Tiefe und Seele – genügt es, wenn wir uns hier auf ein charakteristisches Zitat von Harnacks beschränken:

„*[Jesus] trat sofort den offiziellen Führern des Volkes, in ihnen aber dem gemeinen Menschenwesen überhaupt entgegen. Sie dachten sich Gott als den Despoten, der über dem Zeremoniell seiner Hausordnung wacht. Er atmete in der Gegenwart Gottes. Sie sahen ihn nur in seinem Gesetze, das sie zu einem Labyrinth von Schluchten, Irrwegen und heimlichen Ausgängen gemacht hatten, er sah und fühlte ihn überall. Sie besaßen 1000 Gebote von ihm und glaubten ihn deshalb zu kennen; er hatte nur ein Gebot von ihm, und darum kannte er ihn. Sie hatten aus der Religion ein irdisches Gewerbe gemacht – es gab nichts abscheulicheres –, er verkündete den lebendigen Gott und den Adel der Seele.*"[294]

Jüdische Reaktionen auf diese Angriffe

Die Reformen des Judentums und der Centralverein deutscher Staatsbürger jüdischen Glaubens

Es versteht sich fast von selbst, dass auf eine solche Anschuldigung eine jüdische Reaktion folgen musste. Auch den Titel dieser Reaktion hätte man wohl vorhersagen können. Er lautete: *Das Wesen des Judentums*. Formuliert wurde die Kritik vom letzten großen Reformrabbiner Deutschlands Dr. Leo Baeck. Und obwohl er sich nur in seinem Literaturverzeichnis auf das Babel-und-Bibelproblem sowie auf das Werk von Harnacks bezieht, ist der Zusammenhang mit den Versuchen, das Judentum als minderwertig darzustellen, doch offensichtlich. So schreibt Baeck schon auf Seite 6 des ersten Kapitels:

„*… was unserem Leben seinen Wert gibt, ist das, was wir geworden, nicht das, was wir von Hause aus sind. Gabe und Mitgift sind viel und sind nichts; das entscheidende ist, was wir aus ihnen entstehen lassen. […] das gilt vom Einzelnen und gilt von ganzen Völkern. Auch bei ihnen gibt die Persönlichkeit, die sie sich errungen haben, den Ausschlag.*"[295]

Er weist weiter darauf hin, dass die Tatsache, dass schon die Babylonier oder andere ältere Völker bestimmte Ideen kannten, die von den Juden übernommen worden sind, wenig darüber sagt, was die Juden daraus gemacht haben. Es muss ergänzt werden, dass die Reformrabbiner die vielen Jahrzehnte nach dem Tod Moses Mendelssohns ausgezeichnet dazu genutzt haben, das Judentum zu erneuern und den Schwerpunkt dieses Glaubens tatsächlich erneut auf den ethischen Inhalt zu legen. Mit seinem Werk *Das Wesen des Judentums* war Leo Baeck in dieser Hinsicht sicher einer der Einflussreichsten. Ein Grund kann gewesen sein, dass er sich auf den noch nicht einmal 170 Seiten des Buches tatsächlich auf das Wesentliche konzentriert. Zwei Zitate mögen dies illustrieren. Das erste betont die in der Thora enthaltene wesentliche Gleichheit aller Menschen, unabhängig von ihrer Herkunft:

„*Der Mensch ist im Ebenbild Gottes geschaffen. […] Wie groß immer der Gegensatz zwischen Menschen ist, die Gottesebenbildlichkeit ist ihnen allen charakteristisch und gemeinsam. […] Simon Ben Asai sprach: ‚Dies ist das Buch der Menschengeschichte. Da Gott den Menschen schuf, schuf er ihn im Ebenbilde Gottes', hierin ist die Summe der Thora enthalten.*"[296]

Die zentrale Rolle der zwischenmenschlichen Ethik in der Interpretation des Judentums, wie sie Baeck darstellt, wird in dem separaten Kapitel *Der Glaube an den Mitmenschen* noch einmal hervorgehoben. Baeck bezieht sich dort, ohne die Stelle zu nennen, im Wesentlichen auf Lev.19:38 und schreibt:

„Mit dem religiösen Begriff ‚Mensch' ist notwendig zugleich der Begriff ‚Nebenmensch' gegeben, auch er eine der großen Entdeckungen des israelitischen Genius. Und damit auch der Begriff der Humanität in ihrem wahren Sinne, in dem des Verständnisses für die innerste Art des Nebenmenschen, der Achtung vor der Menschenwürde, vor dem Göttlichen in allem was Menschenantlitz trägt. [...] Die Achtung, die wir dem Nebenmenschen schulden, ist so nicht ein einzelnes Gebot, nicht ein Gebot unter Geboten. Die Anerkennung des Nächsten stellt vielmehr den ganzen Inhalt der Sittlichkeit dar, den ganzen Reichtum dessen, was Gott von uns, um unserer von Gott gegebenen Menschenwürde willen, verlangt. Sie bezeichnet den Inbegriff der Pflicht."[297]

An dieser Stelle wird deutlich, dass der Letzte der großen Reformrabbiner Abstand von der bei den orthodoxen Rabbinern vorherrschenden Meinung nimmt, dass das Wesen des Judentums vor allem darin liege, alle 613 Gebote die das jüdische Ritual, die Halacha, für fromme Juden aufstellt, genau zu befolgen. Dass in diesem großen Berg von Vorschriften die Gebote über zwischenmenschliche Ethik an Bedeutung verlieren könnten, wird von Leo Baeck eindeutig abgelehnt. Das Judentum hat sich also unter dem Druck der protestantischen Kritiker von innen her erneuert und modernisiert.

Die Verunglimpfung des Judentums und der Juden rief aber nicht nur Reaktionen von theologischer Seite hervor, sondern auch von aufgeschlossenen, emanzipierten und gesellschaftlich erfolgreichen jüdischen Bürgern. So bemühten sich im Jahre 1893 Raphael Löwenfeld, Eugen Fuchs und Hermann Stern mit einem Aufruf, der zur Gründung des *Centralvereins deutscher Staatsbürger jüdischen Glaubens* führte, öffentlich darum, sich gegen antisemitische Äußerungen zur Wehr zu setzen.[298] Löwenfeld war Gründer und langjähriger Leiter des Schiller-Theaters in Berlin, Fuchs und Stern waren beide Juristen. Die von ihnen gebrauchten Argumente sind verständlicherweise dieselben, die schon früher von Gegnern antisemitischer Hetze verwendet worden sind. Neu ist, dass sich hier emanzipierte Juden als deutsche Staatsbürger zusammenschlossen, um den Antisemitismus zu bekämpfen. Die wichtigsten Argumente ihres Aufrufs waren die folgenden:

„Seit nahezu zwei Jahrzehnten wird unser Vaterland von einer Bewegung beunruhigt, deren letztes Ziel unsere gesellschaftliche Ächtung und die Einschränkung unserer verfassungsmäßigen Rechte ist. [Es handelt sich hier um eine Minderheit, die] für jedes Übel der Zeit ihre jüdischen Mitbürger verantwortlich macht und sie zu vaterlandlosen Fremdlingen erniedrigen will. Das Wesen einer Nation beruht auf der Gleichheit des Denkens und Fühlens, aber entscheidendes Merkmal ist die gemeinsame Muttersprache. [...] auch die Einheit des deutschen Volkes hat sich über Verschiedenheit der Abstammung des Glaubens aufgebaut. [...] unser Verhältnis zu unserem Vaterlande ist kein anderes als das der Protestanten und Katholiken. [...] wir wollen nicht in falschem Solidaritätsgefühl den Schleier ziehen über die Fehler des Einzelnen, wir wollen aber auch nicht dulden, dass die Fehler Einzelner einer jüdischen Gesamtheit aufgebürdet werden."[299]

Zwar sind diese Argumente auch schon vorher oft verwendet worden, doch werden sie hier um eine wichtige Idee ergänzt:

„Der Verein will alle Kräfte zur Selbstverteidigung aufrufen, in dem Einzelnen das Bewusstsein unserer unbedingten Gleichberechtigung stärken und ihm das Gefühl unserer Zusammengehörigkeit mit dem deutschen Volke durch die Anfeindungen unserer Gegner nicht verkümmern lassen."[300]

Schließlich wird nochmals darauf hingewiesen, das das Ziel die Selbsthilfe im Lichte der Öffentlichkeit ist. Der Aufruf endet mit den Worten:

„... so hat nun jeder die Möglichkeit und damit auch die Pflicht, zu dem großen Werke der Selbstverteidigung beizutragen. Mitbürger und Glaubensgenossen! Wir fordern euch zum Beitritt auf. Säumet nicht, zu kommen."[301]

Theodor Herzls Zionismus

Da das zentrale Thema dieses Buches das Schicksal des deutschen Judentums ist, könnte der Eindruck entstehen, dass der oben beschriebene Antisemitismus ein typisch deutsches Phänomen sei. Das wird auch von dem sich selbst als Historiker bezeichnenden Daniel J. Goldhagen behauptet. Nichts ist weniger wahr. Wie der britische Historiker Richard J. Evans in seinem Buch, *Das Dritte Reich, Aufstieg* darlegt, liegt die Sache historisch völlig anders. Evans beschreibt darin das folgende Gedankenexperiment.[302] Stellen Sie sich vor, dass man etwa um 1910 herum jemanden gefragt hätte, wo auf der Welt innerhalb von drei bis vier Jahrzehnten ein Massenmord an Juden verübt werden wird. Evans beantwortet diese Frage und schreibt, dass mit großer Wahrscheinlichkeit entweder Russland oder Frankreich genannt worden wären. Es war dann auch in Frankreich, wo ein sehr gebildeter und weitgehend assimilierter Jude, Dr. Theodor Herzl, von der überall im Lande spürbaren Judenhetze so schockiert war, dass er einen völlig neuen Weg vorschlug, um der Gefahr des immer virulenter werdenden Antisemitismus entgegenzutreten. Der von Herzl empfohlene Weg stand der Mehrheit der deutschen Juden, die ihr Deutschtum und ihr Band mit dem Lande betonten, tatsächlich diametral entgegen. Die Ideen Herzls, aus denen der Zionismus hervorgehen sollte, können nur verstanden werden, wenn man sich vergegenwärtigt, dass um die Jahrhundertwende zwei heutzutage verpönte Begriffe wie Kolonialismus und Nationalismus als völlig normal empfunden wurden. Tragisch ist natürlich, dass Herzl die Behauptung, die Juden seien ein Volk, eigentlich von den Antisemiten übernommen hatte, bei denen Blut und ethnische Herkunft – oder das, was sie Rasse nannten – als das Wichtigste galt. Nach Dubnow war sich auch Herzl dessen bewusst. Dubnow zitiert ihn mit dem Satz: „*Der Feind macht uns ohne unseren Willen zum Volke.*"[303] Damit ist der Antisemitismus als primärer Motor eines jüdischen Nationalbewusstseins deutlich ausgewiesen. Ein weiteres Zitat Herzls über die enge Verbindung von Antisemitismus und Zionismus lautet:

„*Ernster wäre der Einwand, dass ich den Antisemiten zu Hilfe komme, wenn ich uns **ein** Volk, ein **Volk** nenne, dass ich die Assimilierung der Juden, wo sie sich vollziehen will, hindere, und wo sie sich vollzogen hat, nachträglich gefährde ...*"[304]

Wie Herzl danach bemerkt, glaubt er, dass ein solcher Einwand am wahrscheinlichsten aus Frankreich kommen würde. In diesem Land wurde schließlich auch zeitig die Forderung formuliert, dass die Juden keine Nation in der Nation bilden sollten. Tatsächlich kam der Einwand bereits im Jahre 1897 von dem Wiener Oberrabbiner M. Güdemann, der daneben auch zu Recht auf das Folgende hinwies:

„Ihrem Geiste nach sei die jüdische Religion antinational und erstrebe den Universalismus, sodass die Verwandlung aus einem Religionsverband in eine Nation einen Schritt rückwärts, einen Rückfall in den primitiven Zustand bedeuten würde."[305]

Dieser Wiener Oberrabbiner vertrat also dieselbe Position, die wir schon bei den deutschen Reformrabbinern kennen gelernt haben. Tatsächlich war im deutschen Raum der Widerstand gegen das Streben Herzls und seiner Anhänger so groß, dass 1897 der erste Zionistenkongress nicht in München stattfinden konnte, sondern nach Basel verlegt werden musste.

Der Antisemitismus wird eine politisch-historische Kraft

Leo Graf von Caprivi, der im März 1890 die Nachfolge von Bismarcks als Reichskanzler angetreten hatte, versuchte eine liberale Wirtschaftspolitik zu gestalten.[306] Er führte unter anderem das Arbeitsschutzgesetz ein, ließ die Frauen- und Kinderarbeit einschränken, legte Kündigungsfristen fest usw. Er kam auch den Polen entgegen, indem er auf Bismarcks Praxis des Landkaufs zugunsten der deutschen Nationalität in den polnischen Gebieten verzichtete. Zu dieser liberalen Haltung gehörten außerdem eine Annäherung an England und eine kühle Haltung gegenüber dem Zarentum. Vor allem versuchte er aber, den deutschen Außenhandel zu steigern, weil er sich bewusst war, dass es Export ohne Import auf die Dauer nicht geben kann.

Dies alles war den nationalistischen Konservativen in Deutschland ein Dorn im Auge. Sie wollten – dem Vorbild der anderen Großmächte in Europa entsprechend – Expansion: einerseits im Ausland, und hier vor allem in den Kolonien (das war nun mal romantisch und abenteuerlich), andererseits im Inland, durch die Germanisierung nationaler Minderheiten. Deutschen slawischer Herkunft sollte beispielsweise verboten werden, andere Sprachen als Deutsch zu sprechen. Sie waren also bestrebt, die oben erwähnten Ideen über die Herrschaftsansprüche und Überlegenheit der Germanen gegenüber anderen Rassen in praktische Politik umzusetzen. Diese Kräfte schlossen sich im Jahre 1891 im *Allgemeinen Deutschen Verband* zusammen, der sich 1894 in den *Alldeutschen Verband* umbenannte. Die äußerst rassistischen Ideen dieses Verbandes wurden im Jahre 1912 unter Pseudonym veröffentlicht. Der Autor war der damalige Vorsitzende des Vereins Heinrich Clasz, der von Treitschkes extremen Nationalismus voll und ganz verinnerlicht hatte. Der Titel dieser Schrift lautete „Wenn ich der Kaiser wär". Clasz beschrieb darin, wie er in dieser Position mit den inneren Feinden des Reiches – den Juden und den Sozialdemokraten – aufräumen würde.[307] Der Sieg der SPD bei den Reichstagswahlen im Januar 1912 sei, so Clasz, der Erfolg einer jüdischen Verschwörung gegen die deutsche Nation gewesen. Für ihn und seine Leute war es ein Schock, dass die Linken bei diesen Wahlen die Mehrheit im Reichstag errungen hatten. Es ist tatsächlich bemerkenswert, dass auf die SPD allein 34,8 % der gültigen Stimmen fielen. Clasz und seine Leute hatten offenbar nicht verstanden, dass ein romantisches Bauern-, Handwerker- und Kaufmannstum nicht mehr in die neue Zeit passte, die zunehmend durch Industrie, Lohnarbeiter, Großstädte und internationalen Handel geprägt wurde. In dieser neuen kapitalistischen Welt gehörten Sozialisten und die Massen der mündiger werdenden Arbeiter nun einmal dazu. Für Clasz und seine Anhänger war dies alles die Folge einer jüdischen Weltverschwörung. Mit dem gleichen Ziel würden die Juden auch

„… die deutsche Kunst zersetzen, den deutschen Schöpfergeist zerstören und die Masse des deutschen Volks korrumpieren. Wenn er der Kaiser wäre, würden die Juden auf der Stelle ihre Bürgerrechte verlieren und zu Ausländern erklärt."[308]

In dem von Clasz beherrschten Reich würde nicht nur den Polen der Gebrauch ihrer Sprache verboten werden; er plädierte gleichfalls für einen Krieg, in dessen Verlauf Deutschland Europa erobern und deutschsprachige Gebiete wie die Schweiz, die Niederlande, Belgien, Luxemburg und Österreich annektieren werde.

Zu diesem Gedankengut zählte auch der Umzingelungskomplex, bei dem sich die Angst, von anderen, minderwertigen Völkern umzingelt zu sein, zu einer Manie auswuchs. Durch ihren Geburtenüberschuss würden diese Völker schließlich das germanische Volk überfluten. Von innen heraus würde es zudem von Juden, Jesuiten, Sozialisten und allerlei zersetzenden Agitatoren und Verschwörern geschwächt werden.

10 Der Erste Weltkrieg

Die geschichtsphilosophische Bedeutung dieses Krieges

Wie ich in der Einführung zu diesem Buch bereits betont habe, bin ich der Überzeugung, dass das tragische Schicksal der Juden in Deutschland und in anderen Teilen Europas in der Zeit des Zweiten Weltkrieges von einem nicht vorhersehbaren Zusammentreffen verschiedener historischer Kräfte hervorgerufen worden ist. Betrachten wir zu diesem Zweck kurz die folgende Kette historischer Tatsachen: Ohne die große Armut und Erniedrigung Deutschlands nach dem Ersten Weltkrieg hätte Hitler wohl nur geringe Chancen gehabt, 1933 die absolute Macht zu erobern. Ohne diese Ereignisse, also auch ohne den Ersten Weltkrieg und seine Folgen, wäre auch der Zweite Weltkrieg kaum ausgebrochen. Ohne diesen Krieg und ohne den in dieser Zeit eroberten Raum im Osten hätte wiederum das massenhafte Töten nicht für so lange Zeit unbemerkt bleiben können und das tragische Schicksal der europäischen Juden hätte wohl kaum jene Dimensionen erreicht, die es schließlich angenommen hat.

In dieser historischen Kette geht es mir um die Schlüsselstellung, die der Erste Weltkrieg hierbei einnimmt. Wenn es mir im Folgenden gelingen sollte, überzeugend darzustellen, dass der Erste Weltkrieg durch ein Zusammenfallen einer großen Zahl von Zufällen ausgebrochen ist, dann würde also Zufall ein wichtiger Bestandteil der Basis jenes Gebäudes sein, dessen oberste Etage der Massenmord an den europäischen Juden bildet. Bei der folgenden historischen Analyse stütze ich mich in erster Linie auf das Buch des amerikanischen Historikers deutscher Herkunft Joachim Remak mit dem Titel *The Origins of World War I* (deutsch: *Die Ursprünge des Ersten Weltkrieges*) aus dem Jahre 1967. Remak hatte schon 1959 eine Monographie über den Mord in Sarajevo im Jahre 1914 veröffentlicht. Dieser Mord gilt im Allgemeinen als der Auslöser des Ersten Weltkrieges, was etwas ganz anderes ist als die Ursache. Es ist interessant, dass Remak zeigen kann, dass der Mord zwar ausführlich geplant war, aber schließlich nur durch reinsten Zufall gelang.[309] So war der erste Verschwörer im kritischen Augenblick zu feige, seine Bombe zu werfen, weil er um sein Leben fürchtete, während die zweite Bombe, die tatsächlich geworfen wurde, durch die Geistesgegenwart des Chauffeurs ihr Ziel verfehlte, so dass das Attentat auf den Erzherzog zunächst misslang. Danach wurde die geplante Route des erzherzoglichen Wagens verändert. Da man es aber versäumte, dem Fahrer die neue Route mitzuteilen, kam es doch zum Zusammentreffen des Erzherzogs mit einem der Attentäter und der fatale Mord konnte noch ausgeführt werden. Ein weiteres wichtiges Glied in einer langen Entscheidungskette quer durch die verschiedenen europäischen Nationen war das Papier, das vom deutschen Kanzler Bethmann-Hollweg als „*Deutschlands Blankoscheck an Österreich*" bezeichnet wurde. Die führenden Politiker des Vielvölkerstaates Österreich-Ungarn hatten große Furcht vor dem Panslavismus und meinten, dass dieser besonders angestachelt würde, wenn man jetzt nicht ganz energisch gegen die Serben einschritte. Die amerikanische Historikerin Barbara Tuchman schreibt den Österreichern sogar die Absicht zu, Serbien in ihr Reich eingliedern zu wollen.[310] Der genannte Blankoscheck der Deutschen beinhaltete, dass, egal was die österreichische Regierung beschließen würde, sie die Unterstützung Deutschlands erhalten würde. Wirklich tragikomisch ist der Versuch des russischen Zaren, durch eine geografische Beschränkung der russischen Mobilmachung auf ein Gebiet nahe der österreichischen Grenze Deutschland nicht zu beunruhigen. Dabei wusste er nicht, dass das russische Heer eine derartige partielle Mobilisierung gar nicht kannte. Dass Deutschland durch einen solchen Fehler sehr beunruhigt wurde, ist begreiflich. Die Gesamtsituation und die Bedeutung einer ganzen Kette von Entscheidungen, die auch anders hätten ausfallen können, wird von dem englischen Historiker Norman Davies in seinem schönen Werk *Europe, a History* lapidar beschrieben:

„*Kein anderes historisches Ereignis der Neuzeit hat mehr Spekulationen über die Frage nach historischen Kausalzusammenhängen hervorgerufen als der Ausbruch des Krieges im Jahr 1914. Viele Leute glaubten folglich, dass eine Katastrophe diesen Ausmaßes auf Ursachen einer ähnlich gigantischen Dimension beruhen müsste. Nur wenige konnten sich vorstellen, dass die Schuld bei einzelnen Personen zu suchen war.*"[311] [Übersetzung H.G.M.]

Am Ende dieser einführenden Bemerkungen möchte ich noch den von Davies zitierten A. J. P. Taylor anführen, der zu dem hier diskutierten Thema das Folgende sagt:

„Kriege sind Verkehrsunfällen ähnlich. Es gibt immer einen allgemeinen Grund und gleichzeitig eine spezielle Ursache für ihr Auftreten. Jeder Verkehrsunfall ist letztlich auf die Erfindung des Verbrennungsmotors zurückzuführen … Aber der Polizei und den Gerichten ist ein solch schwerwiegender Grund egal. Sie suchen nach der spezifischen Ursache eines jeden Unfalls – Fahrfehler, zu hohe Geschwindigkeit, Alkoholmissbrauch, defekte Bremsen, kaputter Straßenbelag. So ist es auch mit Kriegen."[312] [Übersetzung H.G.M.]

Die deutschen Juden im Allgemeinen

Die große Begeisterung, die der Ausbruch des Ersten Weltkrieges in allen europäischen Ländern, die in diesen involviert waren, hervorrief, ist wohl allgemein bekannt. Dieser – im Nachhinein unbegreifliche – Gefühlsausbruch bleibt aber trotzdem ein erstaunliches Phänomen. Für die Juden in Deutschland war dieser Begeisterungstaumel eine Gelegenheit, ganz deutlich ihre Liebe zum Vaterland zu zeigen. Dieses Gefühl, von jetzt ab dazugehören zu dürfen, wurde durch die Worte des Kaisers verstärkt, der ein oder zwei Tage vor dem definitiven Ausbruch des Krieges sagte: *„… wenn es zum Kriege kommen soll, hört jede Partei auf. Wir sind nur noch deutsche Brüder."*[313] Er fasste diesen Satz in seinem Schlusswort zusammen, das ein klassisches Zitat werden sollte: *„Ich kenne keine Parteien mehr, ich kenne nur Deutsche."*[314] Das bezogen die Juden auch auf ihre eigene Situation und ohne jeden Zweifel ließen die jüdischen Mütter ihre Söhne mit der gleichen Bereitwilligkeit in den Kampf ziehen wie andere deutsche Mütter, egal welcher Konfession. Bemerkenswert ist auch, dass sich die Anhänger der sogenannten Neo-Orthodoxie genauso an ihre Pflichten als deutsche Soldaten hielten wie jene, die aus weniger strengreligiösen Familien kamen. In diesem Zusammenhang ist interessant, dass sich nicht nur die Masse der jüdischen Bürger ihren militärischen Pflichten gemäß für das Vaterland einsetzte, sondern dass sich auch einige zu Ansehen und Einfluss gelangte jüdische Persönlichkeiten mit voller Kraft darauf konzentrierten, die ihnen gegebenen Möglichkeiten zugunsten ihres Landes zu nutzen.

Die Rolle herausragender und einflussreicher Juden

Albert Ballin

Der Erste, der hier zu nennen ist, ist Albert Ballin.[315] Dieser vom jungen Mitarbeiter zum Direktor aufgestiegene Chef der *Hamburg-Amerika Paketfahrt AG* (HAPAG) entwickelte seine Firma zur wichtigsten Transatlantiklinie Deutschlands, die das um die Jahrhundertwende blühende Auswanderungsgeschäft beherrschte. Der Wahlspruch Albert Ballins lautete: „Mein Feld ist die Welt." Er war es auch, der dem Hamburger Hafen Weltgeltung verschaffte. Wie viel Wahres in seinem Wahlspruch steckte, zeigte sich einige Jahre vor Beginn des Krieges. Das Bemerkenswerte an Ballin ist, dass der Kaiser selbst bei bestimmten Gelegenheiten zu ihm nach Hause nach Hamburg kam, um über Flottenfragen und die Schifffahrt im Allgemeinen zu diskutieren. Diese Themen interessierten den Kaiser persönlich am meisten. Seinerseits war auch er bereit, Albert Ballin Audienz zu gewähren. Mindestens ebenso bemerkenswert ist die Tatsache, dass auch der Kaiser und die zuständigen Minister Ballins weltoffene Orientierung brauchten, um durch ihn und seine Beziehungen in England zu sondieren, wie sich England im Falle von Streitigkeiten – z. B. mit Frankreich – verhalten würde. So führte Ballin im März 1912 mit Zustimmung des Kaisers und des Reichskanzlers Bethmann-Hollweg ein mehrstündiges Gespräch mit Churchill, damals First Lord of the Admiralty.[316] Während Churchill in diesem Gespräch wohl nicht mehr sagte, als dass England sich nicht einmischen würde, wenn Deutschland gezwungen wäre, einen Verteidigungskrieg auf dem Kontinent zu führen, überbrachte Ballin aus welchen Gründen auch immer – aus Naivität, dem Wunsch Günstiges zu vermitteln oder aufgrund fehlender diplomatischer Fachkenntnisse – dem Kanzler eine für Deutschland weitaus beruhigendere Nachricht. Er hatte die Worte Churchills als Zusage für eine bedingungslose Neutralität Englands im Falle eines Krieges auf dem Kontinent interpretiert. Zu seiner Verteidigung muss angeführt werden, dass Ballin nur einen Monat zuvor, anlässlich eines Besuches des britischen Kriegsministers Lord Haldane an Berlin – übrigens zusammen mit seinem Freund Walter Rathenau – versucht hatte, den Kaiser für eine Beschränkung des Ausbaus der deutschen Kriegsflotte zu gewinnen.

Das war nicht gelungen. Die Vorliebe des Kaisers für seine Flotte und Schiffe im Allgemeinen sowie der Einfluss seines höchsten Flottenchefs, des Admirals von Tirpitz, waren zu groß. Beide hatten ihre Gründe dafür, auf dem Gebiet der Kriegsflotte mit England in Konkurrenz treten zu wollen. Deutschland als Ganzes wie auch Ballin und seine Firma, die HAPAG, haben hierfür bitter büßen müssen. Ein ähnliches Treffen wie das im März 1912 gab es am 25. Juli 1914, also nur wenige Tage vor dem Ausbruch des Ersten Weltkriegs. An diesem Julitag dinierte Ballin mit Winston Churchill.[317] Ballin sagte, dass jetzt alles vom Zaren abhinge. Er fragte seinen Tischgenossen, was Nikolaus II. tun würde, wenn Österreich etwas gegen Serbien unternähme. Er sinnierte dann: Wenn Russland gegen Österreich vorgeht, müssen auch wir marschieren, und wenn wir marschieren, was würde England tun? Der Bericht über dieses Gespräch ist uns von Churchill selbst überliefert worden: In seinen Aufzeichnungen berichtet er, dass er nur vage Andeutungen gemacht habe, dass England, wenn es so weit wäre, die Situation ad hoc beurteilen würde und dass es falsch wäre, anzunehmen, dass es sich in jedem Fall aus einem Konflikt heraushalten würde.[318]

Wie wir heute wissen, erklärte England am 4. August 1914 um Mitternacht Deutschland den Krieg. Wie Remak schreibt, war das Verhalten Deutschlands nicht nur ein Verbrechen oder ein Fehler, sondern eine Katastrophe.[319] Dadurch, dass der Angriffsplan von Schlieffens zum Dogma erhoben worden war, hatten die Deutschen das neutrale Belgien angegriffen und damit auch die Kanalküste besetzt, was jegliche Hoffnung auf eine mögliche Neutralität der Engländer zerstörte. Schon einige Tage zuvor, am 1. August 1914, hatte Ballin begriffen, dass ein Eintreten Englands in den Krieg – durch die Übermacht der Flotte und die bessere strategische Lage Englands – die deutsche Lebensmittelversorgung leicht in Gefahr bringen könnte.[320] Er hatte darum schon an diesem Tag vorgeschlagen, eine Gesellschaft zur Sicherung der Versorgung der Bevölkerung mit Lebensmitteln zu gründen. Er übernahm die Leitung dieser Organisation.

Walther Rathenau

Ein anderer sehr einflussreicher Mann mit ähnlichen Beziehungen zum Hof und zu wichtigen Politikern, im Übrigen auch ein persönlicher Freund Albert Ballins, war Walther Rathenau. Sein Vater Emil war der Gründer eines der wichtigsten deutschen Industrieunternehmens, der *Allgemeinen Elektrizitätsgesellschaft* (AEG). Rathenaus Großmutter väterlicherseits stammte aus einer schlesischen Industriellenfamilie, die einen Hochofen, ein Walzwerk und eine Maschinenfabrik besaß. In dem Betrieb seines Schwiegervaters und seiner Schwäger hatte Emil Rathenau das handwerkliche Metallfach gründlich kennen und beherrschen gelernt.[321]

Walter Rathenau (1867–1923) war ein äußerst vielseitiger Mensch. Er hatte Elektrochemie studiert und in dem Fach promoviert. Er war aber auch musisch und philosophisch sowie politisch umfangreich und tiefgründig interessiert. Er wollte Offizier werden, was ihm aber wegen seiner jüdischen Abstammung versagt blieb. Dennoch war er seinem deutschen Vaterland zutiefst zugetan. Die Sorge um sein Land, seine industrielle Erfahrung und nicht zuletzt seine Klugheit bestärkten ihn in dem Bewusstsein, dass man gezielte Maßnahmen einleiten müsse, um die Rohstoffversorgung des Landes trotz der effektiven Blockade durch Englands Flotte für die Dauer des Krieges sicherzustellen.[322] Die Regierung war absolut davon überzeugt, dass der Krieg vor Ende des Jahres gewonnen sein würde. Kein Minister rechnete damit, dass der Krieg Jahre dauern und dass durch die englische Blockade die Fortsetzung des Krieges durch Materialmangel unmöglich gemacht werden könnte.

Nun zeigte sich der industriell erfahrene und diplomatisch gewandte strategische Denker Walther Rathenau von seiner besten Seite. Am 5. August 1914, also nur 24 Stunden nach Eintritt Englands in den Krieg, nahm Rathenau Kontakt zum Kriegsministerium auf. Ein Direktionsmitglied der AEG, Wichard von Moellendorff, der über praktische Erfahrung mit der Materialbeschaffung verfügte, hatte bereits über die Aufgaben, die ihnen zufallen würden, nachgedacht. Schon am Abend dieses Tages lag in Rathenaus Haus ein Telegramm des Kriegsministers, der ihn für den folgenden Tag, einen Sonntag, zu sich bestellte. Die zwei Herren hatten eine Unterredung, die den ganzen Morgen dauerte und damit endete, dass Rathenau mit der Leitung der Kriegsrohstoffabteilung beauftragt wurde. Nicht zum Bereich dieser Abteilung gehörten Nahrungsmittel und flüssige Brennstoffe. Von Anfang an machte sich Rathenau große Sorgen – nicht über die Beschaffung von Eisen, aber über die der sogenannten Nicht-Eisen-Metalle. Von noch größerer Bedeutung war das Alkalinitrat, ein für die Herstellung von Munition unentbehrlicher Stoff. Bis zum Krieg stand hierfür Chilisalpeter (Natriumnitrat) zur Verfügung, der auf dem Seeweg aus Südamerika importiert werden musste; ein Anfuhrweg, der jetzt durch die englische Blockade praktisch unmöglich geworden war. Das Schicksal wollte es, dass ein anderer deutscher Jude, der äußerst erfolgreiche Chemiker Fritz Haber, zusammen mit seinem Kollegen Carl Bosch ein Verfahren entwickelt hatte, mit dem der Stickstoff aus der Luft an Wasserstoff gebunden werden konnte, so dass man Alkalinitrate auch ohne Salpeter herstellen konnte. Rathenau nahm Kontakt zur chemischen Industrie auf und konnte die Industriellen davon überzeugen, unmittelbar mit dem Bau der benötigten riesigen Produktionsanlagen zu beginnen. Brenner formuliert dazu:

„… die Chemie begann also mit dem Bau riesiger Fabrikanlagen, ohne eine verbindliche Abnahmezusicherung in der Hand zu haben. Doch Rathenau enttäuschte seine Verhandlungspartner nicht. Die chemischen Fabriken waren schon im Bau, als er Weihnachten 1914 die erforderlichen Verträge mit dem Reichsschatzamt vorlegte. Stolz vermerkte er dazu: ‚Die Stickstofffabrikation war eine deutsche Produktion geworden, ein Weltproblem war gelöst, die schwerste technische Gefahr des Krieges abgewendet.'"[323]

Man könnte nun leicht in die Versuchung geraten, darüber nachzudenken, was passiert wäre, wenn es weder Haber noch Rathenau gegeben hätte und wenn Deutschland dadurch schon im Frühjahr 1915 den Krieg aus Mangel an Munition hätte beenden müssen. Der Fall zeigt, wie die Synergie der von zwei großen Männern – in diesem Fall von zwei deutschen Juden – ausgehenden Kräfte zu einer starken historischen Kraft werden konnte. Die Tragik dieser Tatsache erhält eine besonders bittere Note, wenn man bedenkt, was der Nationalsozialist und Rüstungsminister Hitlers, Albert Speer, im Jahre 1970 über Rathenau schrieb:

„Der eigentliche Urheber der industriellen Selbstverwaltung war Walter Rathenau, der große jüdische Organisator der deutschen Kriegswirtschaft des Ersten Weltkrieges."[324]

Wie dann Brenner weiter bemerkt:

„Speer maß sogar seinen Erfolg an Rathenaus Rationalisierungskonzept, das mit der Hälfte der Arbeitskräfte die gleiche Produktivität erbracht hatte."[325]

Fritz Haber

Fritz Haber war zweifellos einer der großen Chemiker seiner Zeit. Er gehörte zu jener Generation jüdischer Wissenschaftler, deren Väter noch kein akademisches Studium absolviert hatten, die aber durch den Beruf ihrer Väter dennoch auf eine Karriere in der Chemie vorbereitet waren. Habers Vater hatte in der Tat in Breslau einen Handel mit Farbstoffen. Das waren in der Jugend Habers, der Ende 1868 geboren wurde, noch hauptsächlich pflanzliche Stoffe, aus denen der eigentliche Farbstoff durch chemische Prozesse extrahiert werden musste.

Haber wurde auf einen Schlag durch seinen fundamentalen Beitrag zum Haber-Bosch-Verfahren berühmt, mit dem es möglich geworden war, Salpeter zu synthetisieren. Dieser Grundstoff ist nicht nur für die Herstellung von Explosivstoffen nötig, sondern auch für die Erzeugung von Kunstdünger, ohne den die Landwirtschaft heute nicht den notwendigen Ertrag erwirtschaften kann. Die Bedeutung von Habers Beitrag zur Chemie und dadurch zur Weltwirtschaft ist daraus ersichtlich, dass heutzutage nur noch circa zwölf Prozent des Weltbedarfs an gebundenem Stickstoff aus natürlichen Grundstoffen gewonnen werden.[326]

Es ist festzustellen, dass der Name Haber in dem oben zitierten Buch über Walter Rathenau nur im Zusammenhang mit dem Haber-Bosch-Verfahren genannt wird, nicht aber als Person. Das Bemerkenswerte liegt darin, dass innerhalb der Kriegsrohstoffabteilung Rathenaus eine Chemieabteilung bestand, die von Haber geleitet wurde. Die Zusammenarbeit dieser beiden Persönlichkeiten endete jedoch im Dezember 1914. Haber berichtet in einem Brief darüber:

„... dass eine Unterhaltung heute Abend mit Herrn Dr. Rathenau zu einer Trennung geführt hat, welche meines Erachtens nach Form und Inhalt nicht gestattet, dass ich weiterhin im Auftrage der Kriegs-Rohstoffabteilung chemische Angelegenheiten bearbeite. [...] ich bitte euer Exzellenz gewiss zu sein, dass ich jede Mitarbeit gerne leiste und mit jedermann gerne zusammenarbeite, damit die Sache nicht Scha-

den nimmt, nur mit Herrn Dr. Rathenau habe ich Schwierigkeiten, die meine Kraft übersteigen."[327]

Stoltzenberg schreibt weiter:

„Die Schwierigkeiten scheinen nicht überwunden worden zu sein, so dass Haber aus dieser Tätigkeit ausschied. Aber er hat sich während des Krieges auch weiterhin mit den Fragen der ausreichenden Belieferung von stickstoffhaltigen Düngemitteln beschäftigt. [...] Auf ihn kam eine Aufgabe zu, die er sich selber gewählt hatte, die zu einer schweren Belastung für ihn persönlich und für den Ruf der Deutschen in der ganzen Welt wurde: der massive Einsatz von chemischen Kampfstoffen im Ersten Weltkrieg."[328]

Habers großer Einfluss in Sachen Chemie im kaiserlichen Deutschland rührte nicht nur von seinem Beitrag am Haber-Bosch-Verfahren her, sondern auch von seiner Funktion als Direktor des physikalisch-chemischen Instituts der Kaiser-Wilhelm-Gesellschaft. Diese Gesellschaft war für ihre Zeit ein äußerst fortschrittliches Unternehmen, wohl die allererste große staatliche Forschungsgesellschaft der Welt. Die Stiftung der Gesellschaft und namentlich des Instituts für physikalische Chemie war durch den – wiederum jüdischen – Mäzen Leopold Koppel möglich geworden. Durch diese Position war Haber einer der einflussreichsten Chemiker im damaligen Reich. Um zu verstehen, wie Haber dazu kam, sich so intensiv mit Giftgaskampfstoffen für den Krieg zu beschäftigen, muss man sich drei wichtige Tatsachen vor Augen halten: erstens die bedingungslose Vaterlandsliebe der deutschen Juden, die sich durch die Burgfriedenspolitik Wilhelm II. endlich gleichwertig fühlen konnten und ihre uneingeschränkte Loyalität zum Vaterland beweisen wollten; zweitens das unerwartete Stagnieren des deutschen Vormarschs im Westen und der dadurch entstandene Stellungskrieg, der den Eindruck vermittelte, dass der Krieg noch Jahre dauern könnte und zu nichts als weiteren und schlimmeren Verlusten an Menschen führen würde. Drittens kommt hinzu, dass infolge der Blockade durch die britischen Seestreitkräfte beinahe jegliche Zufuhr von Rohstoffen aus Übersee unmöglich geworden war. Wenige Leute wussten das besser als Haber, der sich durch seine Arbeit in Rathenaus Institut der Bedrohung Deutschlands durch akuten Rohstoffmangel völlig bewusst war. Die Hoffnung Habers und der mit ihm zusammenarbeitenden Offiziere des Heeres bestand darin, den Stellungskrieg aufbrechen zu können. Man hoffte das zu erreichen, indem man die gegnerischen Soldaten mit Giftgas aus ihren Schützengräben vertrieb, wo sie hinter ihren Maschinengewehren saßen und so jeglichen deutschen Sturmangriff mit dem Ziel, Terrain zu erobern und dadurch den Einmarsch ins Feindesland fortzusetzen, unmöglich machten. Wie wir heute wissen, ist aus all diesen Plänen kein einziger Erfolg hervorgegangen. Man hatte lediglich erreicht, dass das damalige Deutschland seinen Namen als zivilisierte Nation ernsthaft beschädigte; dasselbe galt für Haber selbst.

Nach dieser Skizze über die Rolle der Juden zu Beginn des ersten Weltkrieges sollte man meinen, dass ihre Situation als unerwünschte Minderheit nun endgültig vorbei war. Leider ist nichts weniger wahr.

Und wieder eine neue Welle von Antisemitismus

Wenn es je eine Periode in der Geschichte gab, in der das Wesen des klassischen Antisemitismus deutlich sichtbar wurde, so war es jene, in die wir nun eingetreten sind. Direkt nach Beginn des Krieges sah es so aus, als ob der Antisemitismus im Schatten des Burgfriedens aus der öffentlichen Diskussion verschwunden wäre.[329] Wie Egmont Zechlin bemerkt, wurde sogar in einer Denkschrift des Alldeutschen Verbandes, der zu jener Zeit schlimmsten antisemitisch orientierten Organisation, der Programmpunkt über die Ausschaltung der Juden nicht mehr erwähnt, obwohl dies vor dem Krieg eines der erklärten Ziele dieses Vereins war. In der genannten Denkschrift vom Dezember 1914 wurde diesbezüglich nur das Problem der Ostjuden in Deutschland genannt. Schon ein Jahr später meldete sich aber ein neuer extremer Antisemit zu Wort, nämlich der Gießener Chemieprofessor Hans von Liebig. Dieser ging so weit, dass er den Kanzler Bethmann-Hollweg den *„Kanzler des deutschen Judentums"*[330] nannte. Wie Zechlin weiter ausführt, sei dieser Kanzler

„...umgeben von Ratgebern, denen die Interessen des deutschen Judentums identisch erschienen mit denen des deutschen Volkes, und könne sich nur mit Hilfe der Presse und der Parteien des Judentums halten. Dementsprechend analysierte er das ‚B.- System' wie er – ein

Schlagwort prägend – das durch Bethmann-Hollweg vertretene System nannte, als eines, dessen Vertreter die Lage allein durch die ‚jüdische Händlerbrille' sähen, die Politik wie das jüdischen Händlervolk ‚mit weichen Händlerfingern' betrieben und einen ‚faulen Frieden' von einer ‚händlerartigen Verständigung' erwarteten. Im Kampf um die Kriegsziele sah er einen ‚Kampf zwischen den Zielen des deutschen Judentums und denen der germanischen Deutschen'. Der Germane kämpft um Land, das ‚frischen schaffenden Kräften Aufgaben völkischer Art' stelle, ‚die echtes Herrentum zu bewältigen vermag.' Der Jude aber wolle Handelsmöglichkeiten, sonst nichts, und strebe unter dem Deckmantel des ‚Gefasels von Weltwirtschaft und Weltkultur' nach einem Frieden, der an den bisherigen Verhältnissen so wenig wie möglich ändere."[331]

Ein anderer bekannter übler Antisemit, Houston Stewart Chamberlain, äußerte sich in ähnlichem Sinn:

„Dass Judesein heute Trumpf ist, halte ich für ein äußerst bedenkliches Symptom. Schon seien die Juden berauscht von ihren Erfolgen, von den Millionen, die sie durch den Krieg hinzu verdient hätten, durch das Lob, das ihnen von offiziellen Stellen gespendet werde, und durch den Schutz, den sie und ihre Machinationen von Seiten der Zensur genössen. So werde denn von der jüdischen Presse, vor allem dem Berliner Tageblatt und der Frankfurter Zeitung, die als Leibgarde des Herrn Bethmann-Hollweg die unmittelbare Protektion der Regierung besäßen, im Augenblick des letzten entscheidenden Aufstiegs die Saat gesät, die unvermeidlich die Korruption und den Niedergang des Reiches herbeiführen."[332]

Am Anfang dieses Abschnitts habe ich erwähnt, dass wir hier ein typisches Beispiel des klassischen Antisemitismus vor uns sehen. Ich tat das, weil das Schimpfen auf die Juden wieder stärker wurde, auch wenn zu diesem Zeitpunkt einige prominente Juden unentbehrliche Beiträge zum Wohl und sogar zum Überleben der deutschen Nation leisteten. Hierdurch möge deutlich werden, dass dort, wo wir mit Äußerungen des klassischen Antisemitismus konfrontiert werden, es überhaupt nicht darauf ankommt, **was** Juden tun, sondern nur darauf, dass irgendetwas, ob gut oder schlecht für die Umgebung, von einem **Juden** getan wurde. In diesem klassischen Antisemitismus ist es also die Art des Menschen – oder besser die vermeintliche Art des Menschen –, der die Handlung ausführt, die deren Qualität bestimmt. Ein Urteil über die Qualität der Handlung als solche ist dann nicht mehr nötig. Verantwortliche Politiker wie der damalige Kanzler Bethmann-Hollweg, die nicht den veralteten romantischen Ideen anhingen, sondern die weltgewandten und erfolgreichen Juden um Rat fragten, wurden ebenfalls verhöhnt und beschimpft.

Ein kleines philosophisches Intermezzo

Wie wir gesehen haben, beruhen die verschiedenen Äußerungen des Antisemitismus in der Geschichte auf einem großen komplexen Wahn. Dazu gehören unter anderem religiöse Mythen aus sehr alter Zeit wie auch ganz allgemein Fremdlingshass, reiner Brotneid oder auch pseudowissenschaftlich untermauerte Überlegenheitsgefühle auf rassistischer Grundlage. Sie alle sind die Bauelemente für das Fundament, auf dem dieses lebensgefährliche, ja sogar für die ganze Welt bedrohliche Gebäude des sinnlosen Hasses ruht. Wenn auch im Laufe der Jahrhunderte mal das eine und mal das andere dieser Elemente die antisemitische Argumentation dominierte, so gibt es doch eine Konstante in der Geschichte dieses Wahns: Bis 1948, also bis zur Gründung des Staates Israel, fehlte der jüdischen Gemeinschaft jegliche politische Macht. Zwar hatten einige Juden in den letzten Jahrzehnten des 19. Jahrhunderts durch ihre Kontakte zu Politikern, die an den Schalthebeln der Macht saßen, einen gewissen Einfluss ausüben können, doch ist solche individuelle Macht etwas anderes als politische Macht einer Gemeinschaft.

Mit anderen Worten: Während etwa 1500 Jahren bedeuteten die Worte Antijudaismus und Antisemitismus Verfolgung und Demütigung einer Gruppe von Menschen ohne jegliche politische Macht. In einer solchen Position kann von militärischer Macht selbstverständlich ebenfalls nicht die Rede sein. Das völlige Fehlen jeglicher Macht hat sich im Holocaust darin gezeigt, dass damals kein einziges Land den Juden wesentliche Hilfe leistete. Hier war also eine Gruppe wehrloser Menschen der Wirkung einer historischen Kraft von so unvorstellbarer Größe ausgeliefert, dass sie in weniger als zwei Jahren zu der Vernichtung von etwa sechs Millionen

Menschen führen konnte. Am Ende dieses Buches werden wir Argumente anführen, die darauf hinweisen, dass die historische Kraft des Antisemitismus so bedeutend war, dass sie unter Umständen den wesentlichen Beitrag zur deutschen Niederlage im Zweiten Weltkrieg geliefert hat.

Wenn also in der ganzen Geschichte bis zum Ende des Zweiten Weltkrieges das Wort „Antisemitismus" Hass und Verachtung gegenüber einer vollkommen machtlosen Gruppe von Menschen bedeutete, dann ist der Gebrauch dieses Wortes in einer Zeit, in der ein jüdischer Staat Israel besteht, der sehr großen Einfluss auf die Weltpolitik hat und über eine große militärische Macht verfügt, äußerst irreführend. Wenn Israel tatsächlich die Juden in der Welt vertritt, was ich aus tiefster Überzeugung verneine, dann ist dieser Repräsentant der Juden sowohl politisch als auch militärisch äußerst „mächtig". Der Gebrauch des Wortes „Antisemitismus" bewirkt jedoch emotional Assoziationen, die auf Hilflosigkeit und Machtlosigkeit hinweisen und dadurch ein völlig falsches Bild der aktuellen Lage zeichnen. Leider wird dieses Bild von Hilflosigkeit und noch immer unschuldigem Opfer-Dasein bewusst von israelischen Politikern und offiziellen jüdischen Organisationen in der Welt missbraucht. Damit soll vertuscht werden, dass man durch die eigene große Macht über ein anderes Volk inzwischen längst selbst zum Täter geworden ist.

Diese Bemerkung gehört auf den ersten Blick nicht hierher. Ich habe sie dennoch eingefügt, um zu zeigen, wie unterschiedlich die Wirkung einer Kraft, die von einer gewissen Gruppe ausgeht – in diesem Fall die Abwehr antisemitischer Vorwürfe –, sein kann, je nachdem wie groß die politische Macht dieser Gruppe ist. Wenn man sich die Bedeutung dieses Zusammenhangs völlig bewusst macht, wird deutlich, dass gerechtfertigte Kritik an israelischer Politik, die gegen internationales Recht oder humanitäre Konventionen verstößt, von der kritisierten Partei nicht unbeachtet und mit dem Hinweis auf antisemitische Motive abgetan werden darf. Der logische Schluss aus den Überlegungen in diesem Intermezzo muss dann sein, dass das Wort „Antisemitismus", das immer nur im Hinblick auf negative Gefühle gegenüber einer machtlosen Gruppe verwendet wurde, in Bezug auf die gerechtfertigte Kritik am unrechtmäßigen Handeln eines mächtigen Staates vollkommen unangebracht ist.

11 Das schmachvolle Ende des Krieges

Ich möchte den Faden der Geschichte wieder aufnehmen und daran erinnern, dass das zentrale Thema unserer Betrachtungen das Auftreten und die Wirkung der wichtigsten historischen Kräfte zwischen den Juden und der Gesellschaft, in der sie leben, ist. Aus diesem Zusammenwirken kann sich die wechselseitige Verstärkung durch Synergie, aber auch eine gegenseitige Abschwächung ergeben. In dieser Hinsicht ereignete sich 1917 ein „äußeres" Ereignis von weltgeschichtlicher Bedeutung: die Oktoberrevolution. Deren direkte Folgen waren tatsächlich von der Art zweier einander aufhebender oder gegeneinander arbeitender historischer Kräfte. Einerseits gelang es den Deutschen gegen Ende des Jahres 1917 einen Waffenstillstand mit den Bolschewiki zu schließen und so die 500.000 Soldaten von der Ostfront abzuziehen, die dann die Frühjahrsoffensive im Westen verstärkten[333] – für die deutsche Seite also auf den ersten Blick ein hoffnungsvolles Ereignis. Dadurch jedoch, dass die US-amerikanischen Truppen inzwischen an der Westfront in voller Stärke aktiv geworden waren, halfen auch die 500.000 Soldaten von der Ostfront nicht mehr. Die Demoralisierung der deutschen Truppen war groß und führte dazu, dass die deutschen Soldaten massenhaft desertierten oder sich dem Feind ergaben. Eine andere, für Deutschland ebenfalls ungünstige Folge der Revolution in Russland war natürlich, dass jene deutschen Soldaten, die meist aus Arbeiterkreisen stammten und schon etwas vom kommunistischen oder sozialistischen Gedankengut in sich aufgenommen hatten, nun viel empfänglicher für die revolutionären Ideen im eigenen Land geworden waren.

Der Schock der Niederlage im Oktober 1918 war umso größer, als die Zensur in den vorangegangenen Monaten auch dann noch hoffnungsvolle Berichte verbreiten und solche über Niederlagen einfach streichen ließ, als die Lage an der Westfront schon längst hoffnungslos war. Diese Situation, in der die Deutschen vollkommen unvorbereitet mit der eigenen Niederlage konfrontiert wurden, sollte verheerende Folgen für die Zukunft haben. Der Grund dafür lag darin, dass sich niemand vorstellen konnte, dass man einen Krieg verlieren kann, ohne dass je ein Fuß des Feindes deutschen Boden betreten hatte.[334] So kam es, dass die meisten Deutschen im November 1918 noch an einen relativ milden Frieden glaubten. Mit den tatsächlichen Bedingungen des Friedensschlusses, die eine unvorstellbare Demütigung Deutschlands bedeuteten, hatte niemand gerechnet. Das in dieser Situation vorhandene Potenzial für die Entstehung und Popularisierung von Verschwörungstheorien war groß. Das Beispiel der weit verbreiteten und tief in das Bewusstsein von vielen eingedrungenen „Dolchstoßlegende" illustriert das. Nach dieser Legende hatte die unbesiegte deutsche Armee nur deshalb aufgeben müssen, weil sie, nach dem Muster des germanischen Helden Siegfried, der von dem Verräter Hagen von hinten an seiner einzigen verwundbaren Stelle getroffen und damit ermordet worden war, ebenfalls einen Dolchstoß in den Rücken erhalten hatte. Der Verrat und der Dolchstoß in den Rücken der deutschen Armee wurde in diesem Fall den linken Revolutionären, den sogenannten „Novemberverrätern" zugeschrieben. Nur so konnten sich viele den verlorenen Krieg ohne entscheidende Niederlage auf dem Schlachtfeld erklären.

Die Radikalisierung der Gesellschaft in Deutschland

Die unvorstellbar breite und intensive Radikalisierung, die in den nächsten 15 Jahren den Alltag und die Politik in Deutschland beherrschen sollte und die das Auftreten und die ersten Erfolge Hitlers ermöglichte, gründete sich – auf den einfachsten Nenner gebracht – auf zwei große Gruppen der Bevölkerung. Auf der einen Seite waren dies unzählige zurückgekehrte Soldaten, die sich nach der Kameradschaft und Freundschaft in den Schützengräben sehnten. Nach der einigenden nationalen Begeisterung, mit der sie in den Krieg gezogen waren, konnten sie einfach nicht glauben und wollten sie nicht wahrhaben, dass dies alles umsonst gewesen sein sollte. Besonders tief saß diese Desillusionierung, weil sie der geordnete und disziplinierte Rückzug in eine chaotische, revolutionäre Welt führte, in der den Soldaten, sogar schwer verwundeten Veteranen, von revolutionären Kämpfertrupps die Schulterstücke und Orden abgerissen wurden.[335]

Diesen noch immer national begeisterten, aber auch durch das heutzutage als *post traumatic stress syndrom* bezeichnete Phänomen außergewöhnlich verrohten und radikalisierten Veteranen standen jene gegenüber, die nach dem nationalen Unglück das Heil in der Verbrüderung aller Völker suchten – die Internationalisten also. Nach der Meuterei der Matrosen der Hochseeflotte am 28. Oktober 1918 in Kiel und nach der Revolution in München am 7. November des Jahres, bei der der bayerische König gestürzt und die Republik ausgerufen wurde, entstanden in ganz Deutschland aus dem Volk heraus Arbeiter- und Soldatenräte. Es waren diese extrem links orientierten Revolutionäre, die den zurückkehrenden Veteranen so unfreundlich, wenn nicht gar feindlich entgegentraten. Dass die Enttäuschung über einen solchen Empfang zu Hass gegen die revolutionären Massen führte, darf nicht verwundern. Die heimgekehrten Veteranen fühlten sich zutiefst enttäuscht und schlossen sich in einem Verein zusammen, der ihre Interessen vertreten sollte. Er nannte sich *Stahlhelm, Bund der Frontsoldaten* und entwickelte sich zu einer rechtsgerichteten politischen Partei, die letztendlich eine wichtige Rolle bei der Machtergreifung Hitlers spielte. Die so entstandene Polarisierung und Verrohung der Gesellschaft, die die kommenden Jahre weitgehend beeinflussen sollte, wird von Evans prägnant beschrieben, den wir hier gerne wörtlich zitieren:

„*... nach dem Krieg stieg die Verbreitung* [von militärischen Verhaltensmustern, Anm. H.G.M.] *um ein Vielfaches. Die Sprache der Politiker war durchsetzt von kriegerischen Metaphern, die jeweils andere Partei war ein Feind, den es zu vernichten galt, Kampf, Terror und Gewalt wurden als legitime Waffen in der politischen Auseinandersetzung angesehen. Allerorten blitzten Uniformen auf. Um ein berühmtes Wort des Militärtheoretikers Carl von Clausewitz abzuwandeln: Politik wurde zur Fortsetzung des Krieges mit anderen Mitteln. [...] Alle Seiten unterhielten bewaffnete Banden, Schlägereien und Straßenkämpfe gehörten zum Alltag, und es kam fortdauernd zu schweren Ausschreitungen und Meuchelmorden.*"[336]

Es muss hierzu erwähnt werden, dass die ab dem 9. November 1918 verantwortliche demokratische Regierung unter Reichskanzler Friedrich Ebert, einem sehr gemäßigten Sozialdemokraten, nichts mehr wollte als Ordnung. Ihr war vollkommen klar, dass eine Demokratie im revolutionären Chaos nicht gedeihen kann. Dieses Chaos, wenn auch nicht immer revolutionärer Natur, sollte jedoch die ganze, wenn auch kurze Geschichte dieser Republik bestimmen, die sich ab dem 11. August 1919 auf die berühmte Weimarer Reichsverfassung stützte.

Das Chaos, die weitgehende Polarisierung und damit auch die weitverbreitete Angst vor einer kommunistischen Revolution berührte auch den wichtigsten Punkt unserer Abhandlung, das Schicksal der Juden in Deutschland – ganz am Ende gar auf tragische Weise. Die Angst vor einer kommunistischen Revolution wurde natürlich von den Ereignissen in Russland, wo Bürgerkrieg und blutiges Gemetzel an der Tagesordnung waren, intensiv geschürt. Der Umstand, dass an vielen Stellen in diesen russischen Wirren Juden eine wichtige Rolle spielten, wurde von antisemitischen Nationalisten für ihre Zwecke breit ausgeschlachtet. Das gleiche galt für die Deutsche Kommunistische Partei, die von überdurchschnittlich vielen Funktionären jüdischer Herkunft gelenkt wurde. Rosa Luxemburg dürfte wohl die berühmteste Persönlichkeit unter ihnen sein. Bemerkenswert ist auch, dass in drei der vier größten Bundesstaaten jüdische Ministerpräsidenten regierten: die gemäßigten Sozialdemokraten Paul Hirsch in Preußen und Georg Gradnauer in Sachsen sowie Kurt Eisner für die radikal linke USPD in Bayern.[337]

Politisch aktive Juden standen also in erster Reihe, wenn es um Veränderung, Freiheit und internationale Orientierung ging. Diese offenkundige Tatsache wurde jedoch unter anderem von den Mitgliedern des Alldeutschen Verbandes auf die schlimmste Weise ausgenutzt, um den Juden den „Dolchstoß" zuzuschreiben. Wie schon mehrfach erwähnt, hat sich der Antisemitismus in seinem politischen Gebrauch nie durch Logik oder Konsistenz ausgezeichnet, so dass den Juden in der Weimarer Republik die kommunistische Revolution und Agitation sowie gleichzeitig die Macht des Geldes zugeschrieben wurde. Diesen inneren Widerspruch illustriert ein Satz von Heinrich Clasz, dem Vorsitzenden des Alldeutschen Verbandes „... *von einer neuen Wendung* [des Verbandes] *gegen die internationalen Mächte des Umsturzes und des Geldes.*"[338]

Derartige Aussagen, die man – wörtlich genommen – nur als Unsinn bezeichnen kann, rühren daher, dass diese Art von Antisemiten die Juden nur als kompakte Gruppe sah, als „die Juden" oder gar als „der Jude", und dabei vergaßen, dass es unter ihnen arme Revolutionäre wie auch reiche, Geld anhäufende Kapitalisten gab. Auch wenn sich die Juden in der Mehrzahl eher an der linken Seite des politischen Spektrums orientierten, gab es durchaus auch einige, die dem Nationalismus stark zugeneigt waren. Im Rahmen der Polarisierung und des zunehmenden Antisemitismus wurde jedoch ab Mitte der 1920er Jahre Juden der Beitritt zum *Stahlhelm* verwehrt.[339] Dies muss tatsächlich als radikal antisemitisch bezeichnet werden, da der *Stahlhelm* gegründet worden war, um den Interessen der von der Front zurückgekehrten Soldaten zu dienen, unter denen sich natürlich auch Veteranen jüdischer Herkunft befanden.

Die Situation um die Jahreswende 1918/19 war äußerst kritisch, da nach der Abdankung des Kaisers und der Übernahme der Regierung durch die gemäßigten Sozialisten unter Reichskanzler Ebert eine neue Revolution von der Seite der extremen Linken unter Karl Liebknecht und Rosa Luxemburg drohte. Evans schreibt dazu:

„Um das Land vor dem Abgleiten in die Anarchie zu bewahren, billigte die SPD die Rekrutierung schwer bewaffneter paramilitärischer Banden aus Kriegsveteranen und jüngeren Männern, die berüchtigten Freikorps, die künftige revolutionäre Erhebungen im Keim ersticken sollten. Als die extreme Linke Anfang 1919 einen schlecht organisierten Aufstand in Berlin inszenierte, reagierten die Freikorps mit beispielloser Gewalt und Brutalität. Rosa Luxemburg und Karl Liebknecht wurden ermordet, die Revolutionäre in einer Reihe von Städten, in denen sie die Kontrolle übernommen hatten oder scheinbar gefährlich waren, niedergemetzelt oder umstandslos hingerichtet."[340]

Die allgemeine Verrohung und der übermäßige Gebrauch von Gewalt äußerte sich auch darin, dass zwei prominente Politiker, der katholische Finanzminister Matthias Erzberger und der Außenminister Walter Rathenau, als sogenannte Novemberverräter von Mitgliedern der Freikorps ermordet wurden: Erzberger im Jahre 1921, weil er 1918 auf Befehl Hindenburgs den Waffenstillstand unterzeichnet hatte; Rathenau im Juni 1922, weil er Jude war und weil er im April des Jahres mit Russland den Friedensvertrag von Rapallo geschlossen hatte. In dieses Klima von Revolution und enttäuschtem Nationalismus, täglichen Schlägereien zwischen fanatisierten Banden auf rechter und linker Seite, und Morden an Politikern, die als zu demokratisch und/oder zu internationalistisch eingeschätzt wurden, passte eine radikale Bewegung wie die der Nationalsozialisten natürlich ausgezeichnet.

12 Die wichtigsten Kräfte für Hitlers Aufstieg[341]

Wie ein Mann wie Adolf Hitler in einem hoch industrialisierten und kulturell bedeutenden Land wie Deutschland 1933 die politische Macht erlangen konnte, gehört in gewissem Sinn zu den größten Rätseln der Weltgeschichte. Unzählige Werke sind hierüber geschrieben worden und es kann nicht die Absicht eines kleinen Buches wie des hier vorliegenden sein, diese Geschichte im Detail zu beschreiben. Das Werk des schon oft zitierten englischen Historikers Richard J. Evans ist eines der neuesten, aber wohl auch eines der übersichtlichsten dazu. Darum werde ich mich hier auf die wichtigsten historischen Kräfte beschränken, die ab 1921 ins Spiel kamen und den schnellen Aufstieg Hitlers und seiner Bewegung ermöglicht haben. Wie zufällig sein Auftreten und seine Wirkung war, möge man der Tatsache entnehmen, dass er zwar während seiner Herrschaft beinahe die ganze, zumindest aber die westliche Welt zutiefst verändert hat, dass er diese Herrschaft aber nicht länger als gerade einmal zwölf Jahre lang aufrechterhalten konnte. Auch Evans ist dieser Meinung: *"... der Siegeszug Hitlers war 1918 ebenso wenig unvermeidlich, wie er durch den bisherigen Gang der deutschen Geschichte vorgezeichnet war."*[342] Neben den großen Enttäuschungen über den Ausgang des Krieges und den unglaublichen politischen Unruhen sind die wichtigsten hier zu nennenden Ereignisse die Folgenden:

Inflation

An erster Stelle ist dies die Inflation, die schon im Jahre 1914 langsam begonnen hatte und ab 1916 durch wachsende Kriegskosten etwas schneller anstieg, um Ende des Jahres 1923 in eine nie dagewesene Hyperinflation zu entarten. Zu Beginn des Krieges hatte ein Dollar noch den Gegenwert von vier Mark. Ende 1919 war der Gegenwert dieses Dollars bereits auf mehr als das Zehnfache angestiegen.[343] Ab der zweiten Hälfte des Jahres 1922 ging es dann rasend schnell voran, so dass man im August 1922 schon über 1000 Mark und im November 1923 den unvorstellbaren Betrag von 4 Billionen, das sind vier Millionen Millionen registrierte. Evans beschreibt diesen Zustand sehr bildhaft:

„... auf ihrem Höhepunkt wirkte die Hyperinflation traumatisierend auf die gesamte Gesellschaft. Das Geld büßte praktisch jede Bedeutung ein, die Druckmaschinen kamen mit dem Drucken von Banknoten mit immer astronomischeren Beträgen nicht mehr nach, und manche Kommunen begannen ihr eigenes, nur einseitig gedrucktes Geld auszugeben. Arbeitnehmer brachten am Zahltag Einkaufskörbe und Schubkarren mit zur Arbeitsstelle, um die Berge von Banknoten zu verstauen und hasteten anschließend sofort in die Geschäfte, um sich mit Waren zu versorgen, bevor das Geld neuerlich im Wert gesunken war."[344]

Diese Traumatisierung der ganzen Gesellschaft hatte in erster Linie psychische Folgen für die Menschen. Fluchtreaktionen wie Selbstmord, Auswanderung, Drogensucht, Zulauf zu religiösen Sekten und die verstärkte Neigung zu politischer und sozialer Gewalt waren die offensichtlichsten.[345] Da diese wahnsinnige Inflation von den Nationalisten aber den von den Siegermächten auferlegten Reparationszahlungen angelastet wurde, verstärkte sie bei vielen Bürgern die nationalistischen Gefühle, was letztlich auch den Aufstieg Hitlers unterstützte. Der Rückenwind für dessen radikale nationalistische Bewegung wurde außerdem dadurch verstärkt, dass die Mittelschicht in Deutschland durch die Inflation in zwei Teile zerfiel: in jene, die Geld gespart, Hypotheken aufgenommen beziehungsweise Renten bezogen hatten und die nun völlig verarmten, und in die anderen, die Kleingewerbetreibenden und Handwerker beziehungsweise Kleinhändler, die in besseren Zeiten Gütervorräte angesammelt hatten und nun viel weniger oder gar keinen Schaden durch die Inflation erlitten. Die Hauptgeschädigten, also vor allem die Kapitalrentner, wendeten sich in den folgenden Jahren in zunehmendem Masse den Nationalsozialisten zu.

Besetzung des Ruhrgebiets

Da Deutschland mit seinen Reparationsleistungen hinter den von den Siegermächten geforderten Mengen zurückblieb, beschlossen die Franzosen und Belgier Anfang 1923, das Ruhrgebiet zu besetzen, um auf diese Weise ihre Forderungen einzutreiben. Diese Besetzung, die Hyperinflation und der dadurch bedingte Hunger führten schließlich zu Massenstreiks und Unruhen. Politischen Extremisten von links wie rechts schien in dieser Situation die Zeit wieder einmal reif für politische Umstürze: Am 9. November 1923 unternahmen Adolf Hitler und Erich Ludendorff in München einen Putschversuch, den sogenannten „Marsch auf die Feldherrnhalle".[346] Die Putschisten wurden jedoch von einem bewaffneten Polizeikordon aufgehalten und letztlich verhaftet; unter ihnen Hitler selbst, Ludendorff und Leute wie Julius Streicher und Ernst Röhm, die nach der Machtübernahme durch die Nationalsozialisten berühmt, oder besser gesagt, berüchtigt werden sollten. Nach diesem Versuch, die bayerische Regierung zu stürzen, bei dem vier Polizisten erschossen wurden, drohte Hitler, der die Verantwortung auf sich genommen hatte, nach dem Gesetz die Todesstrafe. Er wurde jedoch nur zu fünf Jahren Haft verurteilt. Dieses unvorstellbar milde Urteil wurde damit begründet, dass der Haupttäter aus „rein vaterländischem Geist und edelstem Willen" heraus gehandelt hätte. Schon 1925 wurde Hitler vorzeitig entlassen.[347] Während seiner Haft hatte er den ersten Teil seines Buches „Mein Kampf" schreiben können. Die politische Einseitigkeit der deutschen Richterschaft, die an diesem Beispiel sichtbar wird, kann mit weiteren Fakten belegt werden.[348] 22 politische Morde, die zwischen Ende 1919 und Mitte 1922 von linksgerichteten Tätern verübt worden waren, führten zu insgesamt 38 Verurteilungen, darunter zehn Hinrichtungen und Haftstrafen von durchschnittlich 15 Jahren. Im selben Zeitraum folgten auf 354 politische Morde durch rechtsgerichtete Täter nur 24 Verurteilungen zu Haftstrafen von durchschnittlich nicht mehr als vier Monaten und keine einzige Hinrichtung. Es kann wohl keinen besseren Beweis für die politische Rechtsorientierung des damaligen Richterstandes geben als diese Zahlen.

Die Reaktion des Volkes als Ganzes stand wohl im Gegensatz zu der freundlichen Haltung des konservativen Richterstandes gegenüber diesem etwas operettenhaftem Putschversuch. Hitler war dadurch keinesfalls zum Liebling des Volkes aufgestiegen. Hatte seine Partei im Jahre 1924 noch 32 Sitze im Reichstag, so war diese Zahl 1928 auf lediglich 12 geschrumpft.[349]

Akute Konstellation zum erfolgreichen Aufstieg

Sowohl die Umstände, die zum Ausbruch des Ersten Weltkrieges führten, als auch die skizzierte Kette der darauffolgenden Ereignisse sprechen für meine These, dass Hitlers Erfolg dem zufälligen Zusammenwirken historischer Kräfte zuzuschreiben ist. Aus dieser Sicht ist interessant, dass auch andere Autoren – wenn auch mit ganz anderen Worten – eine ähnliche Meinung vertreten, wie z. B. Eberhard Kolb und Golo Mann. Kolb schreibt:

„*... die kurze Phase einer relativen Stabilisierung der Weimarer Republik endete 1929/30 recht abrupt. Zwei Krisenentwicklungen trafen zeitlich zusammen und verstärkten sich gegenseitig. Zum einen eskalierte der mit der Bildung des ersten Präsidialkabinetts im März 1930 eingeleitete Prozess der Umformung des politischen Systems rasch zur offenen Staatskrise. Zum anderen begann bald nach dem Ausbruch der Weltwirtschaftskrise auch in Deutschland eine steile wirtschaftliche Talfahrt, in deren Konsequenz sich die ökonomischen Verteilungskämpfe dramatisch verschärften. [...] Insbesondere die antidemokratisch-nationalistischen Kräfte der politischen Rechten traten 1929/30 zum Sturm auf die Republik an. Speerspitze in dieser Offensive war die NSDAP, der in eben jenen Monaten, in denen sich Staats- und Wirtschaftskrise in ihren ersten Umrissen abzuzeichnen begannen, der Durchbruch zur Massenbewegung gelang. Damit wurde diese Partei zu einem wesentlichen Faktor im politischen Kräftespiel.*"[350]

Golo Mann verweist ähnlich wie ich auf eine andere Kette dramatischer Ereignisse und verbindet diese mit Hitlers Rednertalent und seiner Ausstrahlung sowie mit der Tatsache, dass Hitler und die NSDAP in den Krisenjahren der Weimarer Republik, im Gegensatz zu anderen Nationalisten, nie an einer Regierung beteiligt gewesen waren und somit auch nicht mit all dem Elend, das die Leute erlebt hatten, in Verbindung gebracht werden, geschweige denn dafür verantwortlich gemacht werden konnten:

„*Man nahm sie [die Nazis] nicht ernst. Sie gehörten zu dem, was man in Amerika den närrischen Randstreifen nennt, die verrückten Erscheinungen am äußersten Rand des politischen Bildes. Und so wäre es wohl auch geblieben ohne die Wirtschaftskrise. Hitler war 1928 ein so guter Redner, ein so Besessener, vom Willen zur Eroberung, zu Macht und Erfolg verzehrter Mensch wie zwei Jahre später. [...] Trotzdem kam der Mann nicht weiter, solange die Dinge in Deutschland leidlich gut gingen. Jetzt aber gingen sie nicht mehr gut. Sie gingen zusehends schlechter; wobei die Zahl der Arbeitslosen einen vollen Begriff der Not nicht gibt. [...] Und nun war es der Vorteil der Nazipartei, dass sie mit dem, was seit 1919 in Deutschland geschehen war, überhaupt nichts zu tun hatte. Alle anderen bürgerlichen Parteien hatten das; selbst die konservativen, deutschnationalen hatten doch manchmal mitregiert, mitgestimmt, sich mitkompromittiert. Nicht so die Nazis. Die hatten zehn Jahre lang angeklagt, gehasst, verhöhnt, verflucht, nichts weiter. Sie konnten angreifen, ohne sich selber mit einem einzigen Wort verteidigen zu müssen. [...] Was er [Hitler] sagte, verglichen die Leute mit der langen Kette ihrer bitteren Erfahrungen: Krieg, Niederlage, Inflation, Wirtschaftskrise; und fanden es hörenswert."*[351]

Währungsreform, Arbeitslosigkeit und Wirtschaftskrise

Im November 1923 wurde dem Wahnsinn der Inflation durch eine Währungsreform ein Ende gesetzt. Gleichzeitig wurden aber auch Industrie und Wirtschaft rationalisiert, wodurch Ende 1925 eine Million Arbeitsfähige ohne Arbeit waren, eine Zahl, die so schnell wuchs, dass sie im März 1926 schon auf über drei Millionen angestiegen war.[352] Doch alles wurde noch schlimmer: Am Donnerstag, dem 24. Oktober 1929, erlebte die New Yorker Wall Street einen Börsenkrach von nie dagewesenem Ausmaß, in dessen Folge die ganze Welt in die sogenannte „Weltwirtschaftskrise" stürzte. Während die Zahlen auf den Banknoten im Jahre 1923 astronomische Größe angenommen hatten, ist man verführt zu sagen, dass ab Ende Oktober 1929 bis 1933 die Zahl der Arbeitslosen in Deutschland eine ähnliche Entwicklung nahm. Der Anstieg der Arbeitslosenzahl war wirklich dramatisch.[353] Im Winter 1930/31 gab es schon fünf Millionen Arbeitslose und ein Jahr später waren es bereits sechs Millionen. Das entsprach einem Drittel derer, die als Beschäftigte gemeldet waren. Wie Evans betont,[354] hatte dies nicht nur verheerende Auswirkungen auf die ökonomischen Verhältnisse. Vor allem der psychische Schaden hatte bei großen Teilen der deutschen Bevölkerung letztlich tragische politische Folgen. Der Würdeverlust eines Familienvaters, der jahrelang keine Arbeit findet und dadurch seine Familie nicht – oder nur durch das Annehmen von Wohlfahrtshilfe, also Almosen – ernähren kann, ist durch nichts zu kompensieren. Es verwundert nicht, dass in einer solchen Gesellschaft mit zahlreichen seelisch verletzten Männern im besten Alter die Kriminalitätsrate enorm anstieg. Ein weiteres dramatisches Beispiel der Folgen dieser Entwicklung liefern die Töchter dieser Männer, von denen einige, wenn sie zu Hause nicht genug zu essen hatten, sich auf ihren Körper besannen, den sie einem anderen Mann der selbst Arbeit und dadurch Geld hatte, anbieten konnten. Diese letzten Jahre der Weimarer Republik kann man schwerlich als „die gute alte Zeit" charakterisieren.

Machtzuwachs für den Reichspräsidenten

Der Sozialdemokrat Friedrich Ebert, der seit 1919 das Amt des Reichspräsidenten innehatte, starb im Februar 1925. Im ersten Durchgang der Wahl eines neuen Präsidenten errang keiner der Kandidaten die absolute Mehrheit. Die Verteilung der Wählerstimmen in diesem ersten Wahlgang war für die Nationalisten beunruhigend. Deshalb suchten sie nach einem gemeinsamen Kandidaten, der im zweiten Wahlgang auf jeden Fall die dann notwendige einfache Mehrheit erzielen würde.[355] Sie schlossen sich zu einem „Reichsblock" zusammen und wählten den großen Kriegshelden und Sieger von Tannenberg, den 78jährigen Generalfeldmarschall Paul von Hindenburg zu ihrem Kandidaten. Dieser erhielt 48,3 % der Stimmen, während der Kandidat der linken Mitte, Wilhelm Marx, 45,3 % der Stimmen erlangte. Es fand, wie Kolb schreibt, „ein Verfassungswandel statt", wobei sich der Präsident ohne wesentliche Verletzung der Verfassung mehr Macht zueignen konnte.

„Aufgrund der labilen parlamentarischen Mehrheitsverhältnisse konnte der Reichspräsident nämlich in starkem Maße bei der Regierungsbildung seine persönlichen und politischen Präferenzen zur Geltung bringen. Diese Präferenzen waren schon 1925 deutlich und lauteten: wenn irgend möglich Beteiligung der DNVP (Deutsch Nationale Volkspartei) an der Regierung, wenn irgend möglich Fernhaltung der Sozialdemokratie von der Regierungsmacht. [...] Bereits sehr früh wurde auch deutlich, welche zentrale Bedeutung für Hindenburg der

Artikel 48 der Reichsverfassung besaß, aus dem er eine im Grunde unbeschränkte Diktaturgewalt ableitete. [...]Bereits in den ersten Jahren der Präsidentschaft Hindenburgs lassen sich also die Dispositionen und Tendenzen erkennen, die dann nach 1929 in einer Veränderung der politischen Konstellation zum Durchbruch kamen."[356]

Wie wir heute leider wissen, hatte diese größere Macht des Reichspräsidenten verheerende Auswirkungen.

Veränderungen der Taktik, Ausbau der Partei und ihr Wachstum

Während seiner Festungshaft und beim Schreiben des Buches „Mein Kampf" hatte Hitler Gelegenheit, sein rednerisches Talent und seine Propaganda-Begabungen zu nutzen, um seine Ideen in ein einfaches und übersichtliches theoretisches Gebäude zu fassen. Je unangenehmer, verzwickter und unverständlicher die Lebenslage von vielen Bürgern wurde, desto willkommener waren natürlich die von Hitler so überzeugend dargestellten simplifizierten Ideen, die alles Elend zu erklären schienen. Da war einerseits die sozialdarwinistische Theorie des Rassenkampfes, in dem die deutschen Germanen vom jüdisch-bolschewistischen Kapitalismus bedroht wurden. Dies konnte natürlich als Ursache der sozialen und ökonomischen Misere angeführt werden. Gleichzeitig rechtfertigten diese Thesen auch Hitlers antisemitische Tiraden. Andererseits war da die geopolitische Theorie des Volkes ohne Raum, das von Feinden umringt und bedroht wurde. Diese Theorie diente Hitler schließlich dazu, seine Forderungen nach Wiederaufrüstung und Rückgabe der verloren gegangenen Ostgebiete zu rechtfertigen. Die einfachen Erklärungen erwiesen sich auch als äußerst effektiv, um ein weiteres Ziel zu erreichen. Es handelt sich dabei um eine taktische Änderung: Der Aufstieg der NSDAP sollte nicht länger durch einen Umsturz erreicht werden, sondern auf legalem Wege. Das setzte voraus, dass große Massen des deutschen Volkes Hitlers Partei bei Wahlen unterstützen mussten. Hierzu konnten letztlich viele verführt werden, weil Hitler im Stande war, diese einfachen Erklärungen überzeugend darzustellen. Außerdem wurde die Partei effektiv ausgebaut, so dass das ganze Land von Stützpunkten der Partei überzogen war. Gegen Ende der 1920er Jahre war die NSDAP zu einer effizienten Maschine entwickelt worden, die auf Gau-, Kreis- und Ortsgruppenebene mit aktiven und effizient arbeitenden Leuten besetzt war. Viele von ihnen hatten Erfahrung in Verwaltung und

Organisation.[357] Einige dieser regionalen Führer verfügten zudem über beachtliches Charisma, so z. B. Dr. Josef Goebbels, der zu jener Zeit Gauleiter von Berlin-Brandenburg war. Der Effekt dieses regionalen Ausbaus wurde durch die Gründung besonderer Parteiorganisationen für bestimmte Berufsgruppen, wie z. B. die Studenten, die Bauernschaft, die Ärzte, die Lehrer usw. verstärkt. Auf diese Weise konnten viele näher an die Partei und zur Arbeit für sie herangezogen werden. Auch unter diesen Berufsgruppenführern befanden sich einige mit großer Werbungskraft, wie zum Beispiel Baldur von Schirach, der seit 1928 Leiter des nationalsozialistischen Studentenbundes war.[358]

Und wieder kam das willkürliche Wirken historischer Kräfte ins Spiel, diesmal in Gestalt eines außenpolitischen Ereignisses, das dem Massenzuwachs der Partei neuen Auftrieb gab: Der damalige Reichskanzler Heinrich Brüning wollte die durch die Wirtschaftskrise bedingte Zahlungsunfähigkeit Deutschlands ausnutzen, um die Reparationszahlungen endgültig einzustellen. Da die Siegermächte einsahen, dass in Zeiten einer allgemeinen Wirtschaftskrise die Belastungen, die Deutschland aus dem sogenannten Dawes-Plan für die Reparationszahlungen erwuchsen, zu groß waren, wurde im Jahre 1929 ein neuer Plan entworfen, der sogenannte Young-Plan. Er verminderte die jährlichen Raten und legte eine zeitliche Grenze fest: Bis 1988 sollte das Reich insgesamt 34,5 Milliarden Goldmark zahlen.[359] Obendrein stellte dieser Plan in Aussicht, dass bei Annahme der darin gestellten Bedingungen durch Deutschland die Besatzung des Rheinlandes eher beendet werden sollte als im alten Plan vorgesehen. Obwohl also der Young-Plan eine Erleichterung bedeutete, regte sich heftiger Protest von Seiten der Nationalisten.[360] Die große finanzielle Belastung des Reiches für viele Generationen, die auch in diesem Plan vorgesehen war, konnten die Drahtzieher der nationalistischen Opposition instrumentalisieren, um von der Regierung einen Volksentscheid zu fordern. In der Folge wurde ein Reichsausschuss für das deutsche Volksbegehren eingerichtet, an dem auch Hitlers Partei, die NSDAP, beteiligt war. Kolb formuliert:

"... durch die Mitarbeit im Reichsausschuss konnte Hitler, als gleichberechtigter Bundesgenosse des DNVP-Vorsitzenden Hugenberg und des Stahlhelmführers Seldte, zum ersten Mal wieder seit 1923 einen aktiven Part in einer zentralen Frage der deutschen Politik überneh-

men und sich in weiten Kreisen des rechtsstehenden, nationalistischen Bürgertums politische Reputation erwerben."[361]

Zu all den genannten Faktoren und Kräften, die zum Wachstum der NSDAP beitrugen, kam seit 1929 infolge der Weltwirtschaftskrise ein neuer, dramatischer und steiler Anstieg der Arbeitslosenquote[362]: Waren es im September 1929 noch 1,3 Millionen Arbeitslose, so zählte man ein Jahr später schon über drei Millionen, im September 1931 4,3 Millionen, im September 1932 5,1 Millionen und Anfang 1933 über sechs Millionen Arbeitslose. Dass bei einem solchen totalen Zusammenbruch von Wirtschaft und Beschäftigung ein Demagoge wie Hitler, der auf scheinbar verständliche Weise die Lösung aller Qualen versprach, großen Zulauf erfuhr, verwundert nicht.

Die Regierungskabinette waren in den Jahren der Weimarer Republik äußerst **instabil** und dem **Reichspräsidenten** fiel eine immer größere **Macht** zu. Hitler nutzte diese Situation geschickt: Während die NSDAP bei den Reichstagswahlen von 1930 nur 18,3 % der Stimmen erhalten hatte, war dieser Prozentsatz im Juli 1932 mehr als verdoppelt worden und bei 37,3 % der Stimmen angelangt. Nach einem, wenn auch kleinen, so doch bemerkenswerten Einbruch im November desselben Jahres auf 33,1 % der Wählerstimmen, stellte die Partei Anfang 1933 die weitaus größte Fraktion im Reichstag. Sie verfügte aber noch nicht über die absolute Mehrheit. Dennoch war Hitlers Stellung so stark geworden, dass er beim Reichspräsidenten die Forderung stellen konnte, zum Reichskanzler ernannt zu werden. Hierbei wurde er von einer Gruppe von Wirtschaftsführern unterstützt, die vom ehemaligen Reichsbankpräsidenten Hjalmar Schacht angeführt wurde. Kolb schreibt dazu:

*„Die Einsetzung des Kabinetts Hitler vollzog sich nicht als Staatsstreich, aber auch nicht als Übernahme der Regierungsverantwortung durch eine Koalitionsregierung, die über eine Mehrheit im Parlament verfügte. Das Kabinett Hitler war ein Präsidialkabinett wie alle seine Vorgänger seit 1930. [...] Aber trotz aller Erfolge bei der Massenmobilisierung und an den Wahlurnen war die NSDAP nur deshalb schließlich siegreich, weil die alten **Eliten** in Landwirtschaft und Industrie, Militäraristokratie und Großbürgertum zur autoritären Abkehr von*

Weimar entschlossen waren und glaubten, die nationalsozialistischen Massenbewegungen für sich benutzen zu können."[363]

Konsolidierung von Hitlers Macht

Nicht nur die wirtschaftlichen und sozialen Verhältnisse litten unter der allgemeinen Krise. Fast noch schlimmer war das psychische Leid weiter Teile der Bevölkerung, und gewiss nicht nur das der sechs Millionen Arbeitslosen. Hitler hatte dies sehr wohl begriffen und so sagte er schon zwei Tage nach der Machtübernahme vom 30. Januar 1933 in einem Aufruf an das deutsche Volk:

"... die nationale Regierung wird mit eiserner Entschlossenheit und zähester Ausdauer folgenden Plan verwirklichen: [...] Binnen vier Jahren muss die Arbeitslosigkeit endgültig überwunden sein, gleichlaufend ergeben sich die Voraussetzungen für das Aufblühen der Wirtschaft."[364]

Die ersten Erfolge dieser Politik kamen nicht nur schnell, sondern waren auch erstaunlich groß. Die Popularität Hitlers stieg entsprechend rasch. Nach nur sechs Monaten war die Zahl der Arbeitslosen von 6,013 Millionen im Januar 1933 auf 4,463 Millionen im Juli des Jahres gesunken. Im Oktober waren nur noch 3,744 Menschen ohne Arbeit.[365] Vier Jahre nach Hitlers Amtsantritt als Kanzler, also im Jahre 1937, war die Arbeitslosenzahl im Jahresdurchschnitt auf knapp unter eine Million gesunken. Dies war aber nur ein Teil des umfangreichen Wirtschaftsprogramms, in dem die Remilitarisierung Deutschlands eine wichtige Rolle spielte. Auf diese Weise konnten die ehemaligen Arbeitslosen und die in ihrer Existenz bedrohten Arbeitnehmer natürlich leicht für den neuen *Führer* gewonnen werden. Auch Schwerindustrie und Reichswehr sahen neue Entfaltungsmöglichkeiten für ihren Tatendrang. Sebastian Haffner beschreibt diese äußerst erfolgreichen Jahre des Diktators. Das Zitat setzt ein im August 1934, nach Hindenburgs Tod:

"... 1934 Hitler auch Reichspräsident und oberster Befehlshaber der Reichswehr; totale Macht. Innenpolitisch gibt es danach nichts mehr

für ihn zu gewinnen; es beginnt die Serie der außenpolitischen Erfolge: 1935 allgemeine Wehrpflicht unter Bruch des Versailler Friedensvertrages – und nichts passiert; 1936 Remilitarisierung des Rheinlands unter Bruch des Locarno Vertrages – und nichts passiert; 1938 März Anschluss Österreichs – und nichts passiert; September Anschluss des Sudetengebietes – und dies sogar mit ausdrücklicher Zustimmung Frankreichs und Englands; 1939 März Protektorat über Böhmen und Mähren, Besetzung Memels. Damit ist die Serie der außenpolitischen Erfolge erschöpft, von jetzt an findet Hitler Widerstand. Und nun beginnen die kriegerischen Erfolge. [...] 1941 Hitler beherrscht den europäischen Kontinent."[366]

Bei einer so breit gefächerten und viele Jahre andauernden Serie beeindruckender Erfolge erstaunt es kaum, dass beachtliche Teile der Bevölkerung die Ausgrenzung der Juden aus der deutschen Gesellschaft anfänglich als nur zeitweise geltend betrachteten und deshalb zumindest duldeten. Öffentlich dagegen vorzugehen war angesichts der immer und überall gefürchteten Gestapo-Aktivitäten und der Gefahr, im Konzentrationslager zu landen, praktisch unmöglich. Auch nicht wenige Juden dachten zu Beginn der NS-Zeit, dass der gewaltige Rückfall in frühere Zeiten nur vorübergehend sei. In dieser Illusion wurden sie dadurch bestärkt, dass 1936, in Erwartung der Olympischen Spiele in Berlin und zahlreicher ausländischer Besucher, die öffentliche Hetze gegen die Juden zeitweise stark eingeschränkt wurde. Selbst nach der Einführung der berüchtigten Nürnberger Rassengesetze am 15. September 1935, nach denen unter anderem Eheschließungen und jeglicher geschlechtlicher Verkehr zwischen Juden und „Ariern" untersagt war und nach denen es „arischen" Frauen unter 45 Jahren verboten wurde, in jüdischen Haushalten zu arbeiten, hofften einige noch auf die Mäßigung dieser Politik.

„Die Rede, in der Hitler diese Gesetze verkündete, demonstriert die zweideutige und etappenweise Radikalisierung der nationalsozialistischen Judenpolitik. Einerseits erklärte er, die Regierung sei ‚von dem Gedanken beherrscht, durch eine einmalige säkulare Lösung vielleicht doch eine Ebene schaffen zu können, auf der es dem deutschen Volk möglich wird, ein erträgliches Verhältnis zum jüdischen Volk finden zu können.' Daran schloss sich jedoch unmittelbar die für die Zukunft

verhängnisvolle Drohung an für den Fall, dass die ‚innerdeutsche und internationale jüdische Hetze ihren Fortgang nehmen' sollte: die Regelung würde in diesem Fall ‚zur endgültigen Lösung der nationalsozialistischen Partei übertragen werden.'"[367]

Schon im August 1936 wurde in einer geheimen Denkschrift gefordert, ein Gesetz gegen die Juden vorzubereiten, das ganz wesentlich und typisch für das nationalsozialistische Denken war. Es sollte die kollektive Verantwortlichkeit und die Kollektivstrafe gesetzlich festlegen:

„... ein Gesetz, das das gesamte Judentum haftbar macht für alle Schäden, die durch einzelne Exemplare dieses Verbrechertums der deutschen Wirtschaft und damit dem deutschen Volke zugefügt werden."[368]

Dieses Gesetz sollte in der Nacht vom 9. auf 10. November 1938, in der sogenannten „Kristallnacht", zum ersten Mal in die Praxis umgesetzt werden. Die Reichskristallnacht diente als kollektive Strafe für den Mord an einem in Paris arbeitenden deutschen Diplomaten durch einen siebzehnjährigen in Deutschland geborenen polnischen Juden.[369] Diese Kollektivstrafe, in deren Namen 119 Synagogen angezündet, 7.500 jüdische Geschäfte zerstört und geplündert und über 26.000 männliche Juden in Konzentrationslager gebracht wurden, bestand weiter darin, dass die deutschen Juden eine Sühnesumme von einer Milliarde Reichsmark bezahlen mussten. Dieses Vorgehen zeigte schließlich den wahren Charakter der nationalsozialistischen Politik gegenüber den Juden. Die größte Tragik dieser erschreckenden Ereignisse liegt meiner Meinung nach nicht so sehr darin, dass sie überhaupt geschehen konnten, sondern vor allem darin, dass sie sich erst im November 1938, also beinahe sechs Jahre nach Hitlers Machtübernahme ereigneten. Viele der überoptimistischen deutschen Juden wurden sich erst zu diesem Zeitpunkt – und damit viel zu spät – der wirklichen Gefahr, in der sie sich befanden, bewusst, so dass sie Deutschland nicht mehr rechtzeitig verlassen konnten. Von den circa 500.000 Juden, die 1933 in Deutschland lebten, konnten dennoch fast 300.000 auswandern.[370]

Hitler, die Juden und die moderne Physik

Über die fortschreitende Ausgrenzung der Juden aus der deutschen Gesellschaft seit Hitlers Machtübernahme sind viele umfangreiche Bücher geschrieben worden. In unserem Zusammenhang möchte ich deshalb nur auf einzelne Aspekte dieses Problemkreises eingehen. Anfang 1933 bestanden die ersten Schritte in Verboten für Rechtsanwälte und Ärzte, ihren Beruf in gleicher Weise wie früher auszuüben. So durften manche jüdische Rechtsanwälte schon einige Monate nach der Machtergreifung die Gerichtsgebäude nicht mehr betreten. Ähnliches galt für jüdische Ärzte in Krankenhäusern. Systematisch wurde jüdischen Beamten die weitere Berufsausübung unmöglich gemacht. Schon im April 1933 wurde das Gesetz zur Wiederherstellung des Berufsbeamtentums beschlossen. Auf Grundlage des sogenannten Arierparagraphen konnten nun Beamte, die nichtarischer Abstammung waren, in den Ruhestand versetzt werden.[371] Viele, die diese Zeit nicht miterlebt haben, wird es erstaunen, dass jene jüdischen Beamten, die bereits vor 1914 im Amt waren, die als Frontsoldaten im Ersten Weltkrieg gekämpft hatten oder deren Väter und Söhne gefallen waren, von diesem Gesetz ausgenommen waren. Dieses Vorgehen illustriert, dass man die antijüdischen Maßnahmen zunächst in nicht allzu abrupter Weise einführen wollte. Dem Beamtengesetz fielen natürlich auch Lehrer und Hochschullehrer zum Opfer. Enttäuschend war hierbei, dass den auf diese Weise in den Ruhestand versetzten jüdischen Beamten im Allgemeinen wenig Mitgefühl von ihren arischen Kollegen zuteil wurde. In erster Linie hing die Haltung der arischen Hochschullehrer gegenüber den entlassenen Kollegen von dem Fach ab, das sie lehrten. Zwischen den Disziplinen und natürlich auch innerhalb der Fachbereiche gab es große Unterschiede und zum Teil auch rühmliche Ausnahmen.

Zwei Fachgebiete sollen uns hier ganz besonders interessieren, weil es in noch viel stärkerem Masse als die Philologie in der Mitte des 18. Jahrhunderts zu einer die ganze Welt verändernden historischen Kraft werden sollte. Das waren die Mathematik und die Physik, und zwar vor allem die theoretische Seite der letztgenannten Wissenschaft. Die Mathematik und die theoretische Physik haben auch mein Leben über vierzig Jahre bestimmt, so dass ich mich hinreichend befähigt fühle, darüber zu berichten. In den genannten Disziplinen waren Juden weit überproportional vertreten. Da in diesen Fächern jedoch in viel größerem Maße als in anderen

Wissenschaften objektive Kriterien angewendet werden konnten, um die individuellen Verdienste eines Wissenschaftlers für das Fach zu beurteilen, und da auch die Zusammenarbeit und Kollegialität in diesen Fächern größer war als in anderen, gab es manchen nichtjüdischen Wissenschaftler, der sein Bestes tat, um dem entlassenen jüdischen Kollegen bei der Suche nach einer neuen Beschäftigung im Ausland zu helfen. Der Aderlass, den die Entlassung der jüdischen Gelehrten zum Beispiel für die Mathematik an der Universität Göttingen, der internationalen Hochburg der Mathematik, bedeutete, ist in einem Buch von Robert Jungk wunderbar beschrieben. Der weltberühmte Chef des mathematischen Instituts, der nichtjüdische David Hilbert, saß nach der Entlassung der jüdischen Mitarbeiter des Instituts einmal anlässlich eines Festessens neben dem nationalsozialistischen Unterrichtsminister Rust, der Hilbert fragte:

„'Stimmte es denn wirklich, Herr Professor, dass Ihr Institut durch den Weggang der Juden und Judenfreunde so gelitten hat?' Worauf Hilbert, der aus Ostpreußen stammte, antwortete: ‚Jelitten? Dat hat nich jelitten Herr Minister. Dat jibt es doch janich mehr!'"[372]

Die Folgen des völkischen Denkens für die Zukunft Deutschlands, ja sogar für die ganze Welt, offenbaren den Wahnsinn der nationalsozialistischen Rassenlehre. Deren Absurdität ist umso merkwürdiger, da das Bestehen von Rassen wie auch das Bestehen von gut zu unterscheidenden Sprachgruppen durchaus auf dem Boden von fundierten Wissenschaften wie der Biologie und der Philologie gewachsen sind. Allein die Entgleisungen im Denken einiger Forscher, die ihren Weg in die breite Öffentlichkeit gefunden haben, machten die Rassenlehre so erfolgreich. Auf diese Weise sind auch einige prominente Physiker vom rassistischen Gedankengut verseucht worden, was letztlich der gesamten Physik in Deutschland und vor allem ihrem theoretischen Zweig auf viele Jahre hin schwersten Schaden zufügen sollte. Wie wir im abschließenden Kapitel dieses Buches zeigen werden, kann man das alles auch in einem ganz anderen Licht sehen. Dann werden nämlich die Konturen einer hypothetischen Welt sichtbar, die deutlich schlimmer ist als die heutige: eine Welt, in der Hitler möglicherweise durch den Besitz der Atombombe als Gewinner aus dem Zweiten Weltkrieg hätte hervorgehen können und so diese Welt für eine Weile hätte völlig beherrschen können. Dieses Horrorszenario wurde jedoch von vornherein durch die Hetze und die paranoide Gedankenwelt, in der einige nicht völlig unbedeutende „arische" Physiker lebten, verhindert. Um diese Gedankenwelt begreifen zu können, benötigen wir weitere Kenntnisse als die der pseudowissenschaftlichen Rassentheorie. Wir müssen uns auch vergegenwärtigen, welch hohe Ansprüche die mathematische Beschreibung der theoretischen Physik – so wie sie in den letzten Jahrzehnten des 19. Jahrhunderts und den ersten des 20. Jahrhunderts entstanden war – an das mathematische Begriffs- und Abstraktionsvermögen jener stellte, die solche Beschreibungen begreifen und mit ihnen arbeiten wollten. Diese notwendigen Fähigkeiten führten zu einer Zweiteilung in der Physik, in der der Unterschied zwischen Experimentalphysikern und Theoretikern immer deutlicher wurde und die bei den Erstgenannten zuweilen einen gewissen oder gar großen Minderwertigkeitskomplex gegenüber den Kollegen entstehen ließ. Wenn die Theorie dann noch von einem Juden aufgestellt worden war und der in seinem Fach durchaus begabte und nicht unerfolgreiche Experimentalphysiker sie nicht verstand und wenn dieser obendrein ein rabiater Antisemit war, dann konnte durchaus das folgende Elaborat entstehen. Es stammt vom Autor eines Lehrbuches der Physik mit dem unvorstellbaren Titel „Deutsche Physik". Der Nobelpreisträger und Entdecker der Kathodestrahlen Philipp Lenard schreibt darin:

„*Deutsche Physik'? Wird man fragen. – Ich hätte auch arische Physik oder Physik der nordisch gearteten Menschen sagen können, Physik der Wirklichkeits-Ergründer, der Wahrheit-Suchenden, Physik derjenigen, die Naturforschung begründet haben. – ‚Die Wissenschaft ist und bleibt international!' wird man mir einwenden wollen. Dem liegt aber ein Irrtum zu Grunde. In Wirklichkeit ist die Wissenschaft wie alles, was Menschen hervorbringen, rassisch, blutmäßig bedingt.*"[373]

Oder an einer anderen Stelle:

„*Der Unterschied zwischen arischer und jüdischer Naturauffassung ist groß. Der Arier wünscht mit Ernst wahres Wissen von der Natur; der Judengeist spielt ‚Naturwissenschaft'. […] [Der Jude] will nicht Einsicht in Naturgeheimnisse erringen, sondern er will Menschengeltung durch Massensuggestion mittels unverständlicher Dinge, die möglichst in alle Schulen kommen sollen. Der arische Geist bekennt bei Dingen, zu deren Durchschauung das vorhandene Wissen nicht ausreicht: hier stehe ich begrenzter Menschengeist vielleicht tatsächlich Menschen-Unbegreiflichem gegenüber; der jüdische Geist schafft in solchem Falle die Kausalität ab, so wie er vor Jahren schon die Abschaffung des Äthers in Versammlungen und Broschüren verkündete, wobei die meisten gar nicht wissen, was Kausalität oder was Äther eigentlich sei."*[374]

Ein ähnlich beschränkter Geist, der ebenfalls nicht imstande war, die schwierigen Theorien, die um die Jahrhundertwende die Physik beherrschten, zu begreifen, war der gleichfalls mit einem Nobelpreis ausgezeichnete Experimentalphysiker Johannes Stark. Für diesen überzeugten Antisemiten war es natürlich besonders irritierend, dass ein erheblicher Teil der prominenten Theoretiker Juden waren. Wenn es ein solcher Mann intellektuell nicht vermag, die Erkenntnisse dieser Theoretiker nachzuvollziehen, leugnet er einfach die Tatsache, dass diese Theorien die Wirklichkeit unvorstellbar genau beschreiben. Er muss sich dann auch nicht schämen, dass er sie nicht begreifen kann. Die Rechtfertigung für das Unverständnis liegt also nicht in der Beschränkung seines Geistes, sondern darin, dass man das, was von Juden kommt, gar nicht erst zu begreifen gewillt war. Wenn die Autoren solcher Theorien keine Juden sind, dann sind sie eben „verjudet". So konnte ein solch verwirrter Geist aufgrund seiner Vorurteile einfach nicht glauben, dass die Relativitätstheorie von Albert Einstein oder die Quantenmechanik von Erwin Schrödinger, Werner Heisenberg und anderen im atomaren Bereich überraschend gültig ist und für die, die sie beherrschen, auch äußerst brauchbar. Wie engstirnig und dumm das war, kann heute jedermann einsehen. Durch den umfassenden Wissensgewinn, den diese Theorien geliefert haben, und die dadurch entstandenen Möglichkeiten, die Natur im atomaren Bereich zu beherrschen und nach Wunsch zu modifizieren, sind zwei Entwicklungen in der Naturwissenschaft und Technik erst ermöglicht worden, die das vorige Jahrhundert mehr als alle anderen beeinflusst haben: die Kernkraftwerke und ihre aggressive Variante, die Atombombe, sowie die Mikroelektronik, die das Computerzeitalter begründet hat. Dass Johannes Stark sich in seinen ideologischen Vorurteilen gegenüber Juden und den Ergebnissen ihrer Arbeit beziehungsweise ihrem Einfluss auf Arier irrte, kann ein jeder einsehen, der sich bewusst ist, wie sich unsere Welt in den letzten einhundert Jahren verändert hat. Aufgrund seiner Borniertheit und seines Hasses leugnet Stark jedoch die

Tatsache, dass ohne die tatsächlich komplizierte Quantenmechanik, die jedoch für die ganze Entwickelung der heutigen Mikroelektronik von größter Bedeutung gewesen ist und bleibt, unsere heutige Welt überhaupt nicht denkbar wäre. Bei ihm liest sich diese Leugnung so:

„Die jüdische Physik, die so in den letzten drei Jahrzehnten entstanden ist und sowohl von Juden wie von ihren nichtjüdischen Schülern und Nachahmern gemacht und propagiert wurde, hat folgerichtig auch in einem Juden ihren Hohenpriester gefunden, in Einstein. [...] Auf die Sensationen und die Reklame der Einsteinschen Relativitätstheorien folgte die Matrizen-Theorie Heisenbergs und die sogenannte Wellenmechanik Schrödingers [beide keine Juden, Anm. H.G.M.]*, die eine so undurchsichtig und formalistisch wie die andere. Trotz der Häufung derartiger theoretischer Literatur zu Bergen hat sie aber keine bedeutende neue Erkenntnis von Wirklichkeiten in der Physik gebracht. Dies konnte nicht anders sein; denn ihr Ausgangspunkt, die formalistische menschliche Meinung, war falsch."*[375]

Hier wird also die Wahrheit und Gültigkeit der Basis der modernen Physik – eine Physik im atomaren Bereich, die ihre praktische Anwendbarkeit täglich im noch immer andauernden Leistungsfortschritt beweist – einfach geleugnet.

Wenn einem beträchtlichen Teil der in der Wissenschaft tätigen Menschen, die ihre besonderen Fähigkeiten bereits bewiesen haben, das Arbeiten unmöglich gemacht wird, dann darf man sich nicht wundern, wenn diese vertriebenen Wissenschaftler ihr Leistungsvermögen einem anderen Lande, das ihnen Zuflucht gewährt, zugute kommen lassen. Das Leistungsvermögen vieler dieser außergewöhnlich begabten Wissenschaftler wurde unter anderem dadurch weiter angestachelt, dass sie in ihren Studentenjahren in Deutschland, noch vor 1933, von ihren damals schon sehr aktiven nationalsozialistischen Kommilitonen schwere Demütigungen und Beleidigungen hatten erfahren müssen. Jungk beschreibt dies mit den Worten:

„Besonders aufs Korn nahmen die Studenten im Braunhemd ihre jüdischen oder halbjüdischen Kommilitonen, die aus Polen oder Ungarn gekommen waren, um in Deutschland zu studieren. Opfer des „kalten" Antisemitismus ihrer Länder, die ihnen durch einen Numerus

clausus den Zutritt zu ihren Universitäten verweigert hatten, wurden sie nun zum zweiten Mal Opfer des Rassenhasses. Begabte junge Physiker wie Eugen Wigner, Leo Szilard und Eduard Teller, [wobei „begabt" eher untertrieben ist, Anm. H.G.M] *die damals in Göttingen, Hamburg und Berlin Debatten über Atomphysik durch ihre Beiträge bereicherten, sind dann nur ein paar Jahre später die aktivsten Vorkämpfer für den Bau der Atombombe geworden. Erst wenn man weiß, welchen Beleidigungen und Verfolgungen sie in den Jahren 1932 und 1933 von Seiten nationalsozialistischer Studenten ausgesetzt waren, wird die Furcht verständlich, die sie später bei der Vorstellung packte, Hitler könne zuerst in den Besitz einer solchen Terrorwaffe gelangen. Diese Physiker haben den Schock des Einbruchs politischer Fanatiker in den Frieden des akademischen Lebens nie wirklich verwinden können. Und es war ein Schock, der Geschichte machen sollte."*[376]

Ich schreibe diese Zeilen Ende Februar 2007. Man kann wohl sagen, dass dieser Schock auf grundsätzliche Weise Geschichte gemacht hat und heute wieder macht, denn nach dem Ende des Kalten Krieges ist der Besitz von Atombomben und die dadurch entstehende Bedrohung schon wieder fast ein alltägliches Thema unserer Medien.

Kräfteschema 7: Die Machtergreifung Hitlers

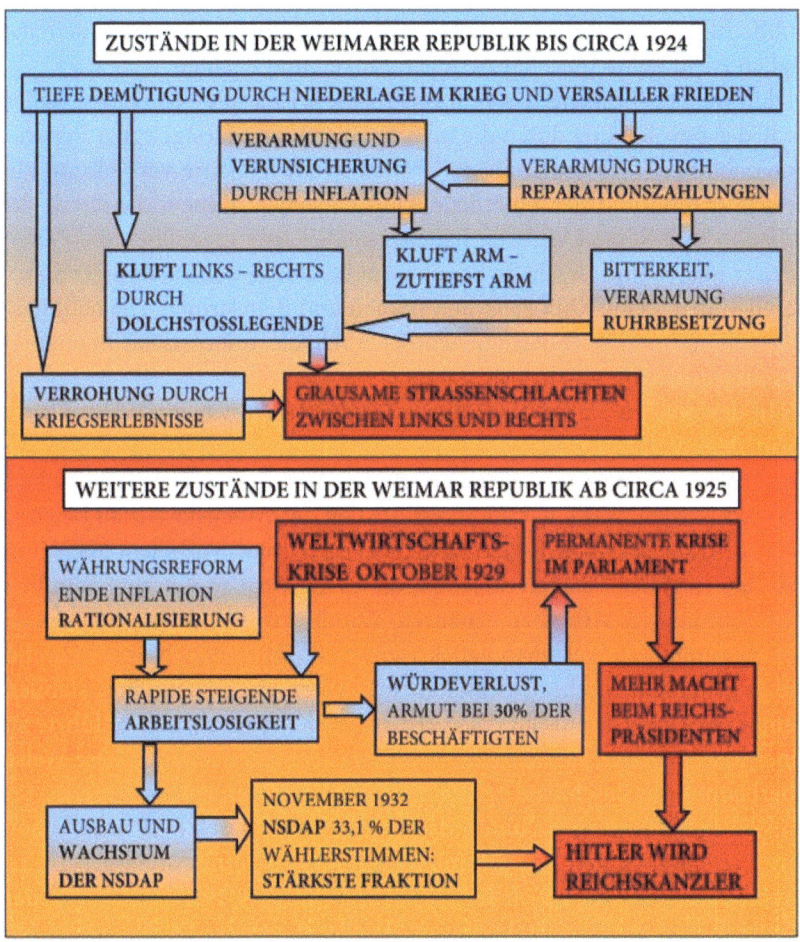

Dieses für unser Buch äußerst bedeutsame Kräfteschema enthält zwei große Blöcke: Die *Zustände in der Weimarer Republik bis 1924* und *Weitere Zustände in der Weimarer Republik ab 1925*. Im oberen Block ist zunächst die tiefe Demütigung Deutschlands durch die Niederlage im Ersten Weltkrieg und durch den Versailler Vertrag benannt. Daraus resultierte eine Kluft zwischen der politischen Linken und Rechten in Deutschland, die von der Dolchstoßlegende forciert wurde. Eine weitere direkte Folge des

Ersten Weltkrieges war die Verrohung der jungen Männer, die nur durch Zufall die grausamsten Ereignisse im Schützengraben überlebt hatten. Die politische Kluft und die genannte Verrohung führten schließlich beinahe täglich zu Straßenschlachten zwischen Linken und Rechten.

Ein weiteres Ergebnis des verlorenen Krieges war die Verarmung weiter Teile der Bevölkerung durch die im Versailler Vertrag festgelegten Reparationszahlungen. Die Inflation der frühen Zwanzigerjahre verschlimmerte diese Situation und ließ eine neue Kluft entstehen: Denen, die durch die Inflation ihre Renten verloren hatten, standen jene gegenüber, die Güter, Häuser oder kleine Geschäfte besaßen und dadurch weitaus weniger Schaden nahmen – eine Kluft zwischen Armen und Bettelarmen. Die nationale Demütigung und Verbitterung wurde durch die französische Besetzung des Ruhrgebietes zusätzlich verstärkt.

In der unteren Hälfte des Schemas ist dargestellt, wie die Währungsreform dem Wahnsinn der galoppierenden Inflation ein Ende setzte. Die neue Währung musste durch eine Rationalisierung der Volkswirtschaft gestärkt werden, was einen rasanten Anstieg der Arbeitslosenzahl bewirkte. Die Arbeitslosigkeit führte zusätzlich zur Armut, vor allem aber zum Würdeverlust der Väter und Gatten, die es gewohnt waren, ihre Familien durch anständige Arbeit zu ernähren. Zu all dem Elend kam von außen her die furchtbare Weltwirtschaftskrise vom Oktober 1929 hinzu, während die gespaltene deutsche Gesellschaft im Innern am Fehlen eines stabilen demokratischen Systems litt. Die permanente Krise im Parlament führte zu einer Machtverlagerung hin zum Reichspräsidenten, damit auf diese Weise überhaupt noch Beschlüsse gefasst und umgesetzt werden konnten.

Wie im Schema ganz unten dargestellt, hatte die NSDAP inzwischen ihre Parteiorganisation im gesamten Land äußerst effizient ausgebaut, so dass sie im Zuge der Reichstagswahl im November 1932 mit 33,1 % der Stimmen zur größten Fraktion im Reichstag wurde. Durch geschickte Manipulationen gelangte Hitler nicht nur ins Kabinett, sondern wurde auch zum Reichskanzler ernannt. In dem bereits zuvor ausgehöhlten demokratischen System war es ihm leicht möglich, sich die diktatorische Macht eines Führers und Reichskanzlers zuzueignen.

13 Eine plausible, nicht verwirklichte Horrorphantasie

Wir haben schon häufiger darauf hingewiesen, welch große Rolle Furcht und Angst beim Entstehen wichtiger historischer Kräfte spielen können. Im Zitat am Ende des vorigen Abschnitts weist auch Jung auf diesen psychisch-historischen Mechanismus hin. Da bekannt war, dass der Prozess der Uranspaltung durch Neutronenabsorption unter gleichzeitigem Ausstoß von mehr als einem Neutron im Dezember 1938 in Berlin entdeckt worden war, beherrschte die Angst davor, dass Hitler eine Atombombe bauen und damit die ganze Welt bedrohen könnte, die inzwischen große Gemeinschaft der aus Europa emigrierten Atomwissenschaftler. Aus diesem Grund wandte sich ein großer Teil dieser Gruppe über Albert Einstein direkt an Franklin D. Roosevelt, den Präsidenten der Vereinigten Staaten von Amerika. In der Folge wurde das umfangreiche Programm für den Bau einer Atombombe in Angriff genommen. Wie wir heute wissen, erreichte man das Ziel kurz vor dem definitiven Ende des Zweiten Weltkriegs. Der Erfolg liegt ohne Zweifel in der vorbildlichen Projektleitung durch J. Robert Oppenheimer begründet, einem gebürtigen US-Amerikaner jüdischer Herkunft, der wie viele seiner exzellenten Mitarbeiter, an deutschen Universitäten ausgebildet worden war. Die von ihm angeführte Gruppe bestand tatsächlich aus Forschern von Weltklasse, darunter befanden sich in den Teildisziplinen theoretische und mathematische Physik hauptsächlich Wissenschaftler, die vor den Nationalsozialisten und Faschisten in Europa geflohen waren. Sie kamen aus Deutschland, Österreich, Ungarn, Italien und Russland, um nur die wichtigsten Herkunftsländer zu nennen. In den genannten, eher theoretisch orientierten Fachgebieten hatte Europa damals tatsächlich einen wichtigen Vorsprung vor den USA. In den experimentellen Disziplinen, wie auch auf dem Gebiet der technischen Realisierung in großen Dimensionen, war der Stand von Wissenschaft und Technik auf der anderen Seite des Ozeans durchaus dem europäischen ebenbürtig, wenn nicht zum Teil sogar überlegen.

Es steht fest, dass die Fertigstellung der Atombombe noch vor dem Ende des Zweiten Weltkrieges ohne den großen Beitrag der geflüchteten

Forscher nicht möglich gewesen wäre. Laura Fermi schreibt in ihrem Buch *Illustrious Immigrants*:

„Die Europäer spielten eine entscheidende Rolle in der Entwicklung der Atomenergie. Ob man es gut oder schlecht findet: Ohne ihre Anwesenheit in diesem Land hätte die atomare Energie erst viele Jahre später zur Verfügung gestanden und die Amerikaner hätten nicht vor Ende des Zweiten Weltkrieges Atomwaffen produzieren können."[377]
[Übersetzung H.G.M.]

Laura Fermi, die jüdische Witwe des großen italienischen Physikers und Nobelpreisträgers Enrico Fermi, wusste das. Sie war zwar keine Naturwissenschaftlerin, stand der Gruppe aber sehr nahe, die ihr Mann so erfolgreich angeführt hatte, dass es ihm gelungen war, als Erster in der Welt ein Atomkraftwerk erfolgreich zum Laufen zu bringen. Tatsächlich war er nicht nur ein genialer und kreativer Beherrscher der theoretischen Physik, sondern auch ein technisch begabter Manager. Die ausführlichen Gespräche, die Fermi mit den europäischen Wissenschaftlern in Gegenwart seiner Frau – geführt hat, haben ihr das nötige Wissen verschafft, um ein Buch über diese Immigranten schreiben zu können.

Ich möchte versuchen, eine Frage zu beantworten, die auch Fermi aufwirft, nämlich: Was wäre geschehen – oder vielleicht besser, was hätte geschehen können –, wenn alle Emigranten mit ihrem großen Wissen in Europa geblieben wären? Obwohl dies nur eine hypothetische Frage ist, möchte ich, um eine Ausgangsbasis für deren Beantwortung zu finden, in Erinnerung rufen, wie sich die deutsch-jüdischen Wissenschaftler, Industriellen und Unternehmer im Ersten Weltkrieg verhalten haben. Ob Haber, Willstädter, Franck, Rathenau oder Ballin, sie haben sich über alle Maßen eingesetzt, um ihrem deutschen Vaterland mit Ideen, Arbeitskraft, Organisationsvermögen und Kreativität zu helfen, und waren dabei außerordentlich erfolgreich. Ein Beispiel dafür bietet die sehr schnelle und erfolgreiche industrielle Realisierung der Ammoniaksynthese durch den technisch vielseitigen Chemiker Carl Bosch und die Badische Anilin- & Soda-Fabrik (BASF). Innerhalb von nur vier Jahren gelang es diesem Team, Habers Resultate vom Laborstadium zur erfolgreichen Produktionsanlage weiterzuentwickeln. Der englische Wissenschaftshistoriker John Cornwell beschreibt die damaligen Ereignisse in seinem Buch *Hitler's Scientists*:

„*Bosch überzeugte die Regierung, Geld in die gewaltige Vergrößerung der Nitratproduktion von BASF zu investieren. Dadurch konnte eine neue Hochdruckfabrik in Leuna gebaut werden. Zur gleichen Zeit kam es zur Zusammenarbeit des Kaiser-Wilhelm-Institutes für physikalische Chemie unter der Leitung von Haber mit der Industrie, dem Heer und der Regierung. Dies war in gewissem Sinn schon ein Vorgriff auf den militärisch-industriellen Komplex und auf die Wissenschaft in großem Maßstab ('Big Science'). In den Worten Fritz Sterns handelte es sich um eine Art 'Manhattan Projekt avant la lettre'. Das Phänomen 'Big Science' – die umfangreiche Investitionen von Industrie, Staat und Heer in große Fabrikanlagen, komplexe Maschinen und umfangreiche Teams von Wissenschaftlern und Technikern – sollte später in diesem [20.] Jahrhundert das Gesicht der Wissenschaft prägen.*[378] [Übersetzung H.G.M.]

Natürlich sind ebenso wie in der Geschichte auch in Wissenschaft und Technik zwei Probleme nie vollkommen identisch. Doch handelte es sich bei der industriellen Nutzung dieser für den Fortgang des Ersten Weltkrieges so wichtigen Erfindung in den Jahren 1909 bis 1913 um einen Prozess von ähnlicher Komplexität und Bedeutung wie die Entwicklung der Atombombe wenige Jahrzehnte später. Dass Erstgenanntes in so kurzer Zeit verwirklicht werden konnte, belegt die große Leistungsfähigkeit der damaligen deutschen Gesellschaft auf wissenschaftlich-technischem, organisatorischem und industriellem Gebiet. Aus diesem Grund kann ich Fermis Meinung zur Frage, was passiert wäre, wenn die emigrierten und begabten Wissenschaftler in Deutschland geblieben wären, nicht ganz zustimmen. Sie behauptet lapidar:

„*... wären die Europäer in ihren Heimatländern geblieben, hätten sie die Atomenergie nicht nutzen können. Die Unsicherheiten und die Schwierigkeiten, die es zu meistern galt, waren so groß, dass selbst Wissenschaftler in den wohlhabendsten und industriell am weitesten entwickelten Ländern möglicherweise ihre Forschungen wieder aufgegeben hätten.*"[379] [Übersetzung H.G.M.]

Fermis Aussage steht in großem Gegensatz zu der oben zitierten Meinung John Cornwells und zu der des berühmten amerikanischen Historikers

Fritz Stern, der der Sohn des Leibarztes von Fritz Haber war und daher ebenfalls zahlreiche prominente Wissenschaftler persönlich kannte, wie z. B. Albert Einstein. Cornwell und Stern sind der Meinung, dass die schnelle Verwirklichung der industriellen Nitratproduktion mit dem *Manhattan Projekt* zum Bau der Atombombe durchaus zu vergleichen ist. Ich selbst neige ebenfalls zu dieser Bewertung. Ich fühle mich hierzu nicht völlig unbefugt, weil ich selbst vor etwa vierzig Jahren umfangreiche industrielle Erfahrung mit einem völlig neuen, äußerst multidisziplinären und sehr komplexen Projekt – in diesem Fall mit dem Aufbau der optischen Datenregistrierung – gesammelt habe. Selbstverständlich kann niemand mit Sicherheit sagen, was geschehen wäre wenn …! Es geht mir nur darum zu zeigen, dass keineswegs sicher ist, dass Fermi in diesem Fall Recht hat, dass also, wenn Hitler-Deutschland keine antisemitische Politik betrieben hätte und wenn die kreativen Köpfe, die durch diese rassistische Politik nun in Amerika beieinander saßen, alle nach Deutschland geholt worden wären, die heutige Welt möglicherweise ganz anders aussehen könnte.

Ich möchte mit diesem Gedankenspiel zeigen, dass der pathologische Wahn eines einzigen Mannes – der darüber hinaus aber auch über ein einzigartiges Charisma verfügte – der Weltgeschichte noch einen ganz anderen Verlauf hätte geben können. Nicht, dass Hitlers Einfluss auf die Weltgeschichte nicht schon schrecklich genug gewesen ist; es geht mir vielmehr darum, dass es noch schlimmer hätte kommen können.

Als wichtige treibende Kraft Hitlers habe ich seinen pathologischen Wahn genannt. Dieser Wahn, sein fanatischer Judenhass, war so groß, dass er ihn daran hinderte, eine andere Aufgabe, die er sich gestellt hatte – ein drittes Deutsches Reich zu führen –, länger als zwölf Jahre lang zu erfüllen. Der niederländische Historiker Peter den Hertog hat über die Psychopathologie Hitlers, die er als Paranoia analysiert, ein interessantes Buch geschrieben. Aus der Beschreibung den Hertogs über das Fühlen und Denken Hitlers ergeben sich zwei grundlegende Elemente für Hitlers Antisemitismus. Erstens ist das ein rein emotionaler Bestandteil: ein unglaublicher Ekel vor allem Jüdischen, der so groß ist und so tief geht, dass man, wie bereits angedeutet, eine sexuelle Ursache vermuten könnte. Auch Joachim Fest formuliert eine solche Hypothese.[380] Diese stark emotionale Komponente in Hitlers Antisemitismus äußert sich in seinem Sprachgebrauch:

„*Er nennt die Juden Maden in einem faulenden Körper, eine Pest gefährlicher als der schwarze Tod, Bazillenträger der schlimmsten Sorte, Spaltpilz der Menschheit. Hitler vergleicht die Juden mit Spinnen, die langsam das Blut aus den Völkern saugen, mit einem Haufen blutig kämpfender Ratten, mit Parasiten, die in den Körper der Völker eindringen.*"[381] [Übersetzung H.G.M.]

Ein zweiter Bestandteil von Hitlers Antisemitismus ist eine Mischung aus pseudowissenschaftlicher Rassentheorie und den geopolitischen Gedanken, die er den Vorlesungen des Münchener Professors Karl Haushofer entnommen hat. Den Hertog beschreibt das so:

„*Am Ende des zweiten Buches von 'Mein Kampf' aus dem Jahr 1928, legt Hitler letzte Hand an sein theoretisches Gebäude: Die Arier kämpfen mit anderen Völkern um Lebensraum; an dem Kampf können die Juden nicht teilhaben, weil sie keinen eigenen Staat haben. Aus diesem Grund müssen sie im Kampf um die Existenz zu ungewöhnlichen Mitteln greifen. Den Juden, so schreibt Hitler, fehlt es an produktiven Kapazitäten, um einen eigenen Staat auf eigenem Gebiet aufzubauen. Deshalb ist das jüdische Volk auf die Arbeit und die Schaffenskraft anderer Völker als Basis seiner eigenen Existenz angewiesen. So ist es zu verstehen, dass der Jude nur als Parasit inmitten eines anderen Volkes leben kann.*"[382] [Übersetzung H.G.M.]

Wie unglaublich pathologisch dieser Judenhass war, kann man daraus entnehmen, dass Hitler im Jahre 1944 die Fortsetzung der systematischen Judenvernichtung, die nach der Wannsee-Konferenz im Januar 1941 begonnen hatte, über die Rettung seiner Soldaten an den zusammenbrechenden Fronten stellte. Das geht aus einer Anmerkung in Gerald Reitlingers Buch *The Final Solution* hervor:

„*Der übliche Weg, an Deportationszüge zu gelangen, wurde von Eichmanns Mitarbeiter Dieter Wisliceny in Nürnberg präzise beschrieben. Eichmanns Transportoffizier, Hauptmann Nowak, musste sich an einen der Bürochefs im Transportministerium wenden. Dieser Amtsleiter musste wiederum an jene Abteilung des Transportkommandos der Wehrmacht herantreten, die für den betreffenden Kriegsschauplatz zuständig war. Der Leiter dieser Abteilung konnte Widerspruch einlegen, wie im Falle des Nördlichen Heeresgruppentransportkommandos 1941/42 geschehen. Diese Vetos scheinen allerdings nur dann möglich gewesen zu sein, wenn sich die Wehrmacht in der Offensive befand und deshalb Unterstützung von Hitler erhielt. Auf diese Weise wurden die Judentransporte aus Polen, Ungarn, Griechenland und Italien im Jahr 1944 ermöglicht, die den verzweifelten Rückzug der deutschen Armeen behinderten."*[383] [Übersetzung H.G.M.]

Auf ähnliche Weise weist auch den Hertog darauf hin, dass der Judenhass für Hitler wichtiger war als der Krieg in Russland. Als Beispiel führt er an, dass Hitler auch jene Juden ermorden ließ, die in den sogenannten kriegswichtigen Betrieben arbeiteten.[384] Nach den Hertog hängt dieses irrationale Handeln mit Hitlers paranoider Angst vor den Juden zusammen. Sie zeigt sich auch in einem Gespräch zwischen Hitler und dem kroatischen Verteidigungsminister Marschall Sladko Kwaternik am 22.7.1941. Er sagte damals zu den Massenmorden an Juden in Litauen, Estland und Lettland:

„Wenn man den Juden freie Hand lässt wie es im Sovietparadies geschieht, dann werden sie die verrücktesten Pläne ausführen. Russland ist ein Pestherd für die Menschheit geworden. […] tatsächlich, solang auch nur ein Staat eine jüdische Familie unter sich leben lässt, bleibt der Bazillenherd für neue Verwesung bestehen. Wenn es in Europa keine Juden mehr gäbe, dann würde die Einheit der europäischen Staaten nicht länger gestört werden. Wohin man sie auch verfrachtet, nach Sibirien oder Madagaskar, das macht nicht so viel aus."[385]
[Übersetzung H.G.M.]

14 Die Endlösung[386]

Dass Hitler das Schlüsselwort „Madagaskar" gebraucht, ist aufschlussreich. Über die Endlösung gibt es einen enthüllenden Bericht des SS-Hauptsturmführers Dieter Wisliceny, dem einzigen Mitarbeiter aus der nächsten Umgebung Adolf Eichmanns, der von den Alliierten gefangen genommen worden war und der während seiner Gefangenschaft einen Bericht über die Arbeit von Eichmanns Abteilung verfasst hat.[387] Poliakov und Wulf nennen ihn einen der Hauptzeugen der Ausrottungsaktion, Gerald Reitlinger stützt sich in hohem Maße auf Wislicenys Aussagen und auch Mark Roseman zitiert ihn ohne jegliche Zurückhaltung. Auf mich, der die Welt des Nationalsozialismus und der SS leider allzu gut kennen gelernt hat, macht sein Bericht einen durchaus glaubwürdigen Eindruck. Ihm ist Folgendes zu entnehmen.

Bis zur sogenannten Wannseekonferenz im Januar 1942, bei der der industrielle Massenmord an den Juden beschlossen worden ist, wurde das Wort „Endlösung" zunächst für den sogenannten Madagaskar-Plan gebraucht. Madagaskar als mögliches Umsiedlungsland für Juden war sogar von Theodor Herzl schon genannt worden. Aus Wislicenys Bericht geht hervor, dass der Madagaskar-Plan nach dem überraschend schnellen Sieg über Frankreich im Mai 1940 von Eichmann formuliert worden war. Zu dieser Zeit erwarteten die Nationalsozialisten ein schnelles Kriegsende. Nach dem Friedensschluss sollte Frankreich gezwungen werden, Madagaskar als Judenkolonie abzugeben. Die europäischen Staaten sollten nach dem Krieg einer Konvention beitreten und sich dieser Umsiedlungsaktion anschließen. Die Kosten für diese Umsiedlung wären aus dem zu diesem Zweck konfiszierten Vermögen der Juden beglichen worden. Die Juden wollte man auf handwerkliche und landwirtschaftliche Berufe umschulen. In Görings Auftrag an Heydrich vom 31. Juli 1941, die Realisierung dieses Planes in die Wege zu leiten, kam das Wort „Endlösung" zum ersten Mal vor. Nach der Wannseekonferenz sollte es aber eine völlig andere Bedeutung bekommen. Es wurde dennoch als Tarnwort für die industrielle Massenvernichtung der Juden beibehalten.

Wie das grausame Wort von der einen Bedeutung, der Aussiedlung der Juden aus Europa – also vermutlich ein langsameres Massensterben –, zur anderen Bedeutung, der industriellen Massenvernichtung, wechselte, ist wie so vieles in der Geschichte nicht einfach zu erklären. Roseman drückt das so aus: „... *der Weg nach Wannsee war ausgesprochen gewunden.*"[388] Diese Formulierung bezieht sich wohl auf den Titel von Schleunes Standardwerks *The twisted road to Auschwitz* (deutsch: *Der gewundene Pfad nach Auschwitz*). Es verhält sich höchstwahrscheinlich so, wie Wisliceny es beschreibt. Er weist darauf hin, dass die schnelle Besetzung Polens und Hitlers Entschluss, die polnischen Gebiete zu annektieren, eine völlig neue Situation mit neuen Konsequenzen schufen. Durch die Besetzung Polens im September 1939 kamen über zwei Millionen Juden unter deutsche Herrschaft.[389] Dass damals von den Nationalsozialisten noch nicht an ihre Ermordung gedacht und dass bis in den Sommer 1941 noch immer die Auswanderung gefördert wurde, bestätigt auch Roseman.[390]

Doch nahm mit dem Beginn des Krieges in Polen das massenhafte Töten auf eine andere Weise seinen Anfang. Wie Heydrich am 7. September 1939 seinen Untergebenen mitteilte, hatte Hitler im August 1939 beschlossen, dass „... *die führende Bevölkerungsschicht in Polen so gut wie möglich unschädlich gemacht werden sollte.*"[391] Einsatzkommandos, die in diesem Sinne die Feinde des Reiches bekämpften, begannen Ende Oktober 1939 mit Massenexekutionen von polnischen Lehrern, Akademikern, Offizieren, Beamten, Richtern, Juden und geistig Behinderten. Der Anteil der Juden an den Opfern war hoch. Von den 16.000 Menschen, die in den ersten sechs Wochen nach dem Angriff ermordet worden sind, waren 5.000 Juden.

„*Ziel der Operation war nicht die Lösung der Judenfrage, sondern die Ausschaltung einer möglichen polnischen Führung, aber in ihrem Verlauf wurde das Töten zur Gewohnheit ...*"[392]

schreibt Rosemann an dieser Stelle. Er erwähnt hier auch, dass im Dezember 1939 Insassen von psychiatrischen Kliniken ermordet wurden, wobei zum ersten Mal Gas als Vernichtungsmittel verwendet worden ist. Auch viele der anderen Grundelemente des komplexen industriellen Massenmordes an den europäischen Juden wurden zwischen 1939 und 1942 in Polen ausprobiert. Die Pflicht, einen Judenstern zu tragen, galt in Polen bereits ab dem 23. November 1939, beinahe zwei Jahre vor der Einführung dieser mittelalterlichen Maßnahme in Deutschland. Darüber hinaus wurde eine systematische Verarmung der polnischen Juden betrieben, indem man ihre Geschäfte und Betriebe beschlagnahmte und arisierte. Außerdem begann das Zusammentreiben aller Juden in Gettos, wodurch ihnen ihre Bewegungsfreiheit genommen wurde und sie nur noch im Getto selbst arbeiten konnten. Die völlige Abschottung der Gettos erfolgte erst im Frühjahr 1941. Man versuchte dann, durch die Kürzungen der Lebensmittelrationen viele Juden an Hunger sterben zu lassen.

Was in Polen geschah, sollte nur eine Vorübung in Grausamkeit und barbarischem Verhalten sein für das, was nach dem Angriff auf Russland am 22. Juni 1941 passieren sollte. Kershaw ist der Meinung, dass die radikalsten Vorschläge zum Vorgehen auf russischem Boden von Heydrich, Himmler und Göring stammten und dass diese Hitlers völlige Zustimmung fanden.[393] Das ideologische Ziel bestand darin, den „jüdischen Bolschewismus" gründlich und gnadenlos zu vernichten. Hitler machte am 30. März 1941 in einer Rede vor 200 hohen Offizieren deutlich, dass es sich bei dem Krieg gegen Russland nicht um einen normalen Krieg handelte, sondern um einen Kampf zwischen zwei Ideologien. Er führte aus, dass man völlig vergessen müsste, dass es so etwas wie die Kameradschaft zwischen Soldaten der feindlichen Heere gäbe. Ein Kommunist sei weder vor noch nach dem Kampf ein Kamerad. *„Dies ist ein Vernichtungskrieg."*[394] Weiterhin verkündete er, dass die bolschewistischen Kommissare und die kommunistische Intelligenz vollständig ausgerottet werden müssten. Im Laufe des Monats Mai und während der ersten Junitage wurden diese Gedanken in offizielle Dokumente der Wehrmacht umgesetzt. Darin wurde befohlen, dass politische Kommissare, auch wenn sie eine Uniform der russischen Armee trugen, unmittelbar erschossen werden sollten. Dasselbe galt für gefangen genommene Widerstandskämpfer. Wenn diese nicht schnell gefunden wurden, sollten dem Dorf, in dem man sie vermutete, schwere Kollektivstrafen auferlegt werden.

Wohin diese Befehle für den Kampf zweier Weltanschauungen auf Leben und Tod in der Praxis führten, beschreibt Roseman auf eindringliche Weise:

„Die Nationalsozialisten waren in die Ära des Genozids eingetreten. [Hierbei konnte] *Hitler auf die eifrige Unterstützung der Sicherheits-*

polizei zählen. Geplant hatte Heydrich die Aktionen der vier in die Sowjetunion entsandten Einsatzgruppen in den Monaten vor dem Fall Barbarossa. [...] [Die Kommandeure der Einsatzgruppen berichteten] in ihren detaillierten Meldungen, in denen sorgfältig in Kategorien unterteilt aufgezählt wurde, wie viel jüdische Männer, Frauen und Kinder im Berichtszeitraum erschossen worden waren. [...] Bestürzend war auch, in welchem Ausmaß die Wehrmacht die antijüdischen Maßnahmen als wesentlichen Bestandteil des Kampfes gegen die Sowjetführung hinnahm. Demselben Antibolschewismus und Antisemitismus anhängend wie Hitler, plante das Oberkommando der Wehrmacht bereitwillig eine neue Art von Krieg. [...] sowohl für die Wehrmacht als auch für die Einsatzkommandos wurden Antibolschewismus und Partisanen-Bekämpfung zur Rechtfertigung für Aktionen gegen jüdische Zivilisten. ‚Deshalb' ermahnte Generalfeldmarschall Walter von Reichenau in einem Befehl vom 10. Oktober 1941 seine Truppe, ‚muss der Soldat für die Notwendigkeit der harten, aber gerechten Sühne am jüdischen Untermenschen volles Verständnis haben. Sie hat den weiteren Zweck, Erhebungen im Rücken der Wehrmacht, die erfahrungsgemäß stets von Juden angezettelt werden, im Keime zu ersticken.'"[395]

Es gab auch andere Gründe, rücksichtslos unzählige Menschen erfassende Mordorgien zu organisieren. Einer war die Ernährungslage. Schon vor dem Einmarsch in Russland war deutlich geworden, dass die deutschen Truppen sich aus russischen Quellen ernähren mussten. Durch den Krieg waren jedoch viele Felder nicht bestellt worden. Von allen Seiten wurde bei der deutschen Verwaltung über nutzlose Esser geklagt. Die ersten Opfer dieser Situation waren wohl die russischen Kriegsgefangenen. Wie Roseman bemerkt:

„Von September an wurden die Rationen für Kriegsgefangene noch weiter reduziert, mit dem erschreckenden Ergebnis, dass bis Ende 1941 zwei Millionen sowjetische Soldaten in deutscher Kriegsgefangenschaft starben. Diese mörderische (Nicht-)Planung zeigt, dass Todesopfer jenseits der Schlachtfelder in sechs- und siebenstelliger Größenordnung ein einkalkulierter integraler Bestandteil des Feldzugs waren."[396]

Als nun um den Jahreswechsel 1940/41 deutlich wurde, dass der Madagaskarplan wegen der englischen Blockade vorläufig nicht durchführbar sein würde, bekam Heydrich von Hitler den Auftrag, den alten Plan umzuarbeiten,[397] wobei als Deportationsziel nunmehr die sowjetischen Eismeerlager vorgesehen werden sollten.[398] Der so veränderte Deportationsplan veranlasste Göring am 31. Juli 1941, Heydrich mit der Leitung der „Endlösung" zu beauftragen. Doch bis zur Wannsee-Konferenz war es noch ein knappes halbes Jahr und überall herrschten Chaos und Willkür. Ein typisches Beispiel für diese Willkür ist das Verhalten Himmlers, der von Ende Juli bis Mitte August eine Reise ins *Ostland* unternahm:

"... nach einem Besuch im weißrussischen Baranovici gab er den Befehl ‚sämtliche Juden müssen erschossen werden. Die Judenweiber in die Sümpfe treiben'. [...] am 15. August ließ er sich eine Erschießung vorführen, die von Walter Frentz, dem ‚Kameramann des Führers', auch gefilmt wurde. Diese Erschießung gab den Anstoß für Himmlers Auftrag, andere Tötungsmethoden zu entwickeln, da sonst das seelische Wohl der Exekutoren auf die Dauer gefährdet sei. Dieser 15. August markiert auch insofern einen Einschnitt, weil an diesem Tag eines der Einsatzkommandos erstmals auch Frauen und Kinder in großer Zahl ermordete."[399]

Wendepunkte der Geschichte

Wir kommen hier an einen bedeutsamen Moment der Geschichte, einen Moment, den man aufgrund der Zeitzeugnisse zu Recht einen Wendepunkt nennen darf. Noch am 3. Juli 1941 schrieb der deutsche Chef des Generalstabs General Franz Halder in sein Tagebuch: *„... es ist vermutlich nicht übertrieben festzustellen, dass der russische Feldzug in einem Zeitraum von nur zwei Wochen gewonnen ist."*[400] Nur einen Monat später, am 11. August 1941, notierte er: *„... aus der ganzen Situation wird immer deutlicher, dass wir den russischen Koloss unterschätzt haben."*[401] Nur ein paar Tage später, am 19. August 1941, äußerte sich Hitler gegenüber Goebbels in sehr ähnlichen Worten. Wie Piper berichtet, notierte Goebbels in seinem Tagebuch Hitlers Äußerung wie folgt:

"... wir haben offenbar die sowjetische Stoßkraft und vor allem die Ausrüstung der Sowjetarmee gänzlich unterschätzt.' Hitler bekannte, er habe die Zahl der sowjetischen Panzer auf 5.000 geschätzt, in Wirklichkeit seien es rund viermal so viele. Ähnlich sei es mit den Flugzeugen. Hitler sei innerlich über sich selbst sehr ungehalten. Am Ende seiner langen Ausführungen kam er selbstverständlich auf das Judenproblem zu sprechen, auf seine berühmte Prophezeiung vom 30.1.1939, dass, wenn das internationale Finanzjudentum die Völker Europas noch einmal in einen Weltkrieg stürze, dessen Ergebnis nicht die Bolschewisierung der Erde und damit der Sieg des Judentums sei, sondern die Vernichtung der jüdischen Rasse in Europa. An diese Prophezeiung klammerte sich Hitler geradezu wie an einen Strohhalm. Wann immer es militärische Rückschläge gab, suchte er sie durch eine Steigerung der Vernichtungsanstrengungen zu kompensieren. [...] Nachdem Hitler die militärische Lage mit Goebbels erörtert hatte, rief er aus: ‚Im Osten müssen die Juden die Zeche bezahlen.' Er fuhr fort: ‚In Deutschland haben sie sie zum Teil schon bezahlt und werden sie in Zukunft noch mehr bezahlen müssen.' Die ersten Deportationen reichsdeutscher Juden waren damals schon in der Diskussion. Hitler und Goebbels verabredeten eine Kennzeichnungspflicht für Juden, was hierfür nur nützlich sein konnte. Aus nationalsozialistischer Sicht waren die Juden eine fünfte Kolonne, Feinde im eigenen Lande, die man durch die Judensterne, die sie nun zu tragen gezwungen waren, kenntlich machte."[402]

Es folgten zwei historische Ereignisse, die nicht der Kontrolle von Hitler und den Seinen unterlagen, aber dennoch bedeutenden Einfluss auf deren weitere Politik gegenüber den Juden hatten. Das erste Ereignis war ein Befehl Stalins vom 30. August 1941, der die Vertreibung von Sowjetbürgern anordnete, die sich bei der letzten Volkszählung als Deutsche zu erkennen gegeben hatten.[403] Es gelang Alfred Rosenberg, Hitlers Zustimmung dafür zu erhalten, über einige Radiostationen Racheakte an den Juden anzukündigen.

„Es soll in diesen Sendungen unmissverständlich festgestellt werden, dass im Falle einer Durchführung des von den Bolschewisten angekündigten Vorhabens der Verschickung der Wolgadeutschen das

Judentum in den im deutschen Machtbereich liegenden Gebieten dieses Verbrechen vielfach bezahlen wird. [...] bei Durchführung des von den Bolschewisten angekündigten Vorgehens gegen die Wolgadeutschen werden die Juden Zentraleuropas ebenfalls in die östlichsten der von der deutschen Verwaltung geleiteten Gebiete abtransportiert werden."[404]

Sehr interessant ist in diesem Zusammenhang auch eine Notiz von Werner Koeppen, dem Mitarbeiter Rosenbergs, der in Hitlers Hauptquartier den Kontakt der Ostgebiete-Abteilung mit dem Führer unterhielt. Er schreibt:

„... der Führer hat noch immer keine Entscheidung getroffen in Sachen Rachemaßnahmen gegenüber den deutschen Juden für die Verschickung der Wolgadeutschen."[405]

Kershaw merkt in diesem Zusammenhang an, dass Koeppen meinte, dass Hitler in dem Moment über diese Probleme entscheiden würde, in dem die Vereinigten Staaten in den Krieg eintreten würden. Damit sind wir beim zweiten historischen Ereignis angelangt, das als von außen kommende historische Tatsache große Folgen für das weitere Schicksal der Juden Europas haben sollte.[406] Tatsächlich „wollte die Geschichte es so", dass am 7. Dezember 1941 japanische Flugzeuge einen Teil der US-amerikanischen Flotte in Pearl Harbour versenkten. Am darauffolgenden Tag erklärten die Vereinigten Staaten Japan den Krieg, was drei Tage später die Kriegserklärung Deutschlands und Italiens an die USA nach sich zog.

Dass damit ein vollständiger Zweiter Weltkrieg ausgebrochen war, ist für unsere Hauptfrage – Wie ist es zur industriellen Massenvernichtung der europäischen Juden gekommen? – gewiss von Bedeutung. Die von Hitler prophezeiten Folgen eines neuen Weltkrieges für die Juden haben wir bereits erwähnt. Dass dieser, auch in Goebbels' Tagebuch aufgezeichneten, „Prophezeiung"[407] vom 30. Januar 1939 im Reichstag ernsthafte Bedeutung beigemessen werden musste, ergibt sich aus einer späteren Tagebucheintragung Josef Goebbels'. Am 12. Dezember 1941 schreibt er über eine Rede Hitlers auf einer Versammlung von Reichs- und Gauleitern der NSDAP:

"... bezüglich der Judenfrage ist der Führer entschlossen, reinen Tisch zu machen. Er hat den Juden prophezeit, dass wenn sie noch einmal einen Weltkrieg herbeiführen würden, sie dabei ihre Vernichtung erleben würden. Das ist keine Phrase gewesen. Der Weltkrieg ist da, die Vernichtung des Judentums muss die notwendige Folge sein. Diese Frauge ist ohne jede Sentimentalität zu betrachten. Wir sind nicht dazu da, Mitleid mit den Juden, sondern nur Mitleid mit unserem deutschen Volk zu haben. Wenn das deutsche Volk jetzt wieder im Ostfeldzug an die 160.000 Tote geopfert hat, so werden die Urheber dieses blutigen Konflikts dafür mit ihrem Leben bezahlen müssen."[408]

Piper schreibt über diese Dezembertage 1941 Folgendes: *"... genau in jenen Tagen wurden erstmals in einem Konzentrationslager, in Chelmno im Warthegau, Massentötungen mit Lastwagen durchgeführt."*[409] Wenn es auch, so Piper, vermutlich nicht wahr ist, dass Hitler auf einer Gauleitertagung explizit die Entscheidung zur Endlösung bekannt gegeben habe, so ist aus Goebbels' Aufzeichnungen doch ohne jeden Zweifel ersichtlich, dass er weitreichende Andeutungen gemacht hat, die auf ein rücksichtsloses Vorgehen gegen die Juden hinweisen. Nach diesem Vorbehalt über den Wortlaut von Hitlers Aussagen fährt Piper fort:

"... [es] ist andererseits nicht zu bezweifeln, dass der Dezember ein Kulminationspunkt auf dem Weg zur totalen Vernichtung der europäischen Juden war. Am 14. Dezember war Rosenberg, der auch am Vortag schon da gewesen war, bei Hitler zum Mittagessen gemeinsam mit Himmler und Bouhler. Rosenberg vermerkt über diese Besprechung: ‚Ich [Alfred Rosenberg] stände auf dem Standpunkt, von der Ausrottung des Judentums nicht zu sprechen. Der Führer bejahte diese Haltung und sagte, ‚sie hätten uns den Krieg aufgebürdet und sie hätten die Zerstörung gebracht, es sei kein Wunder, wenn die Folgen sie zuerst träfen.'"[410]

Piper schreibt weiter:

"Rosenberg und Hitler waren sich einig: Die Juden sollten ausgerottet werden; das im Berliner Sportpalast bekannt zu geben, schien derzeit aber nicht zweckmäßig. Auch Hans Frank hatte an den Besprechun-

gen bei Hitler teilgenommen. Nach seiner Rückkehr ins Generalgouvernement hielt er vor seinen Bediensteten eine Rede, die ein unmittelbarer Reflex der vorausgegangenen Gespräche war und an Deutlichkeit nichts zu wünschen ließ: ‚Mit den Juden – das will ich ganz offen sagen – muss so oder so Schluss gemacht werden ... Aber was nur soll mit den Juden geschehen? Glauben Sie, man wird sie im Ostland in Siedlungsdörfer unterbringen? Man hat uns in Berlin gesagt: Weshalb macht man diese Schereien? Wir können im Ostland oder im Reichskommissariat auch nichts mit ihnen anfangen, liquidiert sie selber!'"[411]

Wir sehen aus diesem Text, dass Frank aus Hitlers Worten dieselben Schlüsse gezogen hat wie Goebbels.

Kräfteschema 8: Der Weg zum Massenmord

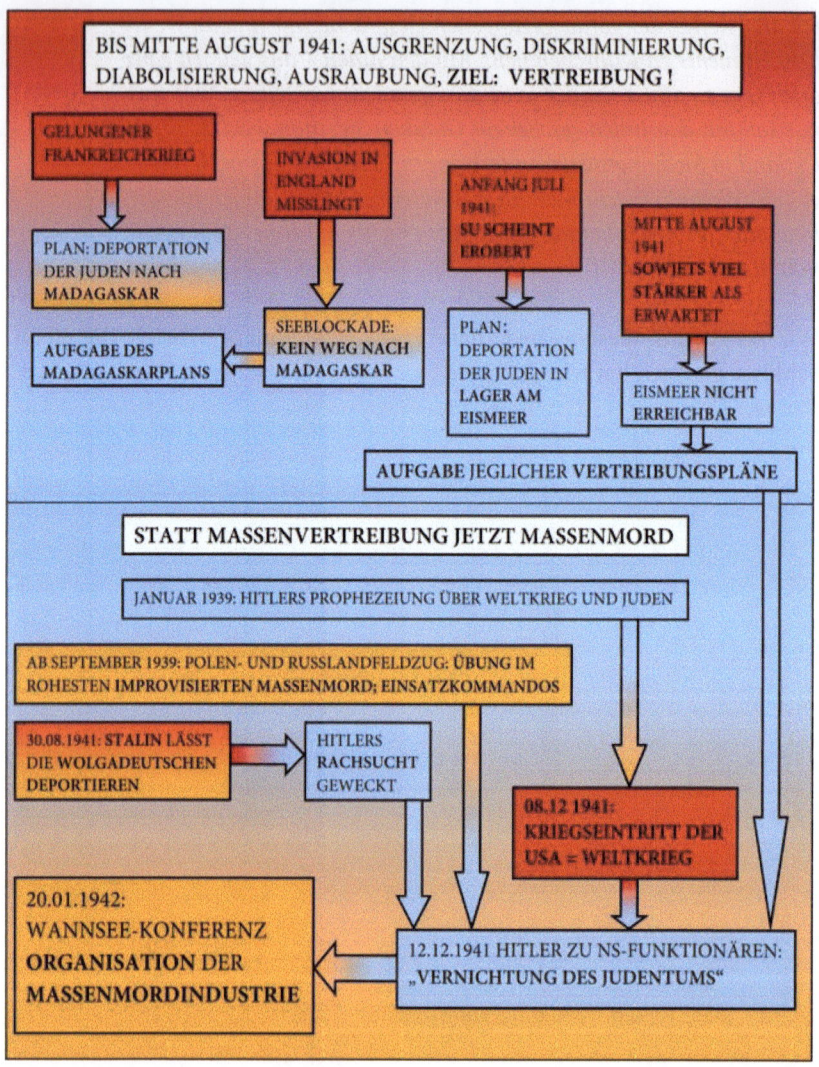

Auch hier sehen wir wieder zwei deutlich zu unterscheidende Phasen in der dramatischen Geschichte, die letztlich zum Massenmord an fünf bis sechseinhalb Millionen Juden führte. Der obere Block unseres Schemas steht für die erste Phase bis Mitte August 1941. Bis zu diesem Zeitpunkt war von geplantem Massenmord noch nicht die Rede. Die Absicht bestand vielmehr darin, die Juden aus Europa zu vertreiben und irgendwohin, und zwar möglichst weit fort, zu schicken. Die von Hitler und den Seinen ins Auge gefassten Zielorte waren aufs Engste mit den Kriegserfolgen verbunden. Madagaskar sollte den Franzosen als Kriegsbeute abgenommen werden. Durch das Misslingen der gegen England gerichteten Operation *Seelöwe* war dieser Plan jedoch bald hinfällig. Es folgte der Einmarsch in die Sowjetunion. Als neues Deportationsziel wurden nunmehr die sowjetischen Lager am Eismeer ins Auge gefasst. Sehr schnell erwies sich jedoch der Widerstand der Sowjets als stärker denn erwartet. Auch das Eismeer war nicht länger erreichbar, so dass die Pläne zur Deportation fallen gelassen werden mussten.

In der unteren Hälfte sehen wir, dass die zweite Phase bereits im Januar 1939 in Hitlers Gedanken zumindest implizit vorhanden war. Schon seit dem Polenfeldzug verübten die Einsatzkommandos improvisierte Massenmorde an polnischen Intellektuellen und Juden. Im August und im Dezember 1941 ereignen sich dramatische Entwicklungen von außen her: Stalin lässt die Wolgadeutschen deportieren, was Hitlers Rachsucht weckt, und die Vereinigten Staaten treten in den Krieg ein, der von nun an ein Weltkrieg ist. Hitlers Worte auf einer Zusammenkunft hoher NS-Führer, bei der er auf die nunmehr notwendige Vernichtung des Judentums hinweist, machen den Weg frei für die Wannsee-Konferenz und damit für den industriell organisierten Massenmord.

Epilog

Die letzten Seiten zeigen, wie der Wahn eines einzigen Menschen zu einer unglaublich großen historischen Kraft werden kann. Sie zeigen aber auch, dass die Absicht die Juden in fabrikartigen Tötungsanlagen millionenfach zu ermorden, am 22. Juli 1941, da Hitler gegenüber dem kroatischen Marschall Kvaternik noch immer von der „Verfrachtung" der Juden nach Sibirien oder Madagaskar sprach, noch nicht voll entwickelt war. Auch diese Deportationen hätten natürlich zu einem Massensterben geführt, wenn dieses auch anders und möglicherweise langsamer verlaufen wäre.

Auf welche Weise solche folgenschweren Entschlüsse im Dritten Reich zustande kamen, wird durch die Beschreibung der Sitzung Hitlers mit Reichs- und Gauleitern der NSDAP am 12. Dezember 1941 gut illustriert. Hitler formulierte dort in vagen Worten seine Ansichten, die dann von seinen Unterführern interpretiert und umgesetzt wurden. Der US-amerikanische Wissenschaftler Christopher Browning versucht die Interpretationen verschiedener Forscher zur Art und Weise der Realisierung der Endlösung zu ordnen und zu klassifizieren.[412] Er unterscheidet dabei zwei Haupttypen, die er als Intentionalisten und als Funktionalisten bezeichnet. Die erste Gruppe beschreibt er als jene, die eigentlich die „Endlösung" auf schon lang gehegte Intentionen von Hitler selbst zurückführen, die er schon in den zwanziger Jahren geplant haben soll. Die zweite Gruppe war sich in viel stärkerem Maße der chaotischen und komplexen Vorgänge im Dritten Reich bewusst. Um dies zu charakterisieren, verwendet Browning die Worte: ungeplante, kumulative Radikalisierung.

Aus meinen bisherigen Ausführungen wird deutlich, dass ich selbst der zweiten Gruppe näherstehe. Ich möchte jedoch hier vor allem auf den großen Einfluss hinweisen, den weltgeschichtliche Ereignisse, wie der Kriegseintritt der Vereinigten Staaten oder der unerwartet schlechte Verlauf der Kämpfe an der Ostfront, auf Hitlers augenblickliche Stimmung hatten. Von diesen augenblicklichen Stimmungen hingen natürlich die Worte ab, die Hitler gebrauchte, um seine Ansichten und Wünsche zu äußern, die für seine engsten Mitarbeiter Gesetz waren, auch wenn deren eindeutige Interpretation nicht immer möglich war. Die Zusammenfassung, die Browning von der Meinung Karl Schleunes, eines anderen wichtigen Forschers, gibt, könnte auch die meine sein. Sie lautet: Insoweit als schließlich eine allgemeine Übereinstimmung bezüglich der nationalsozialistischen Judenpolitik erreicht worden ist, bezog sich diese auf die Vertreibungen der Juden – ein Ziel, das Hitler und die Nationalsozialisten bis weit in den Herbst 1941 im Auge hatten. Von dem Augenblick an, in dem klar wurde, dass ein Blitzkrieg in Russland nicht länger möglich war und dadurch die Massenvertreibung der Juden nach Sibirien vorläufig nicht länger infrage kam, fasste man den Massenmord als Endlösung ins Auge.[413]

Im Hinblick auf die Unterschiede zwischen den Interpretationen der verschiedenen Autoren möchte ich noch auf die äußerst umstrittene Meinung von Daniel Goldhagen hinweisen, der in seinem Buch behauptet, dass der Genozid an den Juden ein integrierender Bestandteil der Haltung der deutschen Gesellschaft war.[414] Hier sind zwei verschiedene Einwände notwendig. Zum einen, dass sich sogar die obersten Nationalsozialisten in dieser Hinsicht nicht einig waren. Wie Dederichs berichtet, hat sich sogar Himmler noch im Mai 1940 in einer Denkschrift an Hitler wie folgt geäußert: *„… die bolschewistische Methode der physischen Ausrottung eines Volkes* [lehne er] *aus innerer Überzeugung als ungermanisch und unmöglich ab."*[415] Ein zweites Argument gegen Goldhagens Behauptung ist, dass jeder Jude, der zwölf Jahre – auf welche Weise auch immer – unter Hitler überlebt hat, weiß, dass dieses Überleben ohne die Hilfe von nichtjüdischen Deutschen nie hätte gelingen können. Manchen wurde sie kontinuierlich zuteil, anderen in kritischen Momenten. Die Helfer waren in allen Fällen Menschen, die ihre menschlichen Werte noch nicht oder noch nicht vollständig verloren hatten. Manchmal trugen sie sogar Uniform. In Victor Klemperers äußerst lesenswerten *Tagebüchern 1933 bis 1945* findet man zahllose Hinweise auf solche Hilfe oder – wenn der Judenstern bemerkt wurde – auf Äußerungen von Anteilnahme und Sympathie. Auch ich selbst hätte ohne derartige Hilfe nie die vollen zwölf Jahre unter Hitler überleben können. In diesem Zusammenhang ist auch eine Bemerkung in Rosemans Buch von Bedeutung, der über den Inhalt der sogenannten „Protokolle" der Wannsee-Konferenz das Folgende schreibt:

„Dann nannte Heydrich einige grundlegende Voraussetzungen für die Deportationen oder ‚Evakuierungen', wie sie im Protokoll genannt werden: Es müsse Klarheit darüber bestehen, wer deportiert werden

soll. Juden im Alter von über 65 Jahren und solche mit schweren Kriegsverletzungen oder mit Kriegsauszeichnungen würden nach Theresienstadt überstellt. Damit würden mit einem Schlag die vielen Interventionen zu ihren Gunsten beendet."[416]

Der letzte Satz ist deshalb so bedeutend, weil damit in einem offiziellen Dokument bestätigt wird, dass nicht wenige Leute den Mut hatten, sich an die NS-Regierung zu wenden, um Juden zu unterstützen, die ihrer Ansicht nach vom Regime nicht „gerecht" behandelt wurden. Es waren tatsächlich so viele, dass man, um ihren Klagen auszuweichen, Theresienstadt errichtete, ein geschlossenes Getto, in dem aber viele den Krieg überlebt haben.

Wie wir aus obigen Ausführungen ersehen, beruht die „Endlösung" keineswegs auf einem Plan, den Hitler schon seit vielen Jahren im Kopfe hatte. Anderseits ist aber auch deutlich geworden, dass alle Ereignisse, bei denen große Gruppen von Menschen entweder deportiert oder gar ermordet wurden, wohl kaum ohne Hitlers Zustimmung hätten stattfinden können. Dazu schreibt Kershaw über Deportationspläne der deutschen Machthaber in Serbien um die Mitte des Monats September 1941:

„… der Einzige, der die Erlaubnis für die Deportation von europäischen Juden nach dem Osten geben konnte, war Hitler. Nur einige Wochen vorher hatte er ein Vorhaben Heydrichs in dieser Richtung abgewiesen. Ohne Erlaubnis des Führers konnte Heydrich nichts tun. Auch jetzt, im September, gab der Erstere dem Druck auf ihn nicht nach."[417]

Hinsichtlich dieser außergewöhnlich großen Machtfülle eines Mannes ist man leicht verführt zu sagen: „Menschen machen Geschichte." Das ist eine tiefe Weisheit, weil auch deren Umkehrung – „Geschichte macht den Menschen." – wahr ist. Ohne das Erlebnis des Ersten Weltkrieges und ohne die äußerst chaotischen Jahre danach hätte Hitler nie zu dem werden können, was er schließlich war. Aber auch die geschichtlichen Ereignisse der letzten Periode, die er erlebte und die er auf folgenschwere Weise mitgeformt hat, lagen nur zum Teil in seiner Hand. Diese Geschehnisse, die von außen auf ihn zukamen, beeinflussten seine Stimmungen in hohem Maße. Er wurde dadurch selbst zum Spielball der Geschichte, so dass von seinem Führertum wohl nichts mehr übrig blieb. Die Geschichte wird sich seiner als einem der schlimmsten Verführer der Menschheit erinnern.

Heiloo, 10. Mai 2007

Zitierte Werke

ALTMANN, ALEXANDER, *Moses Mendelssohn*, London 1973.
AUDI, ROBERT, *The Cambridge Dictionary of Philosophy*, Cambridge 1995.
BAECK, LEO, *Das Wesen des Judentums*, Berlin 1905.
BENNEWITZ, JOACHIM, *Adolf Stoecker: Theologe, Politiker und Antisemit*, in: Berlinische Monatsschrift 3/1999, http://www.luise-berlin.de/bms/Berlinische_Monatsschrift_Publikationen_Stadtgeschichte.html.
BRENNER, WOLFGANG, *Walther Rathenau, Deutscher und Jude*, München 2005.
BROWNING, CHRISTOPHER R., *The Path to Genocide*, Cambridge 1992.
BURKE, EDMUND, *The Origin of our Ideas of the Sublime and Beautiful*, o.O. 1756.
CALLINICOS, ALEX, *Social Theory*, Cambridge 1991.
CANETTI, ELIAS, *Die gerettete Zunge. Geschichte einer Jugend*, München/Wien 1977.
Catholic Encyclopedia: Biblical Criticism (Higher), www.newadvent.org/cathen/04491c.htm
COHEN, ARTHUR / MENDES-FLOHR, PAUL, *Contemporary Jewish Religious Thought*, London 1987.
COLLINGWOOD, R.G., *The Idea of History*, Oxford 1946.
CORNWELL, JOHN, *Hitlers Wetenschappers*, s-Gravenhage 2004.
DAVIES, NORMAN, *Europe, a History*, London 1997.
DEDERICHS, MARIO R., *Heydrich, das Gesicht des Bösen*, München 2006.
Die Bibel nach der Übersetzung Martin Luthers. Standardausgabe mit Apokryphen, Stuttgart 1985.
DRAY, WILLIAM H., *On History and Philosophers of History*, Leiden/New York 1989.
DUBNOW, S.M., *Die neueste Geschichte des juedischen Volkes 1789–1914 I-III*, Berlin, 1923.
ELON, AMOS, *The Pity of It All: A Portrait of the German-Jewish Epoch, 1743–1933*, London 2004.
ENGELMANN, BERNT, *Deutschland ohne Juden*, Göttingen 1988.
EVANS, RICHARD J., *Das Dritte Reich, Aufstieg*, München 2005.
FERMI, LAURA, *Illustrious Immigrants. Intellectual Migration from Europe 1930–1941*, Chicago 1968.
FETZER, GÜNTHER, *Die Klassiker der deutschen Literatur*, Düsseldorf 1983.
FICHTE, JOHANN GOTTLIEB, *Beitrag zur Berichtigung der Urteile des Publikums über die französische Revolution*, herausgegeben von Reinhard Strecker, Leipzig 1922.
FICHTE, JOHANN GOTTLIEB, *Reden an die Deutsche Nation, 1–7*, http://gutenberg.spiegel.de/fichte/dnation/Druckversion-dnati01-07.htm

FINKELSTEIN, LOUIS (Hg.), *The Jews, Two Vol.*, New York 1955.
FINKELSTEIN, NORMAN G. / BIRN, RUTH BETTINA, *A Nation on Trial: The Goldhagen Thesis and Historical Truth*, New York 1998.
FRENSCHKOWSKI, MARCO, „Wellhausen Julius", in: *Biographisch-Bibliographisches Kirchenlexikon*, Band XIII, Spalten 716–727, http://www.bautz.de/bbkl/w/wellhausen.shtml
FRIEDELL, EGON, *Kulturgeschichte der Neuzeit I-II*, München 2002.
GIDAL, NACHUM T., *Die Juden in Deutschland*, Gütersloh 1988.
GILBERT G.M., *Nuremberg Diary*, New York 1947.
GLADEN, ALBIN, *Geschichte der Sozialpolitik in Deutschland*, Wiesbaden 1974.
GLAGAU, OTTO, *Der Börsen- und Gründungs-Schwindel in Berlin*, Leipzig 1876.
GOETHE, JOHANN WOLFGANG, *Faust*, herausgegeben von Erich Trunz, München 1994.
HAFFNER, SEBASTIAN, *Anmerkungen zu Hitler*, Frankfurt/M. 2001.
HAMMER, MANFRIED / SCHOEPS, JULIUS, *Juden in Berlin 1671–1945. Ein Lesebuch*, Berlin 1988.
HEGEL, GEORG WILHELM FRIEDRICH, *Vorlesungen über die Philosophie der Weltgeschichte I*, Hamburg 1955.
HEINE, HEINRICH, *Sämtliche Werke. Bibliotheksausgabe in zwölf Bänden.* Hamburg 1885.
HENGEL, MARTIN, *Juden, Griechen und Barbaren*, Stuttgart 1976.
HERDER, JOHANN GOTTFRIED, *Ideen zur Philosophie der Geschichte der Menschheit*, o.O. 1784–1791, http://www.textlog.de/5619.html und http://www.textlog.de/5661.html.
HERTOG, PETER DEN, *Hitlers schutkleur*, Antwerpen 2005.
HERTZ, DEBORAH, *Die jüdischen Salons im alten Berlin*, Berlin/Wien 2002.
HERZ, HENRIETTE, *Berliner Salon. Erinnerungen und Portraits*, Frankfurt/M. 1984.
ISRAEL POCKET LIBRARY, *Jewish Values*, Jerusalem 1974.
JANSEN, HANS, *Christelijke theologie na Auschwitz*, 's Gravenhage 1982.
JUNGK, ROBERT, *Heller als tausend Sonnen. Das Schicksal der Atomforscher*, Reinbek bei Hamburg 1974.
KANT, IMMANUEL, *Die Religion innerhalb der Grenzen der bloßen Vernunft*, Stuttgart 1974.
KATZ, JACOB, *From prejudice to destruction, Anti-Semitism, 1700–1933*, Cambridge MA, 1980.
KATZ, JACOB, *Die Hep-Hep-Verfolgungen des Jahres 1819*, Berlin 1994.
KERSHAW, IAN, *Hitler, I-II*, Dutch language edition, Utrecht 1999.
KERSHAW, IAN, *Fateful Choices, Ten Decisions that changed the World 1940–1941*, London 2007.
KOCKA, JÜRGEN, *Unternehmer in der deutschen Industrialisierung*, Göttingen 1975.
KOLB, EBERHARD, *Die Weimarer Republik*, München 2002.

KRIEGER, KARSTEN (Hg.), *Der „Berliner Antisemitismusstreit" 1879–1881. Eine Kontroverse um die Zugehörigkeit der deutschen Juden zur Nation*, München 2003.
KROCKOW, CHRISTIAN GRAF VON, *Kaiser Wilhelm II und seine Zeit*, Berlin 1999.
LAMAR, CECIL, *Albert Ballin, Business and Politics in Imperial Germany, 1888–1918*, New Jersey 1967.
LASSEN, CHRISTIAN, *Indische Alterthumskunde*, London 1847.
LESSING, GOTTHOLD EPHRAIM, *Nathan der Weise*, o.O. 1779, http://www.zeno.org/http://www.zeno.org/Literatur/M/Lessing,+Gotthold+Ephraim/Dramen/Nathan+der+Weise
LESSING, THEODOR, *Geschichte als Sinngebung des Sinnlosen*, München 1983.
LEWIS, BERNARD, *Die Araber. Aufstieg und Niedergang eines Weltreichs*, München 2002.
LEWIS, BERNARD, *Die Juden in der islamischen Welt. Vom frühen Mittelalter bis ins 20. Jahrhundert*, München 2004.
MALLORY, J.P., *In search of the Indo-Europeans: Language, Archaeology, and Myth*, London 1999.
MANN, GOLO, *Deutsche Geschichte des 19. und 20. Jahrhunderts*, Frankfurt/M. 1992.
MARCHAND, SUZANNE, *German Orientalism and the Decline of the West*, in: Proceedings of The American Philosophical Society, 145 (4), 2001, S. 465–473.
MARR, W., *Der Sieg des Judenthums über das Germanenthum*, Bern 1879.
MARR, W., *Vom jüdischen Kriegsschauplatz*, Bern 1879.
MEYER, HAJO G., *Das Ende des Judentums*, Neu-Isenburg 2004.
MEYER, MICHAEL A., *Response to modernity. A History of the Reform Movement in Judaism*, Detroit 1988.
MEYER, MICHAEL A. ET AL. (Hg.), *Deutsch-Jüdische Geschichte in der Neuzeit*, I-IV, München 1996/97.
MEYNERT, JOACHIM, *Was vor der „Endlösung" geschah. Antisemitische Ausgrenzung und. Verfolgung in Minden-Ravensberg 1933–1945*, Münster 1988.
MINNINGER, MONIKA / STÜBER, ANKE / KLUSSMANN, RITA, *Einwohner – Bürger – Entrechtete. Sieben Jahrhunderte jüdisches Leben im Raum Bielefeld*, Bielefeld 1988.
MIROW, JÜRGEN, *Geschichte des Deutschen Volkes*, Gernsbach 1990.
MÜLLER, MAX, *Biographies of words*, London 1888.
MÜLLER, MAX, *Chips from a German Workshop*, London 1876.
OPPENHEIMER, JOHN F., *Lexikon des Judentums*, Gütersloh 1971.
OERTZEN, DIETRICH VON, *Adolf Stoecker*, Schwerin 1912.
PASCAL, BLAISE, *Pensées*. English translation by W. F. Trotter, www.ccel.org/ccel/pascal/pensees.html.
PIPER, ERNST, *Alfred Rosenberg. Hitlers Chefideologe*, München 2005.

PLAUT, W. GÜNTHER, *The rise of reform Judaism*, New York 1969.
POLIAKOV, LEON / WULF, JOSEPH, *Das Dritte Reich und die Juden*, Wiesbaden 1989.
POLIAKOV, LEON / WULF, JOSEPH, *Das Dritte Reich und seine Denker*, Wiesbaden 1989.
POLIAKOV, LEON, *Geschichte des Antisemitismus I–VIII*. Frankfurt/M. 1988.
PRINZ, ARTHUR / BARKAI, AVRAHAM, *Juden im Deutschen Wirtschaftsleben. Soziale und wirtschaftliche Struktur im Wandel 1850–1914*, Tübingen 1984.
RATTNER, JOSEF / DANZER, GERHARD, *Aufklärung und Fortschrittsdenken in Deutschland 1750–1850*, Würzburg 2004.
REITLINGER, GERALD, *The Final Solution*, London 1953.
REMARK, JOACHIM, *The origins of World War I*, (Berkshire Studies in European History 1920–2001), Berkshire 1967.
RENAN, ERNEST, *Das Judenthum vom Gesichtspunkte der Rasse und Der Religion*, Basel 1883.
RENDTORFF, ROLF, *Christen und Juden. Autobiographische Reflexionen*, in: *Online-Extra*, 16 (Juli 2005); http://www.compass-infodienst.de/Rolf_ Rendtorff__Christen_und_Juden__Autobiographische_Reflexionen.1249.0.html
ROSEMAN, MARK, *Die Wannsee-Konferenz*, München 2002.
RUPPIN, ARTHUR, *Soziologie der Juden I*, Berlin 1930.
SACHAR, HOWARD M., *The course of Modern Jewish History*, London 1958.
SCHILLING, KONRAD (Hg.), *Monumenta Judaica, 2000 Jahre Geschichte und Kultur der Juden am Rhein*, Köln 1964.
SCHLEUNES, KARLA, *The Twisted Road to Auschwitz*, London 1970.
SELTZER, ROBERT M., *Jewish People – Jewish Thought*, New York 1980.
SIMMEL, GEORG, *Kant. Die Probleme der Geschichtsphilosophie (1905/1907)*, Frankfurt/M. 1997.
SINGER, CHARLES / HOLMYARD, E.J. / HALL, H.R. / WILLIAMS, T.I., *A History of Technology*, Oxford 1957.
STEINSALTZ, ADIN, *The essential Talmud*, New York 1976.
STERNHELL, ZEEV, *The founding myths of Israel*, Princeton 1998.
STOLZENBERG, DIETRICH, *Fritz Haber. Chemiker, Nobelpreisträger, Deutscher, Jude*, Weinheim 1994.
STRACK, H.L. / STEMBERGER, G., *Einleitung in Talmud und Midrasch*, München 1982.
SWAIN, HARRIET, *The Big Questions in History*, London 2006.
TUCHMAN, BARBARA, *The Guns of August*, New York 1962.
TUCHMAN, BARBARA, *The March of Folly*, London 1985.
VORLÄNDER, KARL, *Geschichte der Philosophie, II: Philosophie der Neuzeit*, Leipzig 1911.
WEBER, MAX, *Wirtschaft und Gesellschaft* (Nachdruck zum 50.Jubileum), Tübingen 1972.

WERTHEIM, ANNE-RUTH, *Het racisme verandert van karakter*, in: *Kunst en Wetenschap*, 13(3) 2004. English version: www.risq.org/article427/html.
WERTHEIM, ANNE-RUTH, *Het racisme verandert van karakter*, in: NRC Handelsblad 19. Juni 2004, S. 15.
WIGODER, G. (Hg.), *Jewish Values*, Jerusalem 1974.
ZECHLIN, EGMONT, *Die deutsche Politik und die Juden im Ersten Weltkrieg*, Göttingen 1969.
ZUNZ, LEOPOLD, *Die Gottesdienstlichen Vorträge der Juden*, Hildesheim 1966.

[1] Meyer, Hajo G., Das Ende des Judentums, Neu Isenburg 2004.
[2] Zitiert in Finkelstein / Birn, 5f.
[3] zitiert in Davies, 895f.
[4] Diesen Begriff lernte ich auf Vorlesungen von Tibor Mende in Genf kennen. Er gebrauchte ihn, um schon um 1960 herum vorherzusagen, dass die Transformation Chinas zu einer modernen Gesellschaft schneller und besser gelingen würde als die der Sowjetunion.
[5] Elon, Amos, *The Pity of It All: A Portrait of the German-Jewish Epoch 1743-1933*, London 2004.
[6] Collingwood, 20.
[7] Loc. cit., 25.
[8] Hegel, 149–151.
[9] Dray, 41.
[10] Loc. cit., 2.
[11] zitiert in Callinicos, 16.
[12] Simmel, 233.
[13] Burke, pt.2, ch.2.
[14] Gilbert, 278f.
[15] Simmel, 250.
[16] Tuchman, Barbara, *The March of Folly*, London 1985; deutsche Ausgabe: Die Torheit der Regierenden, Frankfurt/M. 1989.
[17] Meyer, Hajo G., 240–246.
[18] Hegel, 167.
[19] „Die Entwickelung führt es mit sich, dass sie ein Stufengang, eine Reihe weiterer Bestimmungen der Freiheit ist, welche durch den Begriff der Sache, d.i. hier der Natur der sich bewusstwerdenden Freiheit, hervorgehen. Die logische und noch mehr die dialektische Natur des Begriffes überhaupt, dass er sich selbst bestimmt, Bestimmungen in sich setzt und dieselben wieder aufhebt und durch dieses Aufheben selbst eine affirmative, und zwar reichere, konkretere Bestimmung gewinnt, ..." Hegel, 167.
[20] Heine, Band 3, *Letzte Gedichte*, 219.
[21] Vgl. auch das Kräfteschema *Das soziokulturelle Erbe der Juden* am Ende dieses Kapitels.
[22] Vgl. Zitat in Davies, 895f.

[23] Das soziokulturelle Erbe einer Gesellschaft ist wohl am umfangreichsten – auf mehr als 800 Seiten – in Max Webers Schrift *Wirtschaft und Gesellschaft* definiert.
[24] Cohen / Mendes-Flohr, 56.
[25] Stemberger, 16.
[26] Loc. cit., 110f.
[27] Diese bestimmen z. B. wie man durch Analogiebildung zu neuen Erkenntnissen gelangen kann.
[28] Steinsaltz, 223.
[29] Wigoder, 156.
[30] Cohen / Mendes-Flohr, 1058.
[31] Loc. cit.
[32] Hengel, 126.
[33] Loc. cit., 129f.
[34] Audi, 579.
[35] Schilling, 47.
[36] Jansen, 109.
[37] Lewis, 2002, 60f.
[38] Loc. cit., 68.
[39] Lewis, 2004, 73.
[40] Seltzer, 331f.
[41] Lewis, 2004, 75f.
[42] Canetti, Elias, *Die gerettete Zunge. Geschichte einer Jugend*, München/Wien 1977.
[43] Audi 391, 457.
[44] Seltzer, 333.
[45] Lewis, 2004, 87.
[46] Jansen, 109.
[47] Die Zünfte entstanden im 12. und 13. Jahrhundert.
[48] Schilling, 216; Finkelstein, Vol. I, 229.
[49] Nach Jansen, 109 ist dies schon seit der Mitte des 11. Jahrhunderts zu beobachten.
[50] Lewis, 2004, 87.
[51] Meyer, Michael et.al., Vol. I, 220.
[52] Altmann, 188.
[53] Meyer et.al., Vol. I, 223.
[54] Vgl. auch das Kräfteschema *Juden und Fürsten nach dem Dreißigjährigen Krieg* am Ende dieses Kapitels.
[55] Davies, 563.
[56] Meyer et al., Vol. I, 98.
[57] Davies, 568.
[58] Loc. cit., 565.
[59] Loc. cit., 568.
[60] Meyer et.al., Vol. I, 100.

[61] Loc. cit., 101.
[62] Loc. cit., 107.
[63] Loc. cit., 123.
[64] Loc.cit., 111.
[65] Loc.cit., 107.
[66] Poliakov, Vol. V, 35i.
[67] Meyer et al., Vol. I, 229.
[68] Vgl. auch das Kräfteschema *Zustandekommen der Wissenschaftsrevolution* am Ende dieses Kapitels.
[69] Newtons Ausgangsbasis bildeten Galileis Trägheitsgesetz, dessen Kraftgesetz und Newtons eigenes Gravitationsgesetz. Dieser in der Physik als *Drittes Newtonsches Gesetz* bekannte Satz besagt, dass zwischen zwei Massen eine Anziehungskraft besteht, die sich proportional verhält zum Produkt der beiden Massen geteilt durch das Quadrat des Abstands ihrer beiden Schwerpunkte.
[70] Dänischer Astronom, 1546–1601.
[71] Singer et al., Vol. III, 658.
[72] Pascal, Section II, No.77.
[73] zitiert in Audi, 195.
[74] Callinocos, 16.
[75] Loc. cit.
[76] Vgl. auch das Kräfteschema *Der Weg zur Aufklärung* am Ende dieses Kapitels.
[77] zitiert in Poliakov, Vol. V, 88.
[78] Loc. cit., 83.
[79] Loc. cit.
[80] Loc. cit., 89.
[81] Audi gibt die folgende Definition: „Natürliche Religion umfasst den Glauben an die Existenz Gottes, seiner Gütigkeit und seiner vorhersehenden Führung; ferner den Glauben an die Unsterblichkeit der Seele und die Verpflichtung einer allgemein gültigen Moralität." Audi, 521.
[82] Meyer et al., Vol. I, 229.
[83] Loc. cit., 229ff.
[84] Loc. cit., 230.
[85] Hammer / Schoeps, 11.
[86] zitiert in loc. cit., 32.
[87] Loc. cit.
[88] Engelmann, 105.
[89] Friedell, 746ff.
[90] Vorländer, Vol. II, 263.
[91] Goethe, Zeile 672ff.
[92] Fetzer, 189.
[93] Sternhell, 11ff., 26, 54.
[94] Herder, XVI.6.3.
[95] Loc. cit., 6.4.
[96] Loc. cit., 6.2.

[97] Altmann, 10ff
[98] Altmann, 14.
[99] Meyer et al., Vol. I, 123.
[100] Altmann, 23.
[101] Meyer et al., Vol. I, 307.
[102] Rattner / Danzer, 36.
[103] Altmann, 37.
[104] Loc. cit. 298f.
[105] Lessing, 3. Akt, 7. Aufzug.
[106] Seltzer, 521.
[107] zitiert in Hammer / Schoeps, 55.
[108] Loc. cit., 57.
[109] Altmann, 368.
[110] Meyer et al., Vol. I, 294.
[111] Altmann, 369.
[112] Loc. cit., 371.
[113] In diesem Zusammenhang ist interessant, dass auch einem anderen autodidaktisch gebildeten – in diesem Fall sogar einem aus Polen stammenden – Juden Kants größtes Lob zuteil wurde: Salomon Maimon. Wie Poliakov, Vol. V, 203 berichtet, hat Kant von ihm gesagt, dass Maimon ihn besser begriffen hätte als jeder andere. Auch Mendelssohn wurde von Kant sehr bewundert und verehrt. Das hinderte Kant jedoch nicht daran, wie viele andere deutsche Intellektuelle, das Judentum als Lehre und als Kultur so sehr zu verachten, dass er für dessen Abschaffung plädierte.
[114] Altmann, 347.
[115] Herz, 39.
[116] Altmann, 350.
[117] Meyer et al., Vol. I, 344.
[118] Loc. cit., 344.
[119] Davies, 74.
[120] Heute würde man anstelle von Gleichheit vielmehr von Gleichwertigkeit sprechen. „Gleichheit" entspricht dem französischen Wort „égalité", eine der Losungen der Französischen Revolution.
[121] Dubnow, Vol. I, 66ff.
[122] Wertheim, www.risq.org/article427/html.
[123] Vgl. auch das Kräfteschema *Die Juden nach der Emanzipation* am Ende dieses Kapitels.
[124] Es ist interessant, dass Dubnow als ein früher Zionist diesen Prozess auch „Denationalisierung" nennt. Als gewissenhafter Historiker erkennt er jedoch an, dass diese in der jüdischen Geschichte mehrmals stattgefunden hat, vor allem in der hellenistischen Zeit und während der arabischen Renaissance.
[125] Hertz, 334.
[126] Siehe oben, Anm. 120
[127] Davies, 690.
[128] Loc. cit., 693.

[129] Loc. cit.
[130] Ausführlich beschrieben auch bei Simmel, 243f.
[131] zitiert in Davies, 689.
[132] Dubnow, Vol. I, 78.
[133] Loc. cit., 79-90.
[134] Loc. cit., 80.
[135] Loc. cit.
[136] Loc. cit.
[137] Loc. cit., 81.
[138] Loc. cit., 85.
[139] Loc. cit., 86.
[140] Loc. cit., 87.
[141] Loc. cit., 88.
[142] Loc. cit., 88.
[143] Mann, 64.
[144] Meyer et al., Vol. II, 26f.
[145] Minninger et al., 80.
[146] Plaut, 27.
[147] Meyer et.al., Vol. II, 114.
[148] Minninger et al., 78.
[149] Meyer et al., Vol. II, 33.
[150] Mann, 78.
[151] zitiert nach Hammer / Schoeps, 81ff.
[152] Dubnow, Vol. II, 7.
[153] Meyer et al., Vol. II, 37.
[154] Friedell, 875.
[155] zitiert nach Poliakov, Vol. V, 264.
[156] Fichte, *Beitrag*, 114.
[157] Loc cit.
[158] Loc. cit. 115.
[159] zitiert nach Poliakov, Vol. V, 266.
[160] Fichte, *Reden*, 1. Rede, p.3.
[161] Loc. cit. p.5.
[162] Fichte, *Reden*, 4.Rede p.5f.
[163] Wertheim, NRC Handelsblad.
[164] Meyer et al., Vol. II, 84f.
[165] zitiert nach Hammer / Schoeps, 85.
[166] Meyer et al., Vol. II, 86.
[167] Katz, 1994, 78.
[168] Loc. cit.
[169] Loc. cit., 79.
[170] zitiert in Poliakov, Vol. V, 229.
[171] Loc. cit.

[172] Meyer et al., Vol. II, 39.
[173] Loc. cit., 137.
[174] zitiert nach Hammer / Schoeps, 94.
[175] Von den genannten antijüdischen Autoren müssen wir vor allem zu Johann Andreas Eisenmenger (1654–1704) etwas sagen. In seinem Standardwerk über Antijudaismus und Antisemitismus, *From prejudice to destruction, Anti-Semitism, 1700–1933* schreibt Jacob Katz über ihn: „*Die abwehrende Haltung, auf die Eisenmengers Buch bei vielen Lesern traf, zeigt, dass es von Anfang an als ein für die Juden schädliches, wenn nicht gar gefährliches Werk beurteilt wurde. Der Titel ‚Enthülltes Judentum' verdeutlicht das Ziel: Eisenmenger strebt danach, die in den Büchern der Juden verborgenen Geheimnisse aufdecken und so das wahre Gesicht der Juden enthüllen. Das Beachtliche an seinem Buch ist zum einen dessen Umfang – etwa 2120 Seiten in zwei Bänden – und zum anderen die enorme Dichte des darin vermittelten Wissens.*"
„*Eisenmenger arbeitete weder mit manipulierten Zitaten noch mit haltlosen Anschuldigungen. In all seinen Klagen steckt ein Körnchen Wahrheit: Die Juden lebten tatsächlich in einer Welt voller Legenden und mythischer Konzepte, in einem ethischen Dualismus moralischer Prinzipien, solchen für ihre Beziehungen zu den eigenen Leuten und solchen für den Kontakt zur Außenwelt ...*"
Katz 1980, 14, 21 [Übersetzung H.G.M.].
[176] Zunz, VII-X.
[177] Zunz, VII-X, 11f.
[178] Loc. cit.
[179] Kant 165ff.
[180] Loc. cit.
[181] Loc. cit.
[182] Plaut, 50f.
[183] Loc. cit. 51.
[184] Loc. cit. 52.
[185] Meyer, Michael, 123.
[186] Plaut, 55.
[187] zitiert in Hammer / Schoeps, 100.
[188] Loc. cit.
[189] Meyer, Michael, 81ff.
[190] Loc. cit., 77f.
[191] Meyer et al., Vol. II, 294.
[192] Loc. cit., 242.
[193] Loc. cit., 243.
[194] Zitiert nach Meyer et al., Vol. II, 243.
[195] Gidal, 295.
[196] Hertz, 334.
[197] zitiert nach Gidal, 293.
[198] Oppenheimer, 774.
[199] Mann, 277.
[200] zitiert nach Gidal, 294.
[201] Heine, Band 6, 153.
[202] Heine, Band 2, *Deutschland ein Wintermärchen*, 217.

[203] Heine, Band 3, *Letzte Gedichte. Die Wahlesel*, 219.
[204] Heine, Band 7, 139ff.
[205] Heine, Band 3, *Hebräische Melodien in Romenzero* und *Letzte Gedichte*, 157–169.
[206] Heine, Band 1, *Die Heimkehr*, 94.
[207] Mann, 194 ff.
[208] Meyer et al., Vol. II, 288.
[209] Loc. cit., 299.
[210] Loc. cit.
[211] Loc. cit., 292.
[212] Loc. cit., 207.
[213] Loc. cit., 290f.
[214] Loc. cit., 292.
[215] Dubnow, Vol. II, 311.
[216] Loc. cit.
[217] Loc. cit.
[218] Loc. cit., 312.
[219] Loc. cit., 313.
[220] Loc. cit., 314f.
[221] Sachar, 113.
[222] Meyer et.al., Vol. II, 309.
[223] Loc. cit.
[224] Prinz, 33.
[225] Loc. cit. 35.
[226] Loc. cit. 38.
[227] Es handelt sich hier selbstverständlich nicht um Buchverleger, sondern um Verleger in der Textilbranche, die Heimarbeiter mit der Herstellung von Stoffen beauftragten, die sie dann verkauften.
[228] Kocka, 43.
[229] Barkai, 114, 122.
[230] Vgl. auch das Kräfteschema *Vom Antijudaismus zum Antisemitismus* am Ende des Kapitels.
[231] Poliakov, Vol. V, 147 ff.
[232] Ruppin, 49.
[233] Mallory, 11ff.
[234] Loc. cit., 11.
[235] Poliakov, Vol. VI, 106ff.
[236] Loc. cit.
[237] Müller 1876, 3f.
[238] Loc. cit.
[239] Poliakov, Vol. VI, 115f.
[240] Mallory, 267.
[241] Müller, 1888, 120.
[242] Müller, 1865, 4.

[243] Mallory 126.
[244] Lassen, 4.
[245] Loc. cit., 400, 408.
[246] Friedell, 1185.
[247] zitiert und übersetzt nach Müller, 1876, 345, 349.
[248] Loc. cit.
[249] Katz, 135.
[250] Renan, 1883, 19.
[251] Loc. cit., 27.
[252] Loc. cit., 28.
[253] Dubnow, Vol. II, 318ff.
[254] Loc. cit., 319.
[255] Loc. cit., 320.
[256] Meyer et al., Vol. II, 300.
[257] Mann, 399 ff.
[258] Meyer et al., Vol. II, 315.
[259] Prinz, 89.
[260] Loc. cit., 47.
[261] Loc. cit., 69.
[262] Kocka, 88.
[263] Nach dem Duden Lexikon steht das Wort Manchestertum für die Richtung des extremen wirtschaftspolitischen Liberalismus mit der Forderung nach völliger Freiheit der Wirtschaft ohne staatlichen Eingriff.
[264] Glagau V-VI. Ich beziehe mich hier und im Folgenden auf die vierte revidierte Auflage aus 1876.
[265] Loc. cit., XXX.
[266] Marr, *Sieg*, 14.
[267] Loc. cit.
[268] Loc. cit., 19.
[269] Loc. cit., 22f..
[270] Loc. cit., 45f.
[271] Marr, *Kriegsschauplatz*, 40.
[272] Loc. cit.,19.
[273] Loc. cit.
[274] Loc. cit., 36.
[275] Loc. cit., 38f.
[276] Katz 1980, 261.
[277] Krockow, 76.
[278] Krieger, 3f.
[279] Loc. cit., 12.
[280] Loc. cit., 12ff.
[281] Loc. cit., 14.
[282] Oertzen, 151, zitiert in Bennewitz, 5.

[283] Oertzen, 155, zitiert in Bennewitz, 5.
[284] Krieger, 396.
[285] Loc. cit, 397.
[286] Loc. cit., 400.
[287] Loc. cit., 552.
[288] Loc. cit.
[289] Finkelstein, Vol. II, 1327.
[290] Frenschkowski, Spalten 716–727.
[291] Catholic Encyclopedia, Stichwort *Biblical Criticism (Higher)*
[292] Meyer, Michael, 203.
[293] Loc. cit.
[294] Rendtdorff, o.S.
[295] Baeck, 6.
[296] Loc. cit., 93ff.
[297] Loc. cit., 113f.
[298] Hammer / Schoeps, 144ff.
[299] Loc. cit., 145.
[300] Loc. cit., 146.
[301] Loc. cit.
[302] Evans, 77f.
[303] Dubnow, Vol. III, 331.
[304] Loc. cit., 334.
[305] Loc. cit., 339.
[306] Mann, 488, 503.
[307] Evans, 98.
[308] Loc. cit.
[309] Remak, 101.
[310] Tuchman, 91.
[311] Davies, 895.
[312] Loc. cit., 896.
[313] Krockow, 224.
[314] Meyer et al., Vol. III, 358.
[315] Loc. cit., 49.
[316] Lamar, 194.
[317] Loc. cit., 207.
[318] Loc. cit., 207f.
[319] Remak, 128.
[320] Zechlin, 523.
[321] Brenner, 21.
[322] Loc. cit., 310–326.
[323] Loc. cit., 322.
[324] Brenner, 324.
[325] Loc. cit.

[326] Stolzenberg, 188.
[327] Loc. cit., 237f.
[328] Loc. cit., 238.
[329] Zechlin, 516.
[330] Loc. cit., 519.
[331] Loc. cit.
[332] Loc. cit., 520.
[333] Evans, 119.
[334] Loc. cit., 122f.
[335] Loc. cit., 134.
[336] Loc. cit., 139.
[337] Zechlin, 557ff.
[338] Loc. cit., 549.
[339] Evans, 138.
[340] Loc. cit., 139.
[341] Vgl. auch das Kräfteschema zur *Machtergreifung Hitlers* am Ende dieses Kapitels.
[342] Evans, 120.
[343] Loc. cit., 180.
[344] Loc. cit., 183.
[345] Kolb, 204ff.
[346] Evans, 285f.
[347] Mirow, 889.
[348] Evans, 216.
[349] Mann, 758.
[350] Kolb, 112.
[351] Mann, 759f.
[352] Mirow, 809.
[353] Evans, 331.
[354] Loc. cit., 327f.
[355] Kolb, 84f.
[356] Loc. cit., 85.
[357] Evans, 303.
[358] Loc. cit., 305.
[359] Mirow, 930.
[360] Kolb, 121.
[361] Loc. cit., 122.
[362] Loc. cit., 125.
[363] Loc. cit., 150f.
[364] Gladen, 104.
[365] Loc. cit., 98.
[366] Haffner, 57f.
[367] Meyer et al., Vol. IV, 205.

[368] Loc. cit., 209f.
[369] Oppenheimer, 561.
[370] Loc. cit., 164; siehe auch Meyer et. al., Vol. IV, 227.
[371] Meynert, 156.
[372] Jungk, 43.
[373] Poliakov / Wulff, *Denker*, 297.
[374] Loc. cit.
[375] Loc. cit., 301.
[376] Jungk, 38.
[377] Fermi, 175.
[378] Cornwell, 53.
[379] Fermi, 175.
[380] Den Hertog, 93.
[381] Loc. cit., 135.
[382] Loc. cit., 137.
[383] Reitlinger, 256f.
[384] Den Hertog, 198.
[385] Kershaw, Vol. II, 644.
[386] Vgl. auch das Kräfteschema *Der Weg zum Massenmord* am Ende dieses Kapitels.
[387] Poliakov / Wulf, 87ff.
[388] Roseman, 19.
[389] Loc. cit., 34.
[390] Loc. cit., 33.
[391] Loc. cit., 39.
[392] Loc. cit.
[393] Kershaw, Vol. II, 504ff.
[394] Loc. cit.
[395] Roseman, 45–51.
[396] Loc. cit., 47.
[397] Es ist interessant, dass Eberhard Jaeckel die Meinung vertritt, dass Heydrich eher Hitler antrieb als umgekehrt. Vgl. Dazu auch Dederichs, 152.
[398] Piper, 580.
[399] Loc. cit., 581f.
[400] Kershaw, Vol. II, 551.
[401] Loc. cit., 570.
[402] Piper, 582.
[403] Loc. cit., 583.
[404] Loc. cit.
[405] Kershaw, Vol. II, 651.
[406] Piper, 589.
[407] Roseman, 32.
[408] Loc. cit., 88.

[409] Piper, 589.
[410] Loc. cit.
[411] Loc. cit. 589f.
[412] Browning, 86ff.
[413] Loc. cit., 87.
[414] Vgl. Goldhagen, 449, zitiert in Finkelstein / Birn, 5f.
[415] Dederichs, 118.
[416] Roseman, 102.
[417] Kershaw, 650.

Danksagung

Wenn man in der heutigen Zeit einen Verleger findet, der bereit ist, ein Buch wie das vor ihnen liegende zu verlegen, dann muss man dafür dankbar sein. Für die Hilfe hierbei möchte ich Herrn Rainer Krebs und Frau Katja Meinecke-Meurer danken.

Dann hatte ich das Glück, dass die Verlegerin, Frau Dr. Karin Timme, meinen ersten Anruf in Berlin persönlich entgegennahm. Sie reagierte so positiv, dass ich gleich dachte, bei den Leuten bin ich richtig. Auch die freundliche, effiziente und sorgfältige Zusammenarbeit mit meiner Lektorin Frau Astrid Matthes bestätigt dies nur. Sie und die anderen Mitarbeiter haben ausgezeichnete Facharbeit geliefert, mit auffallend wenigen Druckfehlern und guten Verbesserungsvorschlägen für meinen etwas rostigen Gebrauch der deutschen Sprache. Die Qualität der fachlichen Arbeit ist auch einer ehemaligen Fachkollegin von Frau Matthes aufgefallen, unserer Freundin Frau Ans Huisman, der ebenfalls viel Dank gebührt für das sorgfältige Lesen des Manuskripts bzw. des Andrucks und für ihre vielen kritischen Bemerkungen.

Weiterhin hat der Text von Verbesserungsvorschlägen meiner Freunde Prof. Dr. Leo Turksma und Dr. George van Houten profitiert.

Last but not least bin ich meiner Frau Christiane Tilanus sehr viel Dank schuldig, da sie während der gesamten Arbeit alles sorgfältig gelesen und stilistische wie auch inhaltliche Verbesserungen vorgeschlagen hat.

bereits erschienen:

Das Ende des Judentums
Der Verfall der israelischen Gesellschaft

von Hajo G. Meyer

erschienen 2004 im Melzer Verlag.
334 Seiten, EUR 14,95, kartoniert, ISBN 978-3-937389-58-5.

Zu beziehen über:
Wunderkammer Verlag GmbH, Gärtnerweg 7, 63263 Neu-Isenburg
www.wunderkammer-verlag.de

english version:

The End of Judaism
An Ethical Tradition Betrayed

by Hajo G. Meyer

2007 G. Meyer Books
264 pages, $ 13,95, paperback, ISBN 978-0-9788691-2-0.

Available at:
G. Meyer Books, www.spiritualtraveler.com, gmeyerbooks@gmail.com
AtlasBooks Distribution, Tel. 001-800-247-6553,